The Nondestructive Detection Technique of Highway Maintenance

高速公路养护无损检测技术

曾胜 等 编著

人民交通出版社股份有限公司
China Communications Press Co.,Ltd.

内 容 提 要

本书介绍了高速公路养护质量无损检测的方法和技术，包括路面弯沉检测技术、沥青路面车辙检测技术、路面破损状况检测技术、路面平整度无损检测技术、路面抗滑性能检测技术、路基病害无损检测技术、无损检测数据在高速公路养护管理系统的应用等，具有较强的针对性、操作性和规范性。

本书可供从事公路养护、施工、监理、检测的技术人员学习参考。

图书在版编目(CIP)数据

高速公路养护无损检测技术 / 曾胜等编著. —北京：人民交通出版社股份有限公司，2014. 11

ISBN 978-7-114-11834-0

Ⅰ. ①高… Ⅱ. ①曾… Ⅲ. ①高速公路 - 公路养护 - 无损检测 Ⅳ. ①U418

中国版本图书馆 CIP 数据核字(2014)第 261824 号

书　　名：高速公路养护无损检测技术
著 作 者：曾胜　等
责任编辑：王文华(wwh@ccpress. com. cn)
出版发行：人民交通出版社股份有限公司
地　　址：(100011)北京市朝阳区安定门外外馆斜街 3 号
网　　址：http://www. ccpress. com. cn
销售电话：(010)59757973
总 经 销：人民交通出版社股份有限公司发行部
经　　销：各地新华书店
印　　刷：北京市密东印刷有限公司
开　　本：787 × 1092　1/16
印　　张：14. 25
字　　数：331 千
版　　次：2014 年 11 月　第 1 版
印　　次：2014 年 11 月　第 1 次印刷
书　　号：ISBN 978-7-114-11834-0
定　　价：39. 00 元
(有印刷、装订质量问题的图书由本公司负责调换)

前　言

道路使用性能直接关系到道路的舒适性、快捷性、安全性等服务水平，关系到道路本身的使用寿命。为了客观反映公路技术状况，促进公路路况检测评价工作规范化、精细化和标准化，交通运输部先后颁布了一系列标准和规范，对检测方法、技术状况评价等作出了明确的规定。随着道路养护管理系统的推广应用，对基础数据的要求越来越高，数据采集手段相对落后的问题日益突出。传统的数据采集设备耗时、费力，有些还会对道路结构产生破坏。近年来，国内外针对道路检测技术进行了大量研究，取得了一些成效，道路检测技术也开始由人工检测向自动化检测、由破损类检测向无损检测技术发展。加强道路无损检测与性能评价，提高数据采集的时效性和精度，充分利用道路无损检测评价数据判别道路状况是否适应目前的交通状况和使用要求，研讨和寻求路基路面破坏的机理与原因，以此确定路基路面需要采取的养护维修和改(扩)建措施，并进行中长期养护、维修管理的规划设计成为公路界广泛关注的热点。

本书作者在国内外研究和自身实践的基础上编著本书，总结了路基、路面主要无损检测技术和相关研究的最新进展，分析了其在我国的应用与研究情况及发展趋势。本书第1、2章由曾胜编写，第3、4章由赵健、韦慧、郭昕编写，第5、6、7章由李振存、李文、郭昕编写，第8章由曾胜、赵健、韦慧编写。

全书文字和图表的输入和校对工作由韦慧完成，在此表示感谢。本书引用了“高等级公路路基病害快速综合诊断及加固新技术”“高速公路路面典型病害养护维修决策技术研究”“高速公路养护管理智能化技术研究”等课题的部分研究成果以及王才保、曾小军、黄雄立、邵春华、许佳等硕士研究生的论文研究成果，在此谨向所有参加研究的人员及硕士研究生表示感谢！另外，本书的编写得到了人民交通出版社股份有限公司的大力支持，借此向为本书出版付出艰辛劳动的王文华编辑表示衷心的感谢！

由于作者水平有限，书中难免有不当和疏漏之处，恳请各位专家、同行及读者不吝赐教。

作者

2014 年 7 月

目　　录

第 1 章　绪论 …… 1

1.1　检测评价的必要性 …… 1

1.2　传统路面检测技术的缺陷 …… 1

1.3　无损检测代表性设备 …… 2

1.4　现代检测技术的主要特征 …… 3

第 2 章　路面动态弯沉检测及其应用 …… 5

2.1　概述 …… 5

2.2　基于 FWD 动态弯沉数据的路面结构层动态模量反算 …… 5

2.3　水泥路面板接缝传荷能力检测 …… 26

2.4　基于弯沉指标的水泥板底脱空检测 …… 31

2.5　FWD 弯沉检测应用实例 …… 44

第 3 章　沥青路面车辙检测技术 …… 63

3.1　概述 …… 63

3.2　路面车辙检测指标 …… 64

3.3　路面车辙检测设备 …… 65

3.4　车辙深度计算及评价标准 …… 66

3.5　车载式路面激光车辙仪 …… 70

3.6　测试数据的分析与修正 …… 73

3.7　工程实例 …… 74

第 4 章　路面破损状况检测技术 …… 76

4.1　概述 …… 76

4.2　路面破损指标检测及评价标准 …… 76

4.3　现有主要路面破损快速检测仪器 …… 79

4.4　路面破损状况检测技术工程应用 …… 83

第 5 章　路面平整度无损检测技术 …… 87

5.1　概述 …… 87

5.2　平整度对路面使用特性的影响 …… 88

5.3　路面平整度评价指标 …… 89

5.4　路面平整度快速检测仪器发展现状 …… 96

5.5　平整度快速检测技术工程应用 …… 98

第 6 章　路面抗滑性能检测技术 …… 100

6.1　概述 …… 100

6.2 路面抗滑性能检测指标及其检测方法 …… 101
6.3 摩擦系数测试系统 …… 104
6.4 JGMC-2 横向力系数检测系统在高速公路上的检测应用 …… 108
第7章 路基病害无损检测技术 …… 111
7.1 概述 …… 111
7.2 基于病害产生机理的路基病害分类及状况评价方法 …… 111
7.3 路基病害无损检测技术介绍 …… 116
7.4 路基病害无损检测发展新方向 …… 160
第8章 高速公路养护管理系统的应用 …… 165
8.1 概述 …… 165
8.2 养护管理系统的发展 …… 165
8.3 湖南省养护管理系统简介 …… 168
参考文献 …… 210

第1章 绪　论

1.1 检测评价的必要性

自高速公路建成通车以来，在交通荷载和外部环境因素的共同作用下，路基路面会出现不同程度的破坏。为了了解现有的高速公路工作状况，以决定哪些路段在什么时间需要采取处治措施，以及采取什么样的处治措施，就需要对路基路面进行科学、合理的检测评价。这种评价必须紧密结合实际路况和日后的养护计划，以便管理部门根据统一标准制订具体的处治方案，采取合理的养护维修方案，科学地分配养护资金，并最大限度地利用现有的道路资源[1-4]。可以说路基路面检测评价伴随着道路的整个使用过程。

随着高速公路养护维修要求的逐步提高，以及高速公路预防性养护的要求，对道路结构进行检测并进行科学客观综合评价已经成为国际公路界广泛关注的课题之一。加强道路无损检测与性能评价，通过对检测资料进行回归分析、归纳整理，可制订道路养护维修和改（扩）建养护时间与养护方案[4]，利用道路结构检测与性能评价数据可以正确判别道路状况是否适应目前的交通状况和使用要求，研讨和寻求路基路面破坏的机理与原因，确定路基路面需要采取的养护维修和改（扩）建措施，并进行中长期养护、维修管理的规划设计[1-4]。因此，对现有道路的使用性能进行客观、准确的评价是道路养护管理中一项必不可少的基本工作，也是道路经济分析和路面管理系统的重要组成部分，对于分析路基路面病害的成因，改进和提高养护、维修的水平和质量有着重要的指导意义。

1.2 传统路面检测技术的缺陷

目前我国有相当一部分道路路面面临着改造和加铺任务。在进行养护维修或改（扩）建之前，应该对道路的使用状况及病害成因进行调查，同时对检测数据进行系统、客观、全面的评定，以便科学合理地进行改造，加铺工作。

传统的道路结构检测与性能评价方法存在着下列缺陷：

（1）传统的评价方法只局限于逐个考虑各单项评价指标，诸如路面平整度、强度指标、摩擦系数、破损率等指标，有些指标人为因素影响较大，样本数据较多。如在路面破损的测定中，破损率靠人为的因素进行调查，工作量大，所建立的评价模型只对应于且只适用于特定的区域和特定的路况，有较大的局限性[2,4]。

（2）在目前的养护管理系统中，用于性能评价的指标普遍过于单一，没有总体考虑综合评价和各评价指标之间的相互关系，也就是说，没有建立路况调查中各评价指标体系数据库系统，并研究它们之间的作用机理及相互关系。由于路基路面缺乏长期分析和观测数据，难以建立养护长期工作性能分析系统[2,4-5]。

(3)传统的道路结构检测与使用性能评价仅从日常养护管理的角度进行,即破坏状况、强度、平整度和抗滑性能等。由于路面损坏状况比较明显,通常成为人们考虑的主要因素,而忽略了路面破损与路面结构强度、平整度和抗滑性能之间必然的、潜在的相互联系,而实际养护管理中要求路面评价的出发点往往要从路面维修、改(扩)建(比如加铺罩面)的角度来考虑。事实表明,单从上述几点因素进行考虑,对路面评价及日后的养护改造有很大的局限性。比如就水泥混凝土路面加铺罩面而言,除了上述各项指标外,路面板底脱空、接缝传荷能力、基础强度、交通荷载、排水情况等各种因素直接制约并决定着加铺方案,而传统的检测评价方法此时无能为力[2,4,5-7]。

(4)路基病害具有隐蔽性,使得检测难度大大增加。由于有效检测手段的缺乏,国内外对路基的检测评价指标体系与模型仍然只停留在外观损坏的层面,对于既有公路路基病害发展程度由哪些指标来表征、不同发展程度各表征指标的阀值、路基病害的检测频率、检测指标、检测方案等关键性问题的研究仍处于初级阶段。

(5)由于数据样本的局限性及检测设备落后,采用传统的评价方法得到的评价结果会受评价人的经验和偏见的影响,带有较大的主观片面性。众所周知,路面破损的原因较为复杂,严格地将各种破损产生原因分类和将各种破坏进行定量统计尚有困难,即使在道路设计使用年限内,损坏一旦产生,将失去其功能,但评定使用性能的极限状况却相当困难。这是因为在性能众多的评定因素中,某种因素即使达到了某种损坏程度,但道路仍能使用,决定道路在哪个服务水平上发挥其怎样的功能还必须从经济、技术、维修方案等众多方面考虑。实践证明,即使是设计良好的道路,由于各种原因也会随着使用年数的增加而发生多种类型的损坏[1-2,4]。

(6)传统的检测手段和检测设备制约着评价体系和评价方法的发展。以往公路检测评价方法不仅检测速度慢,评价周期长,而且容易对道路造成损坏,给高速公路运营使用带来了安全隐患。随着大量先进的现代无损检测设备的引入,必须调整相应的指标体系,甚至是思想。比如,传统的强度评价只是采用了基于静态荷载作用下的评价指标,而随着落锤式弯沉仪(FWD)等现在无损检测设备和技术手段的引入,必须建立以弯沉盆为基础的动态评价体系,以及利用动态参数进行路面强度评价的思想[1-2,4-5]。

1.3 无损检测代表性设备

无损检测技术检测方法日臻成熟,为达到同一检测目的,可以选用具有不同工作原理的检测设备,检测人员可根据实际工作需要与趋利避害原则加以利用。常用无损检测代表性设备如表1-1所示[8-11]。

无损检测代表性设备一览表　　表1-1

检测内容	设备名称	工作方式/原理	检测指标	开发国别/机构
路面弯沉	贝克曼梁	静力/固定采样	回弹弯沉	美国
	自动弯沉仪	静力/行驶采样	总弯沉/弯沉盆	法国 LCPC 等
	动力弯沉仪(Dynaflect)	稳态动力/固定采样	动态弯沉/弯沉盆	美国 HPIDC
	道路评定仪(Road Rater)	稳态动力/固定采样	动态弯沉/弯沉盆	美国 FMI
	落锤式弯沉仪(FWD)	脉冲动力/固定采样	动态弯沉/弯沉盆	丹麦、瑞典等
	滚动式弯沉仪			

续上表

检测内容	设备名称	工作方式/原理	检测指标	开发国别/机构
路面平整度	水准仪、水准尺	断面类/静态检测	路表高程	世界银行
	三米直尺	断面类/静态检测	最大间隙	英国 TRL
	MERLIN 梁	断面类/静态检测	位移偏差分布	英国 TRL
	连续式平整度仪	断面类/静态检测	位移标准偏差	中国、日本等
	惯性断面仪(GMR)	断面类/静态检测	路表纵断面	美国通用汽车公司
	纵断面分析仪(APL)	断面类/静态检测	路表纵断面	法国 LCPC
	激光断面仪(RSP)	断面类/静态检测	路表纵断面	丹麦、瑞典等
	颠簸累积仪(BI)	反映类/动态检测	位移累积值	英国 TRL
	NAASRA 平整度仪	反映类/动态检测	位移累积值	澳大利亚 ARRB
	Maya 平整度仪	反映类/动态检测	位移累积值	美国
路面抗滑性	摆式摩擦系数仪	单点固定检测	摩擦摆值 *BPN*	英国 TRL
	DF 测试仪	单点固定检测	路面磨光值 *PSV*	日本
	激光纹理测试仪	行驶连续检测	构造深度 *MTD*	英国 WDM 等
	SCRIM 测试车	单轮偏角	横向力系数 *SFC*	英国 TRL
	Mu - Meter 拖车	双轮合角	横向力系数 *SFC*	英国 DOUGLAS
	Griptester 拖车	纵向制动轮/固定滑移 15%	滑移指数 *SN*	英国 Findlay
	SAAB SFT 测试车	纵向制动轮/固定滑移率 12%	滑移指数 *SN*	瑞典 ASFT
	ASTM E274 Trailer	纵向制动轮/完全锁定	制动力系数 *BFC*	美国 ASTM
路面破损	PCR 路况数据采集仪	人工测量	各种路面病害	中国交通运输部公路科学研究院
	路面破损摄影车	胶片摄影/室内人工判读	各种路面病害	法国
	RT2000 系统	CCD 数字摄像/人工判读	各种路面病害	加拿大 Stantec
	ARAN 系统	CCD 数字摄像/图像自动识别	路面裂缝	加拿大 RoadWare
	WayLink 系统	CCD 数字摄像/图像自动识别	路面裂缝	美国阿肯色大学
路面雷达	SIR 系列	反射波在不同介质的反射	结构层厚度，均匀性	美国 GSSI
	Pulse EKKO 系列			加拿大 SSI
	Rodar 系列			美国脉冲雷达
	GPR 系列			美国 Penetradar
	GPR - 1			中国东南大学
路基	LTD - 2000 型冲激脉冲探地雷达	BP 成像算法	厚度	中国电波传播研究所
	高密度电法仪器	以岩土体电性差异为基础	电阻率	长春地质学院
	Goe Pen Miniseis 24 浅层地震仪	波速随波长、频率变化而变化	深度、波速	骄鹏科技(北京)有限公司

1.4　现代检测技术的主要特征

运营高速公路使用性能直接关系到道路运行的舒适性、安全性、快捷性等，因此，必须加强养护管理，确保提供可接受的服务水平。自 20 世纪六七十年代以来，许多国家都陆续建立了较为完善的道路养护管理系统，这些系统的建立有效地保证了养护的科学性，但普遍面临数据采集手段相对落后的问题:大量的设备在使用时费时、费力,对交通影响大,有些还要破坏路面结构的完整性,而且数据的精度也难以得到保证,传统的检测技术与设备已经不能满足道路检测的具体要求[11-16]。

为此,各国针对道路检测技术开展了深入研究,并且随着计算机技术、自动化控制技术、高精度测微技术的进步,在最近的20年里有突破性的进展。我国从20世纪80年代后期开始,通过设备与技术引进和自主开发,在无损检测方面也有了巨大的发展。道路检测技术由人工检测向自动化检测技术发展,由破损类检测向无损检测技术发展,由低速度、低精度向高速度、高精度发展。现代无损检测技术的主要特点是[11-19]:

(1)无损性

由于公路线路很长,要检测它的质量,传统的钻孔挖坑等"有损"检测方法效率低、代表性差,且对路面有破坏性,检测完毕后需重新进行维护。无损检测技术是通过光学、力学传感器、振动、电磁等快速检测方法来分析评价路基路面结构特性或诊断病害,对路面没有任何破坏性。

目前,许多国家都对无损检测技术作出了规定,美国测试与材料学会(ASTM)、国际标准组织(ISO)、英国标准研究院(BSI)等提出公路无损检测应满足下列条件:

①能精确确定缺陷区的形状、大小和深度;

②无损;

③能在大范围内进行检测与定位;

④劳动强度小、装备轻;

⑤不受周围环境的影响;

⑥方便使用。

(2)高精度、高稳定性

野外环境恶劣、复杂,无损检测主要采用自动化检测设备,人为因素干扰小,具有很高的稳定性,尤其能够抵御温度、湿度、振动和各类干扰的影响,保持测试结果的准确性、稳定性。

(3)快速、实时化

随着自动化技术的飞速发展,无损检测设备能够对现场大量数据进行快速采集、实时分析和统计计算,提高了测试评价的时效性。此外,利用宽带网实现测试数据的现场远程通信传送,使室内工作站能够与测试现场保持同步监控。

(4)智能化、标准化

由于检测对象复杂多样,无损检测应建立统一的标准体系,使不同类型设备的测试结果具有相关性和可比性,还要利用高性能计算机并编制完善的智能处理软件,使操作人员能进行复杂试验,并轻松、灵活地完成工作,在目前的技术水平下,智能化、标准化已能够实现。

(5)多功能、集成化

应用各类自动化技术,能够将各种检测功能汇集在同一个系统中,提高测试效率,减少重复投资。

正是由于无损检测存在的上述种种优点,目前各类先进的现代无损检测技术已经逐步在公路特别是高速公路检测中得到广泛应用。

第2章　路面动态弯沉检测及其应用

2.1　概述

采用弯沉来评价路面性能曾经是公路检测的一项革命性的创举。路面弯沉示意图见图2-1。近年来,有关弯沉的测量和分析技术发展很快,人们已从单一的最大弯沉值发展到对整个弯沉盆的分析,从静态荷载下的弯沉发展到对模拟行车轮载下动态弯沉的研究与评价。

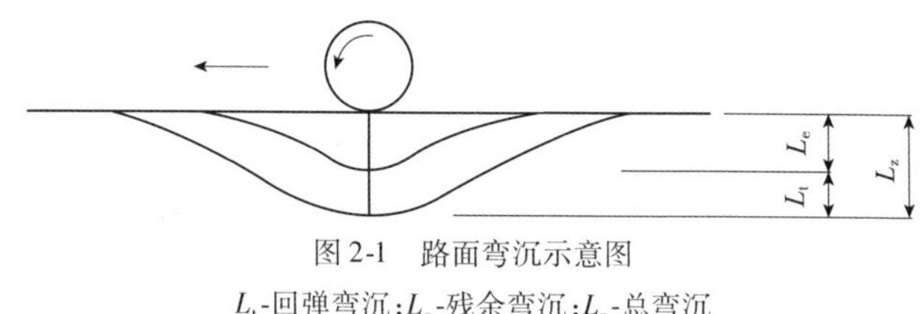

图2-1　路面弯沉示意图

L_t-回弹弯沉;L_e-残余弯沉;L_z-总弯沉

目前通过对路面的弯沉测量主要可以达到以下目的:

(1)利用弯沉仪测量路面表面在标准荷载作用下的轮隙回弹弯沉值,用作评定路面强度的指标。

(2)通过对路面结构分层测定所得的回弹弯沉值,根据弹性体系垂直位移理论,反算路面各结构层的材料回弹模量值,分析路面结构层的病害状况。

(3)通过对水泥混凝土路面板中、板角的弯沉测试,判定水泥混凝土路面板底脱空状况。

(4)通过对水泥混凝土路面接缝受荷板和非受荷板的弯沉测试,检测评定水泥混凝土路面的接缝传荷能力。

本章将在系统分析路面弯沉检测技术的基础上,重点对FWD的测试方法、工程应用进行介绍和探讨。

2.2　基于FWD动态弯沉数据的路面结构层动态模量反算

2.2.1　路面结构动态模量描述

材料在荷载作用下的力学响应,除了与在静力作用下的影响因素有关以外,与荷载作用时间、大小、频率及重复效应等也有关,具有一定的应力依赖性。弹性模量是表征材料力学强度的一个重要参数。在动态荷载作用下,材料内部产生的应力、应变响应均为时间的函数,相应地,弹性模量在荷载作用过程中也不是一成不变的,路面材料动态弹性模量定义为应力与幅值的比值[式(2-1)],以表征材料在不同的外荷载作用下不同的响应特性[1-2,4,20-21]。

$$E(t)=\frac{|\sigma(t)|}{|\varepsilon(t)|}=\frac{\sigma}{\varepsilon} \tag{2-1}$$

式中:$E(t)$——动态模量;

$\sigma(t)$、$\varepsilon(t)$——应力、应变时间函数;

σ、ε——应力和应变的振幅。

材料的动弹模量较之于静弹模量在数值上是不相同的。在静载作用下,由于荷载的恒定,材料变形响应充分,不仅有弹性范围内的瞬间变形,还有流动发生的黏弹变形,而在动载作用下,荷载周期是变化的,使得材料变形响应滞后,进而使得模量值在一定程度上有所增大。试验结果表明:动弹模量一般为静弹模量的 2 ~4 倍,并且随着荷载级位的增加,动、静模量的差别逐渐减小。动弹模量具有一定的应力依赖性,与荷载之间关系为:当动态加载频率不变时,动弹模量随应力幅值的增大而增大,动模量随着加载频率而变化,应选用与实际交通荷载最接近的频率进行试验,这样确定的动模量相当于设计用的回弹模量。ASTM(1989b)"D3497—79 沥青混合料动模量标准试验方法"对动模量试验作了规定。在 ASTM 法中,在温度为 5℃、25℃和 40℃时,每一温度以荷载频率 1Hz、4Hz 和 16Hz 对试件施加半正弦压应力至少 30s,并且不得超过 45s。在试件中间高度两侧贴有电阻丝应变片,量测轴向应变。轴向应力与可恢复轴向应变的比值为动模量。

以上结论表明,若用 HMA 的动模量按弹性理论进行设计,可以采用上述三种方法中的任何一种。然而,若用动模量和相位角作为设计变量按黏弹性理论进行设计,应该采用与实际加载条件一致的试验方法。

动模量也可用弯曲试验确定。Shell 提出了用两点弯曲仪确定沥青混合料的模量(Bonnaure 等,1977 年)。在此试验中,将梯形试件底部固定,在自由端作用一正弦荷载。连续作出自由端荷载和变形曲线,就可计算试件的劲度模量。另一计算劲度模量的方法是用应变仪量测梁中间长度表面的应变,由于采用正弦荷载,由 Shell 诺谟图所得劲度模量实际上是动模量。在用试验确定相位角后,由劲度模量和相位角可得复合模量应力幅值,在相同时间的周期内,材料内应力增大速率加快,导致模量值增大。国内外对动弹模量的这种依赖性采用了多种数学模型进行定量表示,代表性的有折线型、双对数型、双曲线型、半对数型等。一般认为抛物线型的相关性最好,建议采用荷载与变形的方程为[1-2,4,20-21]:

$$P_0=a_0+a_1l_0+a_2l_0^2+a_3l_0^3 \tag{2-2}$$

显然,当 $P_0=0$ 时,$l_0=0$,则 $a_0=0$。

根据动态模量的定义,$E_d=p_0/l_0\times A$,则得到动态模量与变形振幅的关系为:

$$E_d=(a_1+a_2l_0+a_3l_0^2)\times A \tag{2-3}$$

即动态模量 E_d 与变形振幅(或应变振幅)的关系为二次曲线。根据二次曲线的性质,可求出某一变形响应值所对应的最大动态模量。

当 $l_0=-\dfrac{a_2}{2a_3}$时,最大的动态模量为:

$$E_{dmax1} = A \times \frac{4a_1a_3 - a_2^2}{4a_3} \tag{2-4}$$

同样，也可得到动态模量与荷载振幅（或应力振幅）关系的二次曲线方程[1-2,4]：

$$E_d = (b_1 + b_2P_0 + b_3P_0^2) \times A \tag{2-5}$$

当 $P_0 = -\frac{b_2}{2b_3}$，最大的动态模量为：

$$E_{dmax2} = A \times \frac{4b_1b_3 - b_2^2}{4b_3} \tag{2-6}$$

下面，简单介绍在动态荷载条件下测定材料的弹性模量的概念和方法。对于一种材料，采用连续弹性假定，材料的振动表示为[1-2,4]：

$$u = u(x,t) \tag{2-7}$$

$$\frac{\partial^2 u}{\partial t^2} = v_r^2 \frac{\partial^2 u}{\partial x^2} \tag{2-8}$$

v_r 为纵波波速，它与弹性模量有如下关系：

$$v_r = \sqrt{\frac{E}{\rho}} \tag{2-9}$$

另：

$$\frac{\partial^2 u}{\partial t^2} = v_r^2 \frac{\partial^2 \theta}{\partial x^2} \tag{2-10}$$

v_s 为模波波速，它与剪切量有如下关系：

$$v_s = \sqrt{\frac{G}{\rho}} \tag{2-11}$$

弹性模量和剪切模量的关系为：

$$E = 2(1 + v)G \tag{2-12}$$

相应测量模量的方法有时距法和共振柱法。时距法是通过电子仪器测定弹性波沿着材料杆移动一段距离（l_0）时所需时间计算模量。如果 t_r、t_s 分别为测定的纵波时距和横波（扭转波）时距，弹性模量和剪切模量分别为[1 2,4]：

$$E = \frac{\gamma l_0^2}{g t_r^2}, G = \frac{\gamma l_0^2}{g t_s^2} \tag{2-13}$$

共振柱方法是采用某一种纵向或扭转的标准振型激振一相柱体试件，然后根据共振时的频率和试件尺寸来计算波速。通用的计算公式为[1-2,4]：

$$E = \rho\ (2\pi L)^2 (f_L/F_L)^2 \tag{2-14}$$

式中：ρ——试件密度；

L——试件长度；

f_L——纵向运动共振频率；

F_L——无量纲频率系数。

以上讨论的模量概念与本文中的动态模量概念考虑问题的角度不同，存在一定的关

系。以弹性模量为例,将杆的纵向运动微分方程两边同作拉氏变换,并设初始条件为零,则[1-2,4]:

$$S^2U(s,x)=a^2\frac{\mathrm{d}^2U(s,x)}{\mathrm{d}x^2} \tag{2-15}$$

由上式可知,上式为以 x 为变量的常微分方程,其解可表示为:

$$U(s,t)=c_1(s)\operatorname{ch}\frac{2}{a}x+c_2(s)\operatorname{sh}\frac{s}{a}x \tag{2-16}$$

式中:$c_1(s)$、$c_2(s)$——待定系数,由边界条件决定。

当一端固定,一端自由时,边界条件为:

$$x=0,U=0;x=l,EA\frac{\partial U}{\partial x}=F_l(s)$$

代入上式,可确定待定系数:

$$c_1(s)=0,c_2(s)=F_l(s)/EA\frac{s}{a}\operatorname{ch}\frac{sl}{a}$$

在 l 点激励、在 x 点测量的传递的阻抗为[4]:

$$Z_{xl}(\omega)=EA\frac{\frac{\omega}{a}\cos\frac{\omega}{a}l}{\sin\frac{\omega}{a}x} \tag{2-17}$$

驱动点的阻抗为:

$$Z_u(\omega)=EA\frac{\frac{\omega}{a}\cos\frac{\omega}{a}l}{\sin\frac{\omega}{a}l}=EA\frac{\omega}{a}\cot\frac{\omega}{a}l \tag{2-18}$$

这里的阻抗概念是荷载振幅与变形振幅的比,实际上就是本文所定义的动态模量[1-2,4,20]。由此可见动态模量与弹性模量之间有一定的关系,弹性模量在振动过程中保持不变,而动态模量则随频率的变化而变化。弹性模量和动态模量成正比关系[1-2,4]。

2.2.2 FWD 实测弯沉盆曲线特征与路面结构层强度关系

在 FWD 的大量应用过程中,国内外主要对 FWD 实测弯沉盆数据进行了大量详细的分析研究。研究表明 FWD 弯沉盆曲线蕴含着丰富的路面结构强度信息。国内外学者对此进行了大量的研究,并得到了一些重要结论。

1)弯沉盆与沿荷载中心轴路面中竖向变形的关系

FWD 是通过一定质量的重物自由落下锤击一块具有一定刚性的承载板作用于路面,然后通过按一定间距布置的传感器测定路表的变形响应(所谓的弯沉盆)。图 2-2 为 Dynatest-8000 型 FWD 在荷载作用下的路面的应力分布曲线及 7 个传感器的布置示意图。

由图 2-2 可以看出,路面结构表面弯沉盆与路面结构的竖向变形有较密切的关系,它能够反映垂直方向路面结构层强度(模量)的变化规律。这一点是通过弯沉盆反算路面各结构层模量的理论基础。国外有关研究文献也证实了上述关系,并给出了关系图,如图 2-3 所示[2]。

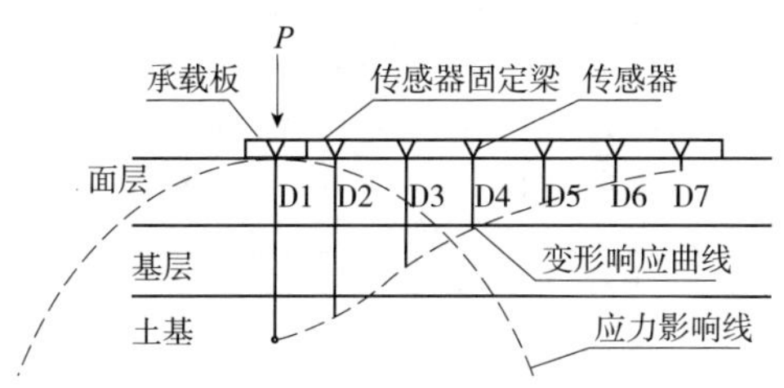

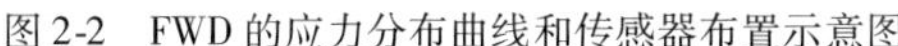
图 2-2　FWD 的应力分布曲线和传感器布置示意图

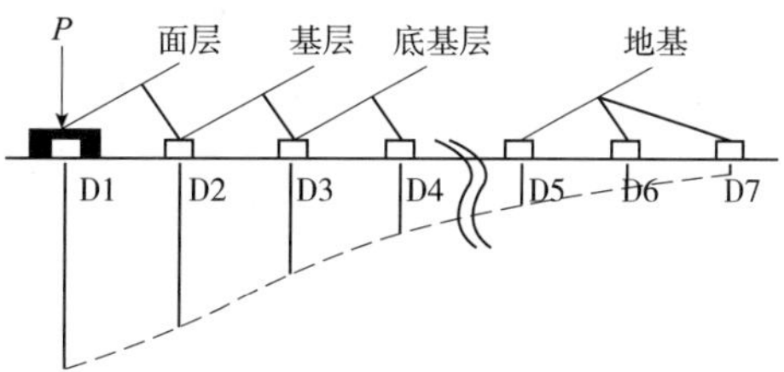

图 2-3　弯沉盆与路面结构层关系图

为了验证上述关系，根据传感器布置间距，对某段的路面结构，运用静弹性层状体系理论计算表面和竖向弯沉。令沥青面层厚 15cm，水泥碎石基层厚 20cm，底基层厚 39cm，各层模量取三种水平：高{1 500MPa，1 200MPa，650MPa，60MPa}；中{1 200MPa，1 100MPa，600MPa，45MPa}；低{900MPa，900MPa，500MPa，30MPa}。一是计算路表弯沉盆，二是计算垂直方向路面结构中的变形，计算结果见表 2-1。从表中数据看到，对于三种模量范围，路面弯沉盆与竖向变形之间有一定关系，距荷载中心 30cm 处路表弯沉与距路表荷载中心以下 40cm 处的路中变形基本一致，依次类推，水平方向 40cm 与垂直方向 70cm，水平方向 100cm 与垂直方向 130cm，水平方向 130cm 与垂直方向 160cm 基本一样。该路面结构总厚 74cm，因此可以认为水平方向 0～30cm 的弯沉盆反映面层的变形情况，30～40cm 的弯沉盆反映基层的变形情况，40～70cm 弯沉盆反映底基层变形情况，100cm 后的弯沉盆变形反映路基变形情况[2]。

理论计算路表弯沉与荷载中心以下结构垂直变形关系统计表　　表 2-1

弯沉项 \ 垂直深度（cm）	0	20	30	40	70	100	130	160	190
路表$_{高}$	0.039 9	0.030 9	0.027 8	0.026 1	0.022 2	0.019 2	0.016 7	0.014 5	0.013 2
垂直$_{高}$	0.039 9	0.032 6	0.030 3	0.028 2	0.026 6	0.022 8	0.019 5	0.017 0	0.014 8
路表$_{中}$	0.049 4	0.038 6	0.035 0	0.033 7	0.028 7	0.025 0	0.022 0	0.019 3	0.017 1
垂直$_{中}$	0.049 4	0.040 4	0.038 1	0.035 2	0.033 8	0.029 2	0.025 1	0.022 2	0.019 6
路表$_{低}$	0.067 8	0.053 7	0.049 2	0.046 8	0.040 9	0.036 1	0.031 9	0.028 3	0.024 7
垂直$_{低}$	0.067 8	0.056 7	0.053 8	0.049 7	0.047 2	0.041 3	0.036 1	0.032 1	0.028 5

2）弯沉盆形状与面层刚度及地基支撑强度之间的关系

弯沉盆形状与路面结构层强弱有密切关系。对于双层体系的路面结构，笔者采用四种典型结构：强面层弱地基、强面层强地基、弱面层强地基和弱面层弱地基；给出六种组合的弯沉盆形状对比关系图，这六种组合为：强面层弱地基与弱面层强地基、强面层强地基与弱面层强地基、强面层弱地基与强面层强地基、弱面层弱地基与强面层强地基、弱面层弱地基与弱面层强地基、强面层弱地基与弱面层弱地基。

根据模量反算与实际路况调查结果，以大量的 FWD 检测弯沉盆数据为试验数据，对这四种典型路面结构的弯沉盆数据和弯沉盆形状分别作了大量的计算和分析，表明不同的弯沉盆形状对应着路面结构层强度的强弱。为了分析方便起见，仅选取四组典型实测弯沉盆数据作为算例进行分析，这四组弯沉盆数据如表 2-2 所示[2]。

典型路面结构类型的FWD实测弯沉盆数据　　表2-2

路面结构类型	测点位置(m)与弯沉盆数据(mil)							面板模量(MPa)	地基模量(MPa)
	0	0.3	0.4	0.7	1	1.3	1.6		
	D1	D2	D3	D4	D5	D6	D7		
强面弱基	3.93	3.82	3.72	3.49	3.31	2.83	1.63	32 675.40	112.50
强面强基	4.57	4.34	4.25	3.75	3.35	2.18	1.05	38 490.30	284.20
弱面强基	34.01	27.17	22.67	11.30	7.16	4.89	1.46	2 645.30	264.20
弱面弱基	26.36	21.70	18.29	10.43	7.20	5.31	2.23	1 876.40	123.50

注：1mil = 0.025 4mm。

用正态分布函数对表2-2的弯沉盆数据进行拟合，并设正态分布函数为：

$$y = ae^{-\frac{x^2}{2\sigma}} \tag{2-19}$$

采用MATLAB进行编程拟合，拟合结果如表2-3所示。

典型路面结构弯沉盆拟合结果一览表　　表2-3

路面结构类型	a	σ	相关系数 r	最大绝对偏差 w
强面弱基	4.074 7	1.273 9	0.952 3	0.409 2
强面强基	4.798 0	0.956 9	0.976 9	0.570 7
弱面强基	28.302 8	0.667 2	0.969 4	5.707 2
弱面弱基	21.812 9	0.754 1	0.964 7	4.547 1

图2-4～图2-9给出六种组合的拟合弯沉形状对比图，从这些图中，可以得出如下结论：

(1)对于地基强度相似，面层强度不同的路面结构，其弯沉盆形状仅表现出深浅，在宽窄上并无太大差异。

(2)对于面层强度相似，地基强度不同的路面结构，其弯沉盆形状表现出了宽窄的不同，通常，弱地基的弯沉盆宽度大于强地基的弯沉盆宽度。

(3)对于面层强度和地基强度均不同的路面结构，其弯沉盆形状表现出了深浅和宽窄的不同，一般的，面层强度弱的，其弯沉盆形状较深，反之则较浅；地基强度弱的，其弯沉盆形状较宽，反之则较窄[2]。

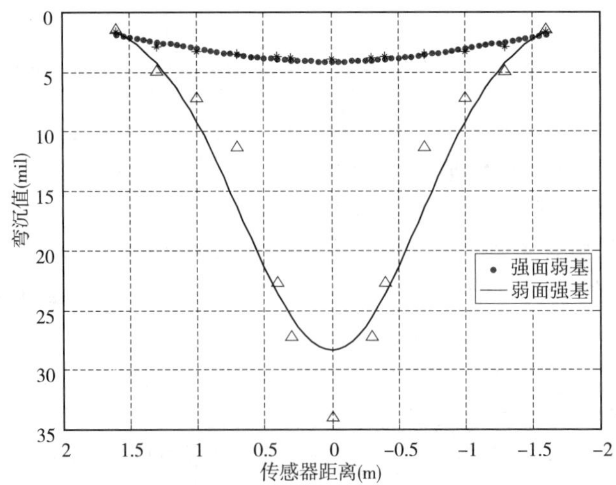

图2-4　强面层弱地基与弱面层强地基弯沉盆对比图

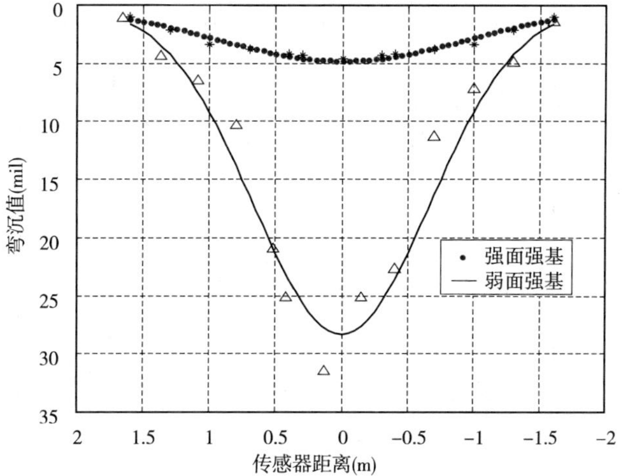

图 2-5 强面层强地基与弱面层强地基弯沉盆形状对比图

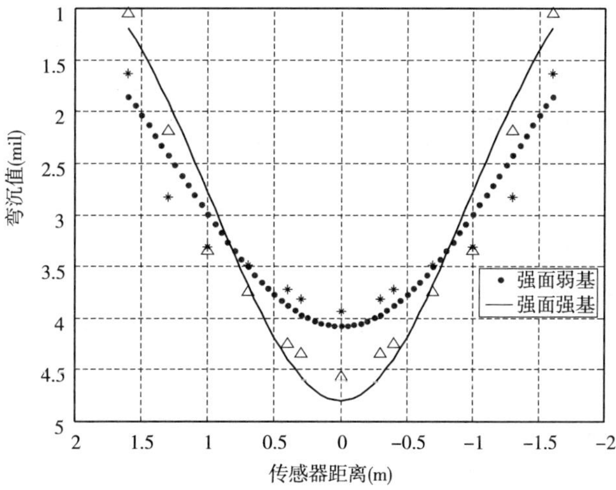

图 2-6 强面层弱地基与强面层强地基弯沉盆形状对比图

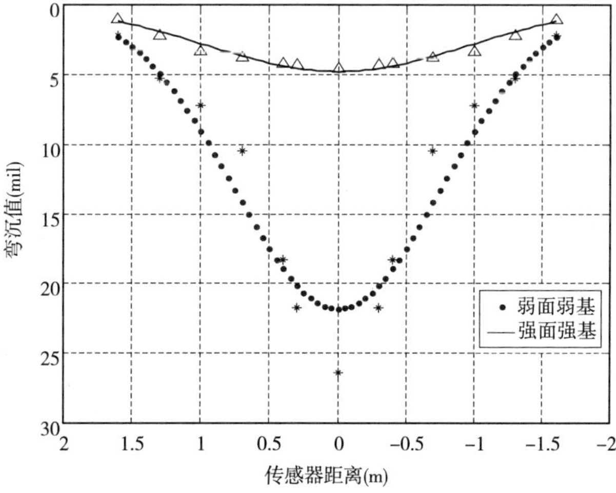

图 2-7 弱面层弱地基与强面层强地基弯沉盆现状对比图

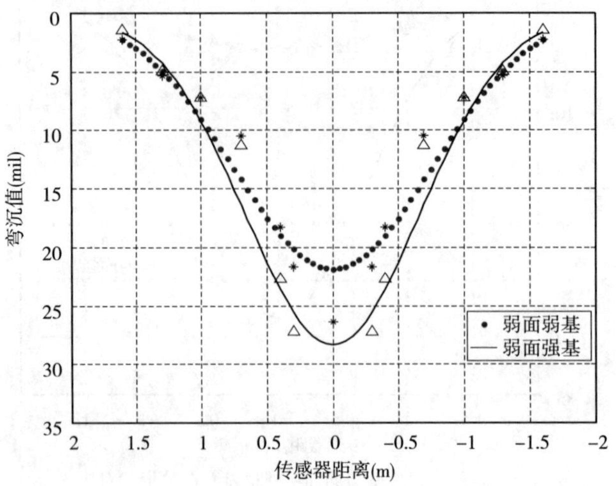

图 2-8 弱面层弱地基与弱面层强地基弯沉盆形状对比图

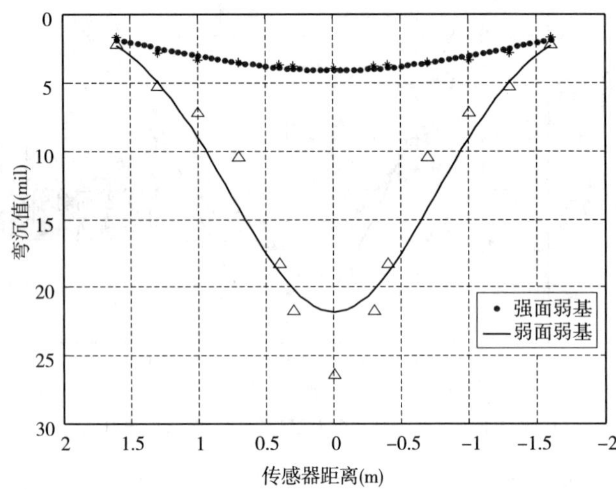

图 2-9 强面层弱地基与弱面层弱地基弯沉盆形状对比图

3)弯沉盆参数的推导及构造

(1)弯沉盆面积 A

根据传感器实际布置情况,在区间[0,1.6]内,可对式 $y=ae^{-\frac{x^2}{2\sigma^2}}$ 进行积分,求得弯沉盆面积 A。其公式为:

$$A=\int_0^{1.6} ae^{-\frac{x^2}{2\sigma^2}}\mathrm{d}x \tag{2-20}$$

显然,直接对式(2-20)进行积分较难,亦无必要。为简化计算,可采用梯形公式即

$$A=\frac{b+c}{2}[f(b)+f(c)] \tag{2-21}$$

进行求积。同时为提高精度，将区间[b,c]按传感器布置间距划分为6个小区间，这样式(2-21)就变成：

$$A=\frac{d_1-d_0}{2}[f(d_0)+f(d_1)]+\frac{d_2-d_1}{2}[f(d_1)+f(d_2)]+\frac{d_3-d_2}{2}[f(d_2)+f(d_3)]+\frac{d_4-d_3}{2}[f(d_3)+f(d_4)]+\frac{d_5-d_4}{2}[f(d_4)+f(d_5)]+\frac{d_6-d_5}{2}[f(d_5)+f(d_6)] \tag{2-22}$$

显然$f(d_i)=D_i$，代入上式化简即得：

$$A=\frac{1}{6}[0.9(D_0+D_6)+1.2(D_1+D_2)+1.8(D_3+D_4+D_5)] \tag{2-23}$$

式(2-23)即为Dynatest弯沉盆面积公式。

(2)曲率半径ρ

我们知道，曲率K的定义式为：

$$K=\frac{|y''|}{(1+y'^2)^{3/2}} \tag{2-24}$$

而曲率半径与曲率的关系式为：

$$\rho=\frac{1}{K} \tag{2-25}$$

所以曲率半径的定义式为：

$$\rho=\frac{(1+y'^2)^{3/2}}{|y''|} \tag{2-26}$$

将式(2-19)代入式(2-26)，即得：

$$\rho=\frac{\left(1+\frac{a^2}{\sigma^4}x^2\mathrm{e}^{-\frac{1}{\sigma^2}x^2}\right)^{3/2}}{\left|\frac{-a}{\sigma^2}\mathrm{e}^{-\frac{1}{2\sigma^2}x^2}+\frac{a}{\sigma^4}x^2\mathrm{e}^{-\frac{1}{2\sigma^2}x^2}\right|} \tag{2-27}$$

则在荷载中心处即$x=0$处的曲率半径为：

$$\rho=\frac{1}{\left|-\frac{a}{\sigma^2}\right|}=\frac{\sigma^2}{|a|} \tag{2-28}$$

(3)其他弯沉盆参数的构造

为了进一步表征路表弯沉盆的特性，笔者构造了如下弯沉盆参数，通过大量的计算分析表明，这些弯沉盆参数能从不同角度反映道路结构层的强度。

①最大弯沉值D_0和最小弯沉值D_6，D_0能精确反映面层强度，D_6能精确反映地基强度[2]。

②荷载扩散系数$F_1=\sum_{i=1}^{n}D_i/D_1$或$Q=D_7/D_1$，$F_1$为各弯沉盆上各测点的弯沉值之和与荷载中心处弯沉的比值，Q为最小弯沉值与最大弯沉值的比值，这两个系数均反映了路面结构

扩散荷载的能力,而影响荷载扩散能力的主要是面层和基层材料的性质[2,22]。

③弯沉盆曲线的斜率 $K_1 = \frac{D_0 - D_3}{r_4}$,虽然土基模量的变化对路表弯沉的影响较大,但弯沉盆曲线的斜率则主要是由土基较上各层 E_i、h_i 所控制。

④弯沉盆形状系数 $F_2 = \frac{D_0 - D_2}{D_1}$, F_2 反映弯沉盆曲线荷载中心附近的形状,相比于弯沉盆曲线斜率,F_2 受单一某测点弯沉值的影响较小。

⑤面层曲线指数 $SCI = D_0 - D_1$,因为面层模量 E_0 对路表弯沉盆的影响只是在荷载中心附近,所以 SCI 受 E_0 变化的影响可能比较敏感。

⑥基层曲线指数 $BCI = D_2 - D_4$,相对而言,基层模量的变化对这一段弯沉的影响较为明显[2,22]。

⑦地基曲线指数 $SBCI = D_6 - D_5$,相对而言,地基模量的变化对这一段弯沉的影响较为明显。

上述各项弯沉盆参数只是在定性考虑其可能路面结构层模量 E_i 的敏感程度上推导或构造出来,为了进一步论证究竟哪一项弯沉盆参数较好地反映了路面结构层模量 E_i 在路表弯沉盆上的作用,笔者以双层体系混凝土路面结构为例进行验证。

以实测弯沉盆数据为原始数据计算各弯沉盆参数,并以混凝土面板厚 25cm 进行双层体系下的模量反算,其所得面层模量和地基模量结果变化与相关弯沉盆参数结果变化情况分别见表 2-4、表 2-5[2]。

面层反算模量与各弯沉盆参数对比一览表　　表 2-4

序号	弯沉盆参数						面层模量 E_0(MPa)
	最大弯沉值 D_0	曲率半径 ρ	弯沉盆面积 A	荷载扩散系数 F_1	面层曲线指数 SCI	弯沉盆形状系数 F_2	
1	7.80	0.159 2	9.32	5.58	0.58	0.090 3	31 397.10
2	8.68	0.134 7	10.28	5.62	0.51	0.090 3	24 124.30
3	12.51	0.098 7	15.02	5.74	0.61	0.073 4	18 806.60
4	14.89	0.086 6	17.96	5.72	0.53	0.074 9	17 566.20
5	11.68	0.084 8	13.49	5.90	0.48	0.053 5	14 073.20
6	26.31	0.045 1	32.26	6.36	0.81	0.039 5	8 000.00
7	30.99	0.024 8	30.88	4.17	5.97	0.279 4	4 500.00
8	35.29	0.016 9	32.13	3.57	11.76	0.490 6	4 078.00
9	56.91	0.009 0	46.47	3.41	12.67	0.382 1	3 552.50
10	57.40	0.007 9	45.83	3.12	21.69	0.599 2	3 351.40
11	63.79	0.006 8	48.81	3.11	20.12	0.519 6	3 209.00
12	68.08	0.005 8	50.12	3.07	19.53	0.516 1	2 245.50

地基反算模量与相关弯沉盆参数对比一览表 表 2-5

序号	地基曲线指数 *SBCI*	最小弯沉值 D_6	地基模量(MPa)
1	1.78	2.59	308.70
2	2.51	2.57	286.30
3	3.51	3.96	189.10
4	3.51	5.13	153.50
5	4.24	2.57	265.70
6	12.37	6.68	100.50
7	2.95	6.38	119.80
8	5.23	3.96	144.20
9	3.94	5.16	116.70
10	6.63	3.18	163.70
11	5.87	3.20	163.20
12	6.43	2.49	207.70

从表 2-4 中,可以看出,D_0、ρ、A 这三项弯沉盆参数与面层的模量变化趋势较为一致,为了更清楚地说明这一趋势,可以看图 2-10[2]。

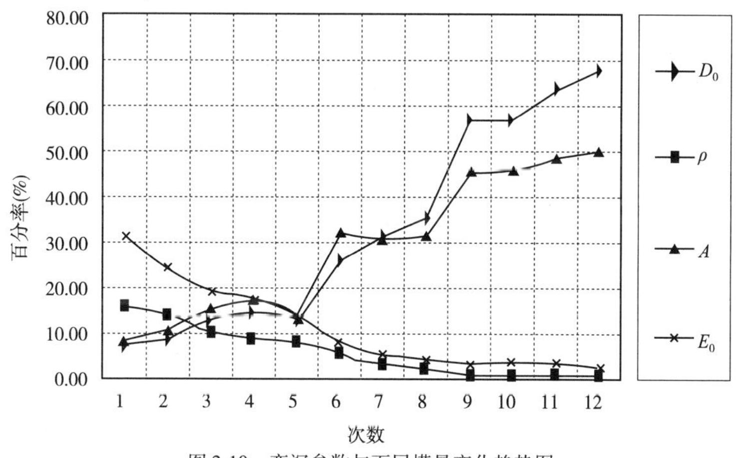

图 2-10 弯沉参数与面层模量变化趋势图

从图 2-10 中可以看出,弯沉盆面积、最大弯沉值这两项弯沉盆参数与面层模量的变化成反比,而弯沉盆在荷载中心处的曲率半径与面层模量的变化成正比,进一步分析表明,荷载中心处的曲率半径随面层模量的变化最为敏感。

利用多项式回归方法,通过大量计算分析,得出如下面层模量回归公式[2]:

$$E_0 = 0.0319\rho^2 + 1.3155\rho + 1.8906,\ (\text{模量单位 GPa}, r^2 = 0.9911) \qquad (2\text{-}29)$$

从图 2-11 中可看出,E_1 与 *SBCI*、D_6 的变化趋势基本上成反比关系,相比较而言,D_6 随 E_1 的变化较为敏感[2]。

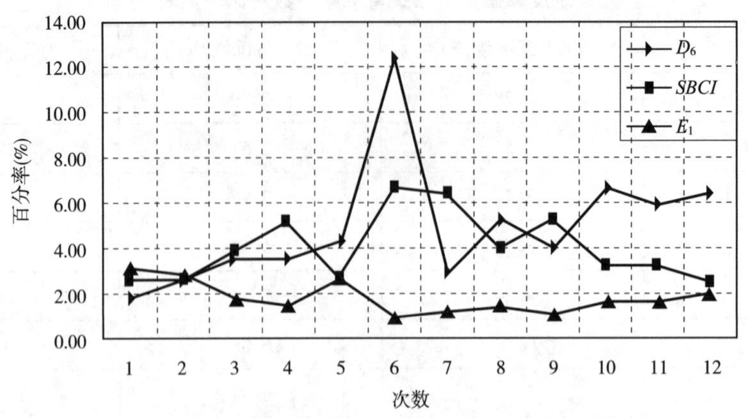

图 2-11　相关弯沉盆参数与地基模量变化趋势图

2.2.3　基于 FWD 动态弯沉盆参数的路面结构层动态模量反算方法

2.2.3.1　模量反算数学模型

旧路面结构层模量是旧路面评价、改造加铺设计的重要参数之一。传统的检测手段难以直接测到路面各结构层的回弹模量,但路表弯沉是路面结构刚度特性的综合反映。因此,应用 FWD 弯沉仪实测路表弯沉,并按弹性地基板理论反算路面各结构层模量在理论和实践上都是可行的。

路面结构模量反算是 20 世纪 80 年代以来国际道路工程界研究的热门课题之一。经过 20 余年的科学研究与工程探索,不仅已经成功解决了应用 FWD 实测弯沉盆反算路面结构层模量的理论体系,而且开发了相应的工程应用软件,在工程实践中得到了广泛应用。

对于一定的路面结构,由弹性层状体系理论可方便计算出已知荷载作用下的路表理论弯沉盆,且该弯沉盆与路面结构参数存在某种对应关系,这种关系已在前面进行了叙述。通过实测的弯沉盆,在理论分析的基础上,编制连续迭代计算程序。对于已知厚度的路面结构,先假定一组初始模量,计算出对应的理论弯沉值,将此理论弯沉值与实测值进行比较,通过连续迭代来不断修正各层的模量值,直到理论弯沉与实际弯沉之差满足精度要求,此时的各层模量值即为所评定的路面各层弹性模量。

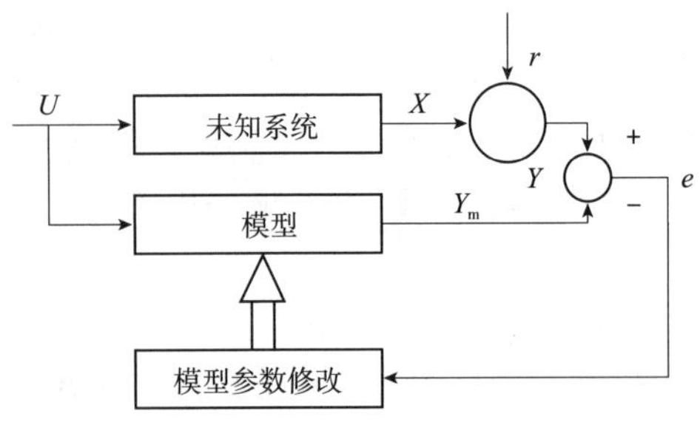

图 2-12　模量反算实施图

U-模型与未知系统的输入;X-系统输出;r-噪声;Y_m-模型;$e = Y - Y_m$; $Y = X + r$

根据系统的输入和输出来确定系统的特性,建立一个数学模型来模拟未知系统,然后修改模型使其与实际系统之间的误差在某种意义上达到最小。常用的误差极小法方法是在相同输入条件下使模型与系统的输出误差达到最小。实施过程如图 2-12 所示。

据前所述,在已知路面弯沉盆的基础上,应用路面力学模型,计算在相同荷载作用下的路面变形,再建立模型修改算法,逐步调准模型参数,使计算结果与观测结果之间的误差达最小。

建立合理的理论模型，使参数修改算法具有较好的稳定性和收敛性，以下以灵敏度分析为基础，建立如下的迭代方法。

控制方程为[1,24-31]：

$$\boldsymbol{F}\Delta\boldsymbol{E}=\boldsymbol{e} \tag{2-30}$$

式中：$\Delta\boldsymbol{E}$、$\boldsymbol{e}$——分别表示参数调整向量和误差向量，其中：$\Delta\boldsymbol{E}=[\Delta E_1,\Delta E_2,\cdots,\Delta E_n]^{\mathrm{T}}$，$\boldsymbol{e}=[e_1,e_2,\cdots,e_m]^{\mathrm{T}}$；

$\boldsymbol{F}$——灵敏度矩阵，

$$\boldsymbol{F}=\begin{bmatrix}\frac{\partial W_1}{\partial E_1} & \frac{\partial W_1}{\partial E_2} & \cdots & \frac{\partial W_1}{\partial E_n}\\ \frac{\partial W_2}{\partial E_1} & \frac{\partial W_2}{\partial E_2} & \cdots & \frac{\partial W_2}{\partial E_n}\\ \vdots & \vdots & & \vdots\\ \frac{\partial W_m}{\partial E_1} & \frac{\partial W_m}{\partial E_2} & \cdots & \frac{\partial W_m}{\partial E_n}\end{bmatrix} \tag{2-31}$$

$\frac{\partial W_i}{\partial W_j}$——路面第 i 点的变形对第 j 个参数的敏感性。

对于方程(2-31)，不能用常规方法求解，应采用奇异值分解方法。任何一个 $m\times n$ 阶矩阵 $\boldsymbol{A}(m\geqslant n)$ 可分解为 $m\times n$ 阶正交矩阵 $\boldsymbol{U}$、$n\times n$ 阶对角形矩阵 $\boldsymbol{W}$ 和 $n\times n$ 阶正交矩阵 $\boldsymbol{V}$ 的转置 V^{T} 的乘积，即[24]：

$\boldsymbol{A}=\boldsymbol{UWV}^{\mathrm{T}}$，其中：

$$\boldsymbol{U}^{\mathrm{T}}-\boldsymbol{U}=\boldsymbol{V}^{\mathrm{T}}-\boldsymbol{V}=\boldsymbol{I},\boldsymbol{W}=\begin{bmatrix}W_1 & & & \\ & W_2 & & \\ & & \ddots & \\ & & & W_n\end{bmatrix},W_i\geqslant 0(i=1,2,\cdots,n)$$

对于矩阵 $\boldsymbol{A}$，$r=W_{\max}/W_{\min}$ 反映了矩阵的奇异性。当 r 为无穷大，即 $W_{\min}=0$ 时，则矩阵是奇异的[1,2,4,32]；当 r 较大但非无穷大时，则矩阵无解。以上只从数学模型的分析原理进行探讨，对于模量的求解方法，编制连续迭代计算程序，先假定一组初始模量计算出理论弯沉值，通过模量计算程序来修正各层模量值。

根据 FWD 实测弯沉盆进行路面结构模量反算，一般数学模型可表示成下述最优化问题：

$$\min\varepsilon^2=\sum_{i=1}^{m}q_i\left(\frac{W_i-D_i}{D_i}\right)^2 \tag{2-32}$$

又由弹性层状体系，理论弯沉盆 W_i 可表示为[1,2,4,24-25,31,33]：

$$W_i=w(h_j,E_j,\mu_j,p,\delta,r_j)(j=1,2,\cdots,n) \tag{2-33}$$

式中：ε^2——实测弯沉盆与理论弯沉盆之间的相对平方误差；

W_i、D_i、q_i——分别为各测点的理论弯沉、实测弯沉和加权系数；

r_j——各测点至荷载中心的水平距离；

h_j、E_j、μ_j——分别为路面各结构层的厚度、模量和泊松系数；

p、δ——分别为荷载集度和荷载作用半径；

m、n——分别为测点数和结构层数；

$w(\ )$——弹性层状体系路表弯沉的函数关系。

对于式(2-32)、式(2-33)中的各参数，进行实际反算时，h_j 按实际路面结构层厚度取值，μ_j 按不同的结构层材料取值，p 按 FWD 实际测得的荷载确定，δ 即为 FWD 的承载板半径，r_j 按各位移传感器的布置选取。这些参数在反算过程中取定值，由此，各测点的理论弯沉值仅为模量的函数，式(2-33)可简化为：

$$W_i = w(E_i)\big|_{r=r_j} \tag{2-34}$$

因此，路面结构模量反算问题是一个典型的非线性优化问题。在数学规划法反算中，为了控制模量的搜索范围，一般可加入一个约束条件：

$$E_j^{\mathrm{d}} \leqslant E_j \leqslant E_j^{\mathrm{u}}$$

式中：E_j^{u}、E_j^{d}——分别为各层模量的上、下限，根据不同结构层材料，按经验选取。

式(2-32)中的加权系数 q_i 根据各点弯沉拟合精度要求选取，一般情况下可统一取为1。

在实际的模量反算中的一般计算步骤为：

(1)设定初始模量，确定收敛标准，计算理论弯沉盆；

(2)将计算得到的理论弯沉盆与 FWD 实际测得的弯沉盆进行比较，如果满足收敛标准，结束反算，否则，进行下一步骤；

(3)更新下一次迭代时的模量设定值，其一般公式为：$E_i^j = E_i^{j-1} + \Delta E_i$，即在上次设定值的基础上增加一个步长单位；

(4)返回第二步。计算框图如图2-13所示。

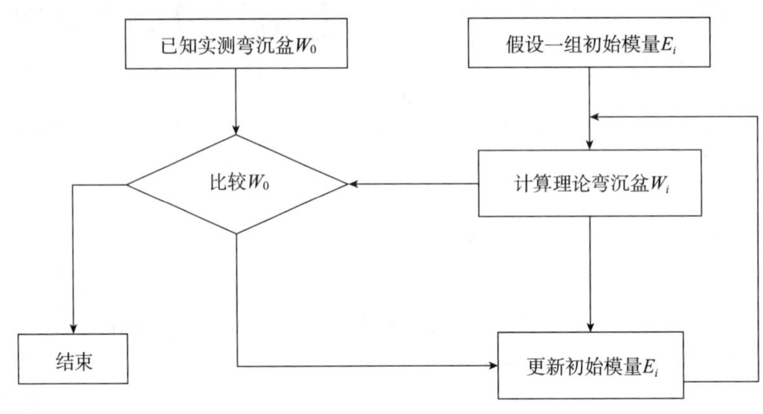

图2-13　计算框图

2.2.3.2　模量反算方法

基于 FWD 检测结果的模量反算是一个非常复杂而困难的问题，不管是采用线性或非线性，还是考虑静载或动载等力学分析模型计算路面结构的弯沉，模量反算最终都可归结为非线性最优化问题，即如何采用最有效的、最优化的数据处理方法和算法寻找最优的路面结构层力学参数组合，使 FWD 的实测弯沉盆与力学计算的理论弯沉盆之间达到最佳的拟合。目前，各种反算方法均是从上述的两个方面入手，即：力学分析模型和最优化算法[33-40]。

1)力学分析模型

模量反算中的力学分析模型实际上就是关于荷载和材料特征的假设，主要有以下四类。

(1)静态线性反算

在这类模型中,假设荷载是静态的,材料是线弹性的,因此仅仅需要荷载峰值和各传感器弯沉峰值等测试结果就可达到反算模量的目的,其反算模式可表示如下[29,37]。

已知:荷载峰值:$I = \max P$;弯沉峰值: $R = \max d_k$(k:弯沉传感器数量)。

求解: $H_k(E)$,使得 $\max d_k \approx H_K(E) \times \max P$。

这种反算模型目前使用最为普遍,其原理简单,计算方便,能适应大规模的模量反算需求。著名的 MODULUS 程序就是用了这种模型。

(2)静态非线性反算

这类模型假设静态荷载下,材料是非线弹性体,在模量反算时用到不同荷载级位下的表面弯沉峰值。其反算模式如下。

已知:荷载峰值:$I = \max P_j$;弯沉峰值:$R = \max d_{kj}$(k:弯沉传感器数量;j:荷载级位数量)。

求解:$H_k(E)$,使得 $\max d_{kj} \approx H_k(E) \times \max P_j$。

这类反算模型由于计算量明显增大,所以在大多数情况下其理论弯沉的计算过程是借助有限元法实现的。它一般适用于较厚的沥青表层的道路结构层的模量反算,当沥青表层厚度小于 50mm 时,这种模型分析的结果往往偏差较大。

(3)动态线性反算

这类模型假定荷载是动态的,即需要相应检测设备的测试荷载为稳态振动荷载或是冲击荷载(如 FWD 荷载)。当测试荷载为后者时,这种模型又有两种模式:①时域拟合,即直接用计算的理论弯沉时程与实测的弯沉时程拟合;②频域拟合,即通过傅里叶变换将荷载及弯沉时程转换为各种不同频率下的目标值,然后再进行拟合。这类模型的反算模式可表示如下[41]:

①稳态振动荷载

已知:荷载函数:$I = P\exp(\mathrm{i}\omega t)$;弯沉函数:$R = d_k \exp(\mathrm{i}\omega t + \Phi_k)$($k$:弯沉传感器数量)。

求解:$H_k(E^*)$,使得 $R \approx H_k(E^*) \times I$。

②冲击荷载的时域拟合

已知:荷载时程:$I = P(t)$;弯沉时程:$R = d_k(t)$ (k:弯沉传感器数量)。

变换:$P(t) \rightarrow |FFT| \rightarrow P(\omega_j) = I(\omega)$。

求解:$H_k(E^*)$,使得 $H_k(E^*) \times I(\omega) \rightarrow |IFFT| \rightarrow R^c - (t)$,$R^c - (t) \approx R$。

③冲击荷载的频域拟合

已知:荷载时程:$I = P(t)$;弯沉时程:$R = d_k(t)$ (k:弯沉传感器数量)。

变换:$P(t) \rightarrow |FFT| \rightarrow P(\omega_j)$,$d_k(t) \rightarrow |FFT| \rightarrow d_k(\omega_j)$,$d_k^0(\omega_j) = d_k(\omega_j)/I^0(\omega_j)$。

求解: $H_k(E^*)$,使得 $d_k^0(\omega_j) \approx H_k(E^*) \times I^0(\omega_j)$。

这类反算模型计算量比前两种还要大,目前还不能适应野外大规模的模量反算需求。

④动态非线性反算

这类模型理论比较复杂,计算过程繁琐,并且从目前情况来看,这类模型在未来使用的可能性也不是很大,所以这里不予详细分析。

2)最优算法

如前所述,模量反算其实是一个最优化问题。自从 20 世纪 70 年代末,模量反算成为国际上广泛关注的课题后,不少专家和学者在理论弯沉盆与实测弯沉盆的拟合优化算法方面做过很多的研究,取得了不少宝贵的成果。目前从拟合优化算法方面来讲,主要是以下几种方式:

(1)图表法和回归公式法

(2)数据库搜索法

(3)迭代法

(4)遗传算法

(5)人工神经网络法

随着计算机技术的快速发展,图表法及回归公式法已逐渐被淘汰。虽然迭代算法有着本身固有的缺陷,但目前大多数模量反算软件都将其作为优化算法,并从各个不同角度来改进它,以减少其本身缺陷对反算结果的影响。而遗传算法、人工神经网络法以及同伦方法是比较新颖的优化算法,其理论基础比较复杂,目前其应用于模量反算领域的理论还不够完善,所以还未能推广使用[41]。

2.2.3.3 基于 FWD 荷载分布系数直解路面结构层模量方法

1)基于 FWD 荷载应力分布系数直解路面结构层模量的算法描述

直接求解路面结构层模量是基于以下两个参数:一是传感器点的荷载应力分布系数 f;二是传感器点的模量 E'_i 和传感器之间的模量 E''_j。各参数的具体描述如下。

(1)传感点的荷载应力分布系数 f

FWD 冲击荷载通过承载板作用在半空间体表面上,应力 q(冲击荷载/承载板面积)随着距荷载作用中心水平距离的增加而减少。应力的减少取决于以下两个因素:一是几何传播过程的损失,二是传播过程的媒介吸收。有研究结果表明:当应力传送波在低频和短距离的情况下,通过几何传播过程所造成的应力损失远比由于媒介吸收所造成的应力损失大。因而在半空间体表面上距荷载作用中心水平距离为 r 处的应力分布系数的计算仅考虑几何传播因素,并由下式给出:

$$f_i = q_0 / q_i \tag{2-35}$$

式中,q_0——荷载作用中心处的应力;

q_i——荷载作用中心水平距离为 r_i 处的应力 q_i 的求解,可利用程序根据已知半空间体的弹性模量 E,计算水平不同距离 r_i 处的弯沉而得到。

取弹性模量 $E = 690\text{MPa}$,应力 $q_0 = 563.4\text{kPa}$,承载板半径 $a = 150\text{mm}$,泊松比 $\mu = 0.2$。不同水平距离 r_i 处的弯沉 d_i 见表 2-6[42-43]。

FWD 荷载应力分布系数表 表 2-6

r_i(mm)	0	75	150	300	400	700	1 000	1 300	1 600
d_i(0.01mm)	236.2	220.2	145	60.2	45.16	25.21	17.80	13.65	11.07
f_i	1	1.073	1.629	3.924	5.23	9.36	13.27	17.31	21.33

表 2-6 中,f_i 通过 d_0/d_i 而得。f_i 与 r_i/a 的关系图见图 2-14。

图 2-14 表明,当 $r_i/a > 2$ 时,f_i 可大致由下式确定:

$$f_i = 2r_i / a \tag{2-36}$$

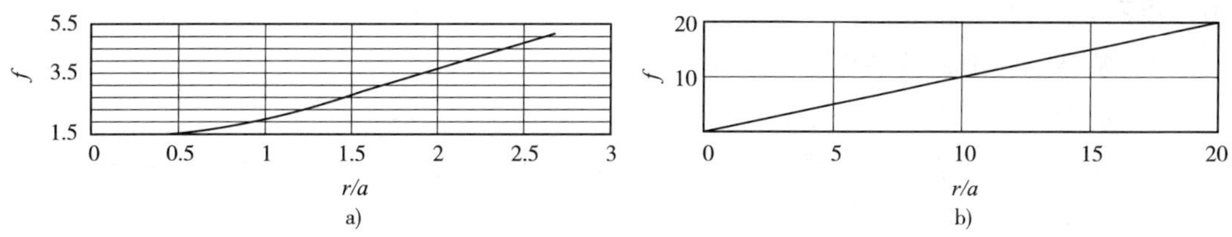

图 2-14 FWD 荷载应力分布系数 f 与 r/a 关系图

(2)传感器点模量 E'_i 和传感器之间的模量 E''_j

线弹性半空间体的弹性模量可由布氏公式而得

$$E'_0 = 2(1-\mu^2)a(q_0/d_0) \tag{2-37}$$

式中:a——承载板半径;

q_0——中心荷载应力;

d_0——中心弯沉。

根据线弹性半空间体理论,在线弹性半空间体上,任何位置的弹性模量 E 均是常量,因而方程(2-37)又可由下式表示:

$$E'_i = 2(1-\mu^2)a(q_i/d_i) \tag{2-38}$$

将方程式(2-35)代入到方程式(2-38)中,有

$$E'_i = 2(1-\mu^2)aq_0/(f_i d_i) \tag{2-39}$$

式(2-39)是式(2-37)的通用形式。同样用布氏公式也可计算传感器之间的模量 E''_j,计算方程式为[42-43]:

$$\begin{aligned} E''_j &= 2(1-\mu^2)(q_i-q_j)a/(d_i-d_j) \\ &= 2(1-\mu^2)aq_0(1/f_i-1/f_j)/(d_i-d_j),\ j>i \end{aligned} \tag{2-40}$$

当 $f_j\to\infty$, $d_j=0$ 时,方程式(2-40)便转化成方程式(2-39),式(2-39)和式(2-40)可作为计算传感器点和传感器之间的模量公式。对于线弹性空间体而言,式(2-39)和式(2-40)所得的计算结果是一样的,但对层状体系而言,其结果则不同,因而可用来估算路面结构层模量。将 $q_0=p_0(\pi a^2)$ 及式(2-36)代入式(2-39)及式(2-40)中得

$$E'_i = (1-\mu^2)p_0/(\pi r_i d_i) \tag{2-41}$$

$$E''_j = (1-\mu^2)p_0(1/r_i-1/r_j)/[\pi(d_i-d_j)],\ j>i \tag{2-42}$$

当 μ 取 0.5 时,式(2-41)便转化成 AASHTO 地基模量计算公式,即

$$M_r = 0.24P_0/(r_i d_i) \tag{2-43}$$

式(2-39)和式(2-40)也可用下式表示:

$$E'_i = 2(1-\mu^2)aq_0/(f_i d_i) = 2(1-\mu^2)a(q_0/d_0)/[(f_i d_i)/d_0] = E_0/F'_i \tag{2-44}$$

$$\begin{aligned} E''_j &= 2(1-\mu^2)aq_0(1/f_i-1/f_j)/(d_i-d_j) \\ &= 2(1-\mu^2)a(q_0/d_0)/[(d_i-d_j)/(d_0/f_i-d_0/f_j)] = E_0/F''_j,\ j>i \end{aligned} \tag{2-45}$$

式中,

$$F'_i = (f_i d_i)/d_0 \tag{2-46}$$

$$F''_j = (d_i-d_j)/(d_0/f_i-d_0/f_j),\ j>i \tag{2-47}$$

这里我们定义 F'_i、F''_j 分别为传感器点的模量比和传感之间的模量比,也可称之为刚度比。F'_i、F''_j 与传感器距荷载作用中心的水平距离关系体现了相当重要的路面结构层

的刚度特性。

2)双层体系路面结构层模量的估算

(1)面层模量的估算

在双层体系路面结构中,面层的弹性模量通常大致范围为1 500~40 000MPa,而地基的模量范围为40~300MPa。因而面层模量和地基模量之比通常大于20,由于有很高的模量比,荷载作用中心附近弯沉的变化受面层影响较大,而受其底下的地基的影响较小,这就使得我们在估算面层模量时,无需考虑地基的情况。

根据JILS-FWD传感器布置间距情况,并结合工程实践应用发现:在距荷载作用中心$2H/3$(H为面层厚度)、$4H/7$、$3H/5$以内,弯沉的变化受面层影响较大,并按这三种情况,对面层模量进行了估算。根据弯沉在荷载中心和$2H/3$、$4H/7$、$3H/5$的变化情况,面层的模量估算可由下式给出:

$$E=2(1-\mu^2)q_0a/(d_0-d_{2H/3,4H/7,3H/5}) \tag{2-48}$$

式中:$d_{2H/3,4H/7,3H/5}$——距荷载作用中心$2H/3$、$4H/7$、$3H/5$处的弯沉,可通过线性插值法而得;

μ——根据规范的有关规定选取,本式中取0.15。

为了检验这三种情况的估算精度,笔者选取了五个理论弯沉盆数据进行估算,见表2-7,估算结果见表2-8。

弯沉盆数据 表2-7

面板			测点位置(cm)与弯沉盆数据(0.01mm)						
序号	厚度(cm)	荷载(kN)	0	30	40	70	100	130	160
			D1	D2	D3	D4	D5	D6	D7
1	23	48.00	15.30	13.86	13.25	11.34	9.54	7.97	6.66
2	24	49.00	14.29	13.22	12.76	11.26	9.77	8.40	7.21
3	25	50.00	13.73	12.88	12.51	11.29	10.03	8.84	7.75
4	26	51.00	13.45	12.76	12.46	11.44	10.36	9.29	8.30
5	27	52.00	13.39	12.81	12.55	11.69	10.74	9.79	8.87

面层模量估算结果 表2-8

序号	面层模量(MPa)				与理论值平均误差(%)		
	$2H/3$	$4H/7$	$3H/5$	理论值	$2H/3$	$4H/7$	$3H/5$
1	27 094	28 921	30 214	30 000	-9.96	-3.40	0.71
2	35 499	41 379	39 675	40 000	-11.25	3.45	-0.81
3	44 300	51 409	48 990	50 000	-11.40	2.82	-2.02
4	52 785	62 100	58 650	60 000	-12.03	3.5	-2.25
5	62 358	72 335	70 002	70 000	-10.92	3.34	0.003
平均	—	—	—	—	-11.06	1.92	-0.87

注:表中数据来源为理论数据。

从表2-8可以看出,根据距荷载作用中心 $3H/5$ 的弯沉变化情况所估算的面层模量,与理论值比较吻合,因而,对于 JILS－FWD 而言,可用下式估算面层模量:

$$E = 2(1-\mu^2)q_0a/(d_0 - d_{3H/5}) \tag{2-49}$$

(2)地基模量的估算

由前面分析可知,100cm 以后的弯沉盆变化反映地基变形的情况,笔者采用三种方案对地基模量进行估算

方案1 $$E_0 = 2(1-\mu^2)aq_0/(f_6d_6) \tag{2-50}$$

方案2 $$E_0 = 2(1-\mu^2)aq_0(1/f_6 - 1/f_7)/(d_6 - d_7) \tag{2-51}$$

方案3 $$E_0 = 2(1-\mu^2)aq_0/(f_7d_7) \tag{2-52}$$

上述方案中,泊松比根据规范的相关规定选取,均取0.30。为了检验这三种方案的估算精度,笔者依旧选取表2-8的5个弯沉盆数据,估算结果如表2-9。

地基模量估算结果 表2-9

序号	面层模量(MPa)				与理论值平均误差(%)		
	方案1	方案2	方案3	理论值	方案1	方案2	方案3
1	134.40	153.35	130.68	140	-4.00	9.54	-6.66
2	129.40	171	122.485	130	-0.46	31.30	-5.78
3	126.52	—	117.25	120	5.43	—	-2.29
4	122.10	—	111.03	110	11.00	—	0.94
5	119.07	—	106.72	100	19.07	—	6.72
平均	—	—	—	—	6.21	—	-1.41

注:表中数据来源为理论数据。

从表2-9中可以看出,方案3与理论值比较吻合。因而,对于 JILS-FWD 而言,可用下式估算地基模量:

$$E_0 = 2(1-\mu^2)aq_0/(f_7d_7) \tag{2-53}$$

3)工程应用

为了检验方程式(2-49)、式(2-53)在实践工程中的应用情况,随机选取了5组2000年9月 JILS-FWD 在广东佛陈(佛山—陈村)实测的弯沉盆数据(见表2-10)进行估算,将其所估算的模量与著名反算软件 MODULUS 所反算的模量进行比较,比较结果见表2-11。

弯沉盆数据 表2-10

序号	面板厚度(cm)	荷载(kN)	测点位置(cm)与弯沉盆数据(0.01mm)						
			0	30	40	70	100	130	160
			D1	D2	D3	D4	D5	D6	D7
1	21	51.20	13.39	12.75	12.40	10.95	9.50	8.10	6.91
2	21	48.53	12.40	11.46	11.18	9.63	8.28	7.04	6.10
3	25	48.97	25.76	24.28	23.93	20.70	17.98	14.76	12.24
4	25	54.18	14.25	13.61	13.36	11.81	10.36	8.74	7.52
5	25	51.73	11.20	10.57	10.39	9.32	8.23	7.09	6.10

模量估算结果 表 2-11

序号	面层模量 E_1(MPa)/地基模量 E_0(MPa)		
	估算式	MODULUS	平均误差(%)
1	80 731.0/137.6	77 998.3/140.9	3.5/-2.3
2	51 526.1/144.8	55 162.5/155.3	-6.6/-6.8
3	27 343.6/72.2	25 121.2/75.0	8.8/-3.7
4	70 562.5/131.1	69 453.7/135.1	1.6/-3.0
5	67 958.7/153.2	69 134.8/157.4	-1.7/-2.7

注:表中数据为实测数据。

从表 2-11 中可以看出,平均误差最大不超过 ±10%,显然可以满足公路管理部门分析 FWD 数据的精度要求,可以作为公路管理部门分析 FWD 数据的理想工具。

4)结论

(1)本节详细论述了基于 FWD 荷载分布系数直解路面结构层模量的方法,并给出了相关表达式。

(2)对于双层体系,笔者根据 JILS-FWD 传感器间距布置情况,作了大量的计算分析,并给出了直解面层和地基模量的数学表达式。

(3)实践工程应用表明,该方法具有快速、简洁、高效的特点,是公路管理部门分析 FWD 数据的理想工具[42-43]。

2.2.3.4 基于同伦算法的路面结构层模量反算方法

同伦方法(homotopy),又称延拓法(continuation)或嵌入法(embed),它是从任一点出发求得误差方程式的解,其对初始点 X^0 没有严格限制,因此,同伦方法能有效地扩大收敛范围,在一定程度上克服一般梯度意义下优化算法的局部收敛缺点。但其计算理论比较复杂,不易为广大工程技术人员所理解掌握,不适合野外大规模的模量反算需求,目前还处于研究阶段。

用 FWD 可以测得某一圆形均布荷载作用下的弯沉盆,通过对弯沉盆的分析求得路面各结构层的强度值,即反算各结构层的模量值,是路面结构无破损评价的重要内容。路面结构模量作为一个重要的设计参数,在路面管理、养护、维修、改建等决策中发挥着重要的作用[10,36,44-45]。路面以下发生病害,一定会在弯沉盆数据和模量值上有所反映,模量的变化更为直观,因此较多采用模量反算的办法,可以大致估计是路面哪个结构层出现了病害,从而采取针对性的处治措施。同伦方法是模量反算中较新的一种方法。下面以同伦方法编制的 HAMBACK 软件为例演示模量反算的过程及应用。

某沥青路面由如下结构层组成,20cm4% 水泥稳定碎石底基层 +20cm5.5% 水泥稳定碎石下基层 +20cm5.5% 水泥稳定碎石上基层 +8cmAC-25 Ⅰ 沥青混凝土下面层 +6cmAC-20 Ⅰ 改性沥青混凝土中面层 +4cmAC-13 改性沥青混凝土上面层。对其进行弯沉检测,检测数据如表 2-12 所示。

沥青路面弯沉检测数据 表 2-12

测点	荷载(kN)	D1	D2	D3	D4	D5	D6	D7	D8	D9
1	46.36	6.11	2.84	2.66	2.49	2.27	1.88	1.72	1.22	1.09
2	50.17	6.24	2.66	2.61	2.26	2.40	1.99	1.61	1.49	1.06
3	48.28	5.76	2.61	2.45	2.33	2.22	1.82	1.49	1.25	0.93
4	50.00	6.70	4.97	4.84	4.32	4.08	3.32	2.75	2.36	1.84
5	48.70	8.45	6.87	6.27	5.78	4.91	3.50	2.48	1.78	1.26
6	48.23	6.36	4.54	4.20	4.09	3.63	3.08	2.85	2.18	1.68
7	51.78	7.79	5.58	5.53	4.79	4.35	3.22	2.39	1.89	1.17
8	44.59	11.58	8.10	8.29	6.43	6.52	5.87	3.50	3.13	2.35
9	47.57	8.56	5.35	6.88	3.55	5.98	4.71	3.38	2.22	1.61
10	46.36	6.11	2.84	2.66	2.49	2.27	1.88	1.72	1.22	1.09

利用同伦方法编制的软件进行模量反算,将面层、基层和底基层、土基分别看作一个整体,分别求面层及基层、土基动态回弹模量,其 Input. txt 基本格式如表 2-13 所示。

Input. txt 文件格式 表 2-13

序号	项目	Input. txt 文件内容	说明
1	弯沉盆计算设置	10 1	两个整数,第一个为弯沉盆总个数,第二个为首个反算弯沉盆的编号
2	计算参数	2	1 个整数,路面结构总层数
		0.35 18.0 0.2 60.0	2 组浮点数,结构层材料泊松系数和结构层厚度(cm)
		0.40	1 个浮点数,最后一行为底层泊松系数
3	荷载参数	1	1 个整数,荷载标识符:1—集中荷载(kN),0—均匀荷载(MPa)
		15.0	1 个浮点数,荷载作用半径(cm)
4	弯沉点计算参数	9	1 个整数,弯沉盆弯沉点数
		0.0 20.3 30.5 45.7 61.0 91.4 121.9 152.4 182.9	1 组浮点数,弯沉盆点距承载板中心距离(cm)
		1d1 1d2 1d3 1d4 1d5 1d6 1d7 1d8 1d9	1 组浮点数,弯沉点对应反算权值
5	初始值设置	0	1 个整数,初始值产生标识符:0—给定,非 0—计算机随机产生
		10 000.0 50.0	1 组浮点数,当初始值设置为 0 时,各结构层模量初始值(MPa),当初始值设置为非 0 时,不用输入
6	弯沉盆数据	46.36 6.11 2.84 2.66 2.49 2.27 1.88 1.72 1.22 1.09 50.17 6.24 2.66 2.61 2.26 2.40 1.99 1.61 1.49 1.06 (略)	多组浮点数,FWD 弯沉盆实测数据,每组第一个数据为荷载大小(集中荷载时,单位为 kN;均匀荷载时,单位为 MPa),后面为弯沉点实测弯沉值(0.01mm)

用同伦法软件对其进行计算,求得 Moduli. txt 文本文件如下:

Number	E_1(MPa)	E_2(MPa)	E_3(MPa)	RE(%)	AE	Y/N
1	3 163.6	19 920.9	165.7	6.16	0.13	Y
2	3 007.3	13 242.1	167.5	6.75	0.14	Y
3	3 467.0	17 596.1	174.1	6.69	0.13	Y
4	4 441.4	15 014.9	158.6	4.56	0.18	Y
5	3 377.5	9 240.4	168.3	2.33	0.14	Y
6	6 073.9	23 190.0	139.6	6.01	0.19	Y
7	8 650.5	21 220.2	187.7	5.51	0.27	Y
8	2 895.2	8 571.2	153.2	6.08	0.48	Y
9	3 143.8	12 169.7	138.2	19.58	0.89	B
10	6 893.7	15 603.5	139.5	4.12	0.28	Y

由反算的检测结果可以看出,测试点 5、8、9 D2 处弯沉值偏大,反算出的模量偏小,初步判断上述位置是基层出现了病害。

2.3 水泥路面板接缝传荷能力检测

2.3.1 概述

普通水泥混凝土路面的面层由一定厚度的混凝土板块构成,它具有很强的热胀冷缩性质。由于一年四季气温的变化,水泥混凝土板会产生不同程度的膨胀和收缩,这些变形会受到板与基础之间的摩阻力、黏结力以及板的自重和车轮荷载等的约束,致使板内产生过大的应力,造成板的断裂或拱胀等破坏。为了避免这些缺陷,水泥混凝土路面在纵横两个方向均设置接缝,把整个路面分割成许多板块。设置这些接缝,不但增加了施工和养护的复杂性,而且容易引起行车跳动,影响行车的舒适性,更为复杂的是,随着行车荷载作用次数的增加,接缝的传荷能力会逐渐衰减。接缝传荷能力的大小直接影响板内的应力,尤其对板边、板角的影响更大,所以接缝传荷能力的衰减是引起路面板结构性能降低的主要因素之一[1,44-46]。因此有必要对水泥混凝土路面的接缝传荷能力进行检测,并根据检测结果提出相应的养护处治方案。

2.3.2 接缝传荷的原理分析

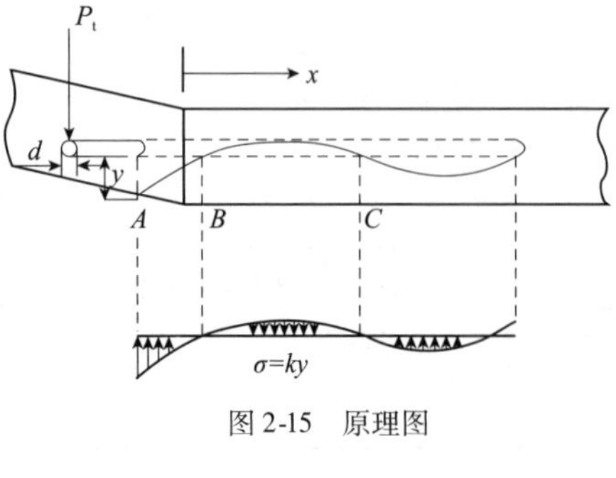

接缝传荷机构主要有集料嵌锁和传力杆两类,前者主要靠接缝断裂面上集料的啮合作用传递剪力,而后者则靠传力杆传递剪力、弯矩和扭矩[28]。此外,还有企口和拉杆两种传荷机构,前者可归于集料嵌锁类[29],后者可并入传力杆类。应用有限元法分析接缝的传荷机理时,从图 2-15 可以看出,由相邻板块传来的车轮压力 P_t 作用在传力杆的端部,此时,整根传力杆承受着由混凝土板传给的支承反力。

图 2-15 原理图

可以假定:①传力杆是一根埋设于均匀弹性介质中的悬臂梁,梁体在弹性介质中弯曲成图中所示的波形;②梁的埋设长度为无限长。实际上可以理解为一定长度以外,它的变形与应力都趋于零;③弹性介质对梁体的支承反力与介质压缩程度成正比,并且符合 Winkler 地基假设。

水泥混凝土内传力杆的相对强度可按式(2-54)确定:

$$\beta = \sqrt[4]{\frac{Kd}{4EI}} \tag{2-54}$$

式中:K——混凝土作为弹性介质的地基反应模量;

d——传力杆的直径(cm);

E——传力杆的弹性模量(MPa);

I——传力杆的惯性矩(cm^4);

β——传力杆的相对刚度(1/cm)。

根据铁木辛柯理论,由 P_t 引起的传力杆的挠度方程为:

$$\lambda = \frac{e^{-\beta x}}{2\beta^2 EI \times 10^2}[P_t \cos\beta x - \beta M_0(\cos\beta x - \sin\beta x)] \tag{2-55}$$

式中:x——传力杆计算截面离开混凝土板端面的距离(cm);

M_0——水泥混凝土板端面处传力杆承受的弯矩(kN·cm);

P_t——由相邻板块传递来的荷载(kN)。

由式(2-55)可以求得水泥混凝土板端部的挠度,即[1-2,27]:

$$x = 0, M_0 = \frac{P_t b}{4\beta^3 EI}(2 + \beta b), y_0 = \frac{P_t b}{4\beta^3 EI}(2 + \beta b)$$

在 $x = 0$ 处,水泥混凝土与传力杆间的支撑压力最大,$\sigma = ky_0 = \frac{KP_t b}{4\beta^3 EI}(2 + \beta b)$。最大弯矩发生在剪力等于零的位置,即 $Q = 0, M_0 = -\frac{P_t b}{2}$,可求得最大弯矩发生在 $x = 0.1r$ 处,其中 r 为传力杆埋设长度,由此可求得传力杆的最大弯矩为[1,2,27]:$M_{max} = \frac{P_t e^{-\beta x}}{2\beta}\sqrt{1 - (1 + \beta b)^2}$。

2.3.3 接缝传荷能力评价方法

将车轮荷载由一侧直接承受荷载的板块向接缝另一侧非直接承受荷载的板块进行传递的能力为接缝的传荷能力,表征传荷能力的直接指标是接缝两侧所承受的荷载比值,即接缝传荷系数。但是,由于荷载分配的实际状况难以量测,所以无法对各种接缝的传荷能力作定量分析[1,2,42,44-47],因此,又提出了反映接缝传荷能力的间接指标,通常采用应力应变法、挠度法[30]、反算模量法。

1)应力应变法

应力法以接缝边缘应力比自由边缘应力降低的程度来表征其传荷能力;应变法是以接缝两侧相邻边缘的应变值来表征传荷能力。通常有下列三种评定指标:

$$E_W = \frac{2\varepsilon_2}{\varepsilon_1 + \varepsilon_2} \times 100\% \tag{2-56}$$

$$E_W = \frac{\varepsilon_2}{\varepsilon_1} \times 100\% \tag{2-57}$$

$$E_\sigma = \frac{\sigma_{fe} - \sigma_j}{\sigma_{fe} - \sigma_i} \tag{2-58}$$

式中：ε_1——受荷板边缘的应变；

ε_2——未受荷板边缘的应变；

σ_{fe}——自由板边缘的应力；

σ_j——板中的应力；

σ_i——接缝边缘的应力。

2）挠度（弯沉）法

（1）以接缝两侧相邻板边缘的挠度值来表征传荷能力，通常用下列两种评定指标[1-2,42,44-47]：

$$E_W = \frac{2W_2}{W_1 + W_2} \times 100\% \tag{2-59}$$

$$E_W = \frac{W_2}{W_1} \times 100\% \tag{2-60}$$

式中：E_W——弯沉传荷系数；

W_1、W_2——分别为有传力作用时受荷板板边的弯沉和未受荷板板边的弯沉。

（2）我国《公路水泥混凝土路面设计规范》（JTG D40—2011）中规定：测定接缝传荷能力采用弯沉测试法调查评定。弯沉测试宜采用落锤式弯沉仪，也可采用梁式弯沉仪，其支点不得落在弯沉盆内[29]。测定接缝传荷能力的试验荷载应接近于标准轴载的一侧轮载（50kN）。将荷载施加在邻近接缝的路面表面，再实测接缝两侧边缘的弯沉值。按式（2-61）计算接缝的传荷系数：

$$k_j = \frac{w_u}{w_l} \times 100(\%) \tag{2-61}$$

式中：k_j——接缝传荷系数；

w_u——未受荷板接缝边缘处的弯沉值；

w_l——受荷板接缝边缘处的弯沉值。

旧混凝土面层接缝传荷能力分为4个等级，分级标准见表2-14。

接缝传荷能力分级标准　　表2-14

等级	优良	中	次	差
接缝传荷系数 k_j（%）	>80	56~80	31~55	<31

检测时可以通过移动传感器的位置，同时量测纵缝和横缝的传荷能力，如图2-16所示。

3）反算模量法[31]

随着落锤式弯沉仪（FWD）的推广应用，采用弯沉盆评价接缝传荷能力的方法也得到研究，查旭东等学者提出了根据FWD实测弯沉盆，通过模量反算，以反算模量评价接缝传荷能力的方法[1,46,48]。

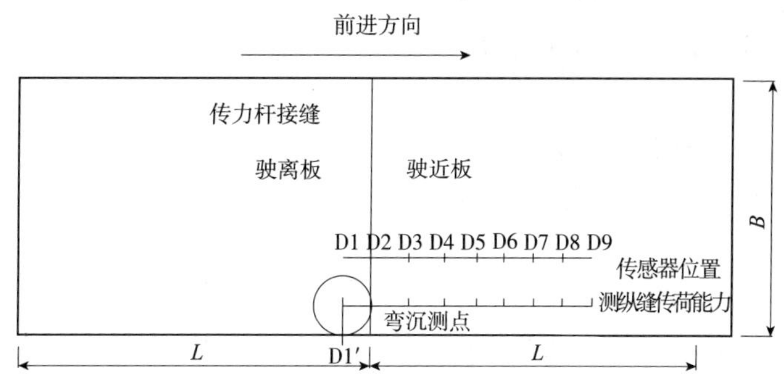

图 2-16　FWD 移动传感器位置

应用 FWD 评价接缝传荷能力时，通常采用横缝中部板边加载的方式测定弯沉盆。同时，为了确定面板的强度和刚度，需要在板中加载测试弯沉盆。两种加载方式如图 2-17 所示。

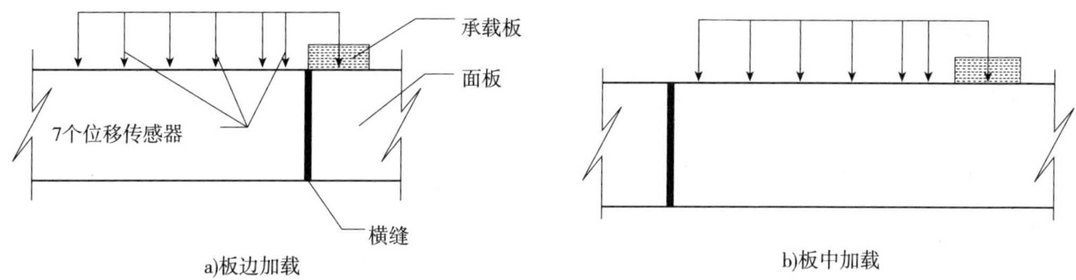

图 2-17　两种加载方式

模量反算时，一般将路面视为无缺陷的弹性层状结构，为此，对于板中加载方式，接缝距承载板较远，可以忽略接缝的缺陷对模量的影响，所以根据板中弯沉盆反算的面板模量 E_Z 反映了无缺陷面板的刚度。对于板边加载方式，由于接缝的影响，由板边弯沉盆反算的面板模量 E_B 实际上是带有缺陷的面板模量。根据断裂力学理论，当结构存在缺陷，其刚度将有所降低，缺陷越严重，刚度降低越多。因此，E_B 相对 E_Z 降低的幅度就反映了接缝位置的缺陷严重程度。显然，接缝缺陷的严重程度与接缝的传荷能力成反比，即刚度降低越多，传荷能力也就越小，反之越大。故此，可以根据 E_B 和 E_Z 建立基于反算模量评价接缝传荷能力的模型，从而定义接缝传荷系数 α 为：

$$\alpha = \frac{E_B}{E_Z} \tag{2-62}$$

式中：E_B——板边弯沉盆反算的面板模量（MPa）；

E_Z——板中弯沉盆反算的面板模量（MPa）。

根据水泥混凝土路面接缝传荷能力的不同，可分为三种情况：①接缝具有最佳的传荷能力，传荷系数为 1；②接缝完全不具备传荷能力，传荷系数为 0；③接缝具有一定的传荷能力，荷载系数在 0 ~ 1 之间。对于情况①可认为接缝不存在缺陷，即板边面板模量 E_B 与板中面板模量 E_Z 相等；对于情况②，FWD 板边实测弯沉盆一般会出现异常，非承重板上的弯沉非常小,理论上应接近于零,通常这种弯沉盆无法获得稳定的模量反算结果,所以可以从弯沉盆数据进行判断。对于情况③,一般存在 $E_B < E_Z$,传荷系数小于1,介于0~1,因此,式(2-62)定义的接缝传荷系数可以用来表征接缝的传荷能力[1,33,48]。

4)考虑传力杆松动量的评价方法[33]

美国 AASHTO1993 亦采用弯沉来表征传荷能力,不同的是在弯沉评价的基础上乘了一个板块弯曲修正系数。总体上看,如果不考虑传力杆接缝产生松动量[1,2,47-49],以接缝两侧相邻板边缘的挠度值来表征传荷能力是合理并便于实际应用的;但在重复荷载下,传力杆接缝必然产生松动量,板的整体传荷能力与施加荷载大小、荷载作用位置以及传力杆松动量大小有关,荷载—弯沉关系曲线的非线性说明式(2-61)表示的弯沉传荷系数是变化的,应对其适用性做进一步分析;而式(2-62)所表征的传荷系数由于很难区分脱空和接缝松动对反算模量的影响,因此难以准确表征传荷系统的传力效果[47]。基于此,考虑传力杆松动量的传荷能力评价指标和计算方法如下:

$$E_w = \begin{cases} 0 & (P \leqslant P_{L1}) \\ \dfrac{w_2 - w_{L12}}{w_1} \times 100\% & (P > P_{L1}) \end{cases} \tag{2-63}$$

式中:P_{L1}——第一传荷状态临界荷载;

w_{L12}——第一传荷状态临界荷载对应的未受荷板板边弯沉[29,49]。

上述传荷指标及评定方法以合理的接缝力学模型作为基础,用弯沉作为评价参数,实践中便于测定,简单可行。评价步骤如下:

(1)进行缝边板中处 FWD 多级荷载下弯沉测定,并绘制荷载—弯沉曲线(中心板与边板)。

(2)寻找曲线上第1个转折点以获得第一传荷状态临界荷载 P_{L1} 及边板对应弯沉 w_{L12}。

(3)以 50kN 为评定荷载,从荷载—弯沉曲线查对应的受荷板板边的弯沉和未受荷板板边的弯沉,按式(2-63)计算传荷能力[47]。

2.3.4 接缝传荷能力检测意义

接缝的损坏和脱空的形成都是荷载作用的结果,并且是相互影响的。接缝传荷能力减弱,接缝两侧板块的弯沉增大,弯沉差也增大,促进了脱空的产生和发展;脱空的发展,面板弯沉增大,假缝的集料嵌锁作用减弱,传力杆周围的混凝土容易被压碎而松动,从而减弱接缝传荷能力。

接缝材料强度低,存在脱空的组合,肯定是有很弱的接缝传荷能力,反之亦然。因为实际中不管是设传力杆还是切割假缝,路面板间总可以有一定的,即使是很小的传荷能力,并且路面板和路基间是可以承受一定程度拉应力的,所以如果面板未脱空,受荷板就能够很好地把荷载传递到路基和非受荷板,路基和面板的层间拉应力也可以传递荷载,则检测出的接缝传荷能力不会很低。因此,可以认为:检测到很低的接缝传荷能力的面板应认为是存在脱空。

因此对接缝传荷能力进行检测,并综合考虑唧泥和错台发展程度可对脱空进行判别,从而为养护管理部门制订养护措施提供科学的依据。

2.4 基于弯沉指标的水泥板底脱空检测

板底脱空是水泥混凝土路面常见的病害，总的来说造成水泥混凝土面板脱空的原因主要有以下几种。

1)路基土的工后不均匀沉降变形

公路为线形构造物，由于线路经历许多具有复杂工程地质条件的区域，因此，路基的物质组成、地质构造、地貌、地表水、气候及地下水等条件存在着较大的差异，即使在同一区域，填方段、挖方段、半填半挖段之间也有很大的不同，将不可避免地导致路基在纵向、横向上产生不均匀沉降。沉降量大的局部区域就形成了板下基础的不均匀支承。

2)交通荷载的累积作用

水泥混凝土面板具有很大的刚度，基础均匀支撑时，对路基的强度要求不高。因此，在路基支承均匀的情况下，面层板甚至可直接铺筑在压实的路基上。当交通荷载作用于路面时，面板会产生一定的弯沉变形。板的弯沉会使路基产生一定量的弹性和塑性变形，弹性变形量在荷载驶离后恢复原状，而路基的塑性变形则不能完全恢复原状。虽然荷载每次作用后路基残留的塑性变形量很微小，但长时间的大量重复作用累计下来就导致了局部的不均匀支承。

3)环境温度的影响

由于现场浇筑的混凝土的水泥浆下渗，使得板与基础之间形成一个具有一定抗剪能力的整体材料，但受温度的影响，板要伸缩，反反复复的作用，使得水平抗剪能力下降。同时，板内的温度的非线性分布，引起板向上或向下的挠曲，加速了板与基础的分离，致使水泥混凝土板局部范围不再与基础保持连续接触，即板下局部出现了脱空。

4)唧泥的影响

由于硬化后的水泥板会受环境温度的影响，产生很大的温度应力，为避免板的断裂或拱起，设置了纵缝和横缝。而在自然环境下，正是由于纵缝、横缝的存在，当板下基础出现不均匀支承后，大气降水会沿缝隙下渗，并积滞在上述脱空区域内。当交通荷载驶过板体时回弹瞬时真空，这种负压进一步将水泵入业已形成的原始空隙中，随着板下水的积累，基础材料趋向于自由水饱和状态，开始表现为汽车荷载驶过时冒水现象。在重型荷载的频繁作用下，板后方的边缘或角隅先向下弯沉，将脱空区内积滞的水挤向前方，而后车轮行驶到板前方时，又将水挤向后方。在相对狭小的脱空区域内，高压水的反复冲刷，使得板下基础中的细料部分成为自由水中的悬浮颗粒，随即被挤出缝隙，这就是唧泥[42,50-58]。

板底脱空，改变水泥混凝土路面板的受力状况和挠曲变形，是造成水泥混凝土路面断板和错台的主要原因之一[49,54,59](图2-18)。根据力学分析，当混凝土板均匀支承时，无论荷载作用于板中、板边还是板角，应力都较小，一旦发生脱空现象，板边荷载激增，提高了1/3，如果考虑到疲劳分析的累积损伤，板在反复的大应力比作用下，很快

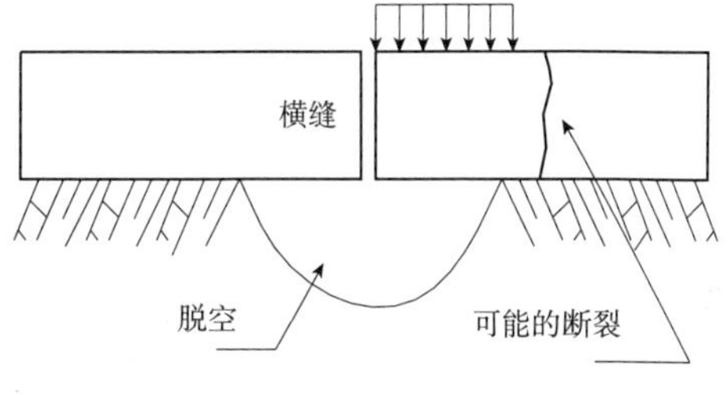

图2-18 水泥混凝土板脱空引起的开裂

就达到极限寿命[54,56]。此外由于脱空的存在,还容易造成传荷能力降低和水分滞留,在汽车荷载和水的冲刷作用下,形成恶性循环。因此如何发现和判断脱空并有效进行处治,是摆在养护工作者面前的一项重要任务。

2.4.1 基于贝克曼梁弯沉测试值的脱空判定

现行《公路水泥混凝土路面养护技术规范》(JTJ 073.1—2001)规定了水泥混凝土面板脱空位置的确定可以采用弯沉测定法,评定步骤如下:

(1)采用5.4m长杆弯沉仪,相当于BZZ—100重型标准汽车。

(2)弯沉仪的测点与支座不应放在相邻两块板上,待弯沉车驶离测试板块,方可读取百分表值。

(3)凡弯沉超过0.2mm的,确定为板面脱空。

这一方法的优点也是快速简便,现场即可判定,设备要求不高,是目前国内应用最为普遍的方法。其不足包括测试步骤繁琐、速度慢、精度低,容易造成测试时其他轮和荷载轮同时作用在测试板上的情况,判定结果的可靠度相对较低。

2.4.2 基于FWD弯沉测试值的脱空判定

与贝克曼梁相比,落锤式弯沉仪(FWD)具有如下优点:

(1)FWD通过一重锤对结构层施加瞬时脉冲冲击荷载,能较好地模拟行车动态荷载,真实地反映各结构层在动态荷载作用下的工作性能,这是传统的弯沉检测设备无法实现的。

(2)荷载的大小通过调整落锤的重量和提升的高度在较大范围内调整,可方便地实现在同一检测点施加不同级别的荷载,反映各结构层在不同大小的荷载作用下的工作性能。

(3)由于FWD的荷载由计算机控制下液压系统自动提升重锤实现的,因此,测速快,几乎不受交通荷载影响;精度高,人为因素引起的误差几乎为零,对路面结构层无破损。

(4)FWD对弯沉的采集是通过多个传感器实现的,因此在一次荷载的作用下,可同时采集到多个弯沉值(即一个弯沉盆),而不仅仅是单个最大弯沉值。通过采集的弯沉盆,运用专用的软件,可以反算出各结构层的模量,较全面地反映结构层材料的工作性能[29,54,56,60]。

由于FWD具有上述优点,利用FWD判断脱空的发展更为快速。

1)板角弯沉及接缝弯沉差法

近年来,国内外在应用FWD进行脱空评定方面做了大量的工作,建立了不少脱空评定的指标和方法,但大多集中于采用弯沉指标来评价脱空,比较具有代表性的有:Darter等于1985年提出了由板角弯沉断面图进行脱空评定的方法,即由FWD(或其他动力弯沉仪)实测一定荷载作用下大量水泥混凝土路面的板角弯沉,并绘制成弯沉断面图。当实测弯沉大于标准板角弯沉值时,则认为混凝土板下存在脱空。此方法存在两点不足之处:第一,标准板角弯沉难以确定,第二,如果接缝的荷载传递情况变化较大时,这一弯沉断面法将导致错误的结论。美国《路面修复手册》中指出,凡弯沉超过0.635mm的,应确定为板块脱空(轴载为80kN,板厚8in),美国沥青协会在水泥混凝土路面罩面设计标准中,以旧水泥混凝土面板接缝两侧弯沉平均值0.36mm,接缝两侧弯沉差0.05mm(轴载为80kN,板厚8in)作为旧水泥混凝土面板脱空与否的判断依据,这种以单一最大弯沉作为脱空判别指标的方法显然不能排除路面结构众多参数对弯沉测试结果的影响，非常容易造成误判[2,42,52,55,59]。

2）实测弯沉盆曲线的脱空判断

均匀支承的水泥混凝土路面板在荷载作用下的弯沉，随离荷载作用点距离的增大而减小。如果离荷载作用点较远位置的弯沉值比较近位置的弯沉值大，则说明可能存在脱空现象。因此，可以利用实测弯沉盆曲线判断板角是否脱空[2,29,49,55,61]。

3）多级加载截距法

此外，水泥混凝土路面板底脱空也可采用截距法判定，该方法在国内外广泛使用，并被AASHTO推荐使用。理论计算和现场测试均表明，当水泥混凝土路面板板角未脱空时，路面板荷载—弯沉回归曲线推算的0荷载板角弯沉应当为0，或接近于0。它利用FWD对水泥混凝土路面施加分级荷载，一般分级荷载设定为3级。然后利用每一级位下的荷载与相应的弯沉画出荷载—弯沉图，如图2-19所示。利用回归分析做出荷载—弯沉的线性回归曲线，通过回归曲线的截距来判断脱空情况，如图2-19虚线部分所示。如果板下支撑情况较好，回归曲线将穿过坐标原点，或距离原点在50μm以内，则认为板底不存在脱空；如果回归曲线在弯沉轴的截距 b 大于50μm，则认为路面板底存在脱空。

4）FWD夹角法

根据路表荷载向下圆锥形扩散的假定，夹角法利用弯沉盆定义参数 Q，以此来估计脱空的存在。首先利用FWD实测弯沉值画出弯沉盆图，然后在弯沉图上对距FWD荷载盘中心30 cm与180 cm的弯沉点进行连线，经过距FWD荷载盘中心180 cm的弯沉点作一水平线，这两条线之间的夹角被定义为 Q。参数 Q 如图2-20所示[42,49,53,61-62]。

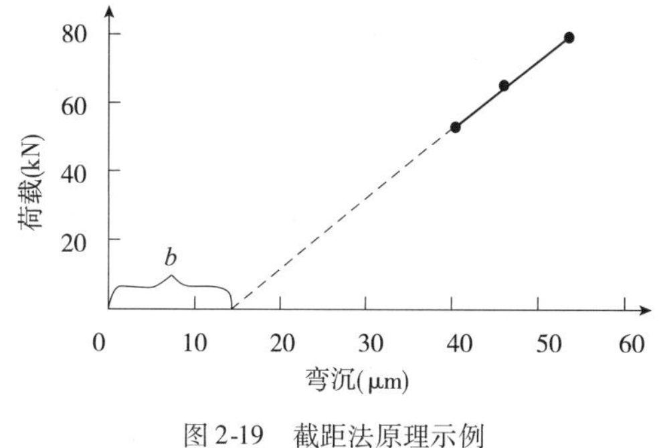

图2-19 截距法原理示例

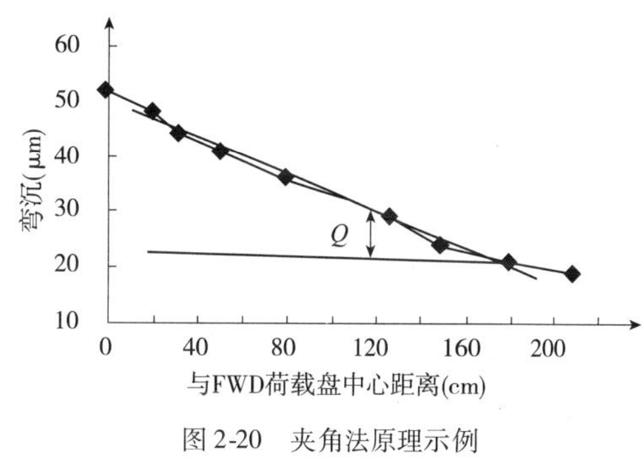

图2-20 夹角法原理示例

运用反正切公式即可算出 Q，但由于实际上 Q 的数值很小，所以计算时统一把距FWD荷载盘中心距离为30 cm与180 cm的弯沉点之间的水平距离规格化为609.6μm（目的是放大计算的结果便于判断），则 Q 的计算公式为[29,53,61-62]：

$$Q=[ATAN(D_{30}-D_{180}/609.6)]\times\frac{180}{\pi} \tag{2-64}$$

式中：D_{30}——距FWD荷载盘中心距离为30cm处的弯沉（μm）；

D_{180}——距FWD荷载盘中心距离为180cm处的弯沉（μm）。

如果 Q 大于等于22°则认为板底存在脱空，否则认为板底不存在脱空。

5）根据路表弯沉盆评定水泥混凝土板下基础的刚度参数确定脱空状况

1990年唐伯明在道路试验槽内制作了三块长300cm、宽250cm、厚18cm的板，并在板之间设置了拉杆，在板边和板角位置设置了脱空区域。其主要结论为：随脱空尺寸的增大，实测弯沉值明显增大，但其弯沉盆的形状并无多大变化，随脱空尺寸的增大，整个弯沉盆近似地向下平移、盆变深，即弯沉盆与坐标轴包围的面积不断增大；地基脱空对路表弯沉盆的影响是显著的，但改变接缝的传力装置（切断传力杆）对弯沉盆有同样的影响效果，可见要将两者的影响区分开来是不容易的。作者通过有限元理论分析，结合 FWD 在南京机场跑道检测的应用情况，建立了一种简洁实用的脱空评定方法—比较分析法：进行缝边板角处的 FWD 弯沉测定，以获取板角弯沉、接缝传荷系数；根据上述的 δ、E 及已知的面板厚度，可求得地基反应模量 K 及接缝的传力杆系数 C_W，并计算出 K/K_j 之值；如果 $K < K_j$，则说明混凝土板角下存在脱空，大量的试验研究表明：当混凝土面板均匀支承时，应有 K 接近于 K_j；根据 K、C_W 及 K/K_j，可以初估混凝土路面缝边板角处地基的脱空尺寸。

因此，基于 FWD 的脱空检测方法，其对应的地基弹性模量的反演成了关键性的问题，它直接影响到对脱空状态的判定。因此，许多学者都在这一领域内开展了一系列的研究工作[42,51-52,61]。

6）板角与板中的弯沉比

水泥混凝土路面板上任一点的弯沉与荷载特征（荷载大小和作用位置）、板块几何特征（板的平面尺寸和厚度）以及路面结构的力学参数（面层模量、基层与路基模量、接缝传荷能力、板底脱空状况）有关。研究表明，引入同一荷载分别作用于板角和板中时荷载中心点的弯沉比（称之为弯沉指数，记作 DI），可消去荷载因素的影响，从而进行脱空评判。

7）其他方法

东南大学张宁在大量分析缝边、板角实测荷载—弯沉曲线特征的基础上，提出了以传荷状态临界荷载及其对应弯沉为依据的脱空评定方法，编制了适合工程应用的脱空评定系统软件。随后又以重复荷载下的接缝工作特性为基础，通过对第一传荷状态临界荷载及其对应弯沉影响因素的分析，提出了以第一传荷状态临界荷载与对应弯沉为指标的脱空评定模型与评定方法，使评定工作在单板系统基础上进行，排除了接缝传荷状况不确定的影响，并给出脱空尺寸与弯沉典型回归关系式，以此对水泥混凝土路面板下脱空进行快速评定。

查旭东根据三层 BP 神经网络模型和弹性层状体系理论，结合 JILS-FWD 研究了层状体系路面的模量反算。通过理论和实测弯沉盆的反算，比较了精确网络与噪声网络的反算能力，从而提出了人工神经网络实现模量反算的关键技术。结果表明，神经网络法的反算结果具有良好的精度和可靠性。随后，他根据最优化问题的权值条件，将模量反算转化为非线性映射求零点的问题，结合数值微分计算弯沉对模量的一阶和二阶偏导数，建立了基于同伦方法反算路面模量的数学模型；并采用 LI-YORKE 算法求解微分方程初值问题跟踪同伦曲线，获得模量的反算结果，在此基础上编制了相应的模量反算程序，通过实践验证了同伦方法反算结果的精度和可靠性。

田波等认为，采用驶进、驶离板弯沉比较法以及判断弯沉绝对值法可以推测板底的脱空状况，但差值和弯沉限制的标准较难确定。王陶应用有限元方法建立了脱空评定系统，并编制了相应的软件，可考虑计算 Winkler 地基和弹性半空间地基板局部脱空的影响。然而，由于问题的复杂性，在应用 FWD 实测数据反演路面结构参数时如何较好地反映接缝传荷、现场路基强度对板角弯沉的影响等方面仍有大量的工作要做。

目前虽然国内外专家学者及公路管理者对路面板底脱空进行了大量的研究,并提出了很多检测及评定的方法,但是准确判断水泥混凝土路面脱空与否、脱空状况(大小、位置、程度)是目前国际道路界一道难题,在路面板脱空检测和识别方面,目前尚缺少高效便捷的检测和评定手段。因此,如何结合我国水泥混凝土路面的实际情况,建立脱空评定的指标体系,并在此基础上形成一种既简便易行又可靠使用的脱空检测和识别方法,对于水泥混凝土路面板底脱空评定的发展具有重要理论意义和现实意义[42,51-52]。

2.4.3 水泥混凝土路面板角脱空判定指标

1)基于板角弯沉的路面板脱空识别原理

基于板角弯沉值的路面板脱空识别原理是通过比较板角实测弯沉值与板角理论弯沉值,建立其相关关系,以判别板底脱空状况。

大量计算结果表明,任何一点板角弯沉值都受荷载、荷载作用面积、荷载作用点位置、面板尺寸、面板厚度、面层模量 E、地基状况以及接缝传荷系数等因素的影响,板角也不例外。

在板底基础均匀支承的情况下,在不考虑温度梯度影响,采用 Winkler 地基模型时,板平面尺寸、接缝传荷因素对板底均匀支承的板角弯沉值的影响可以通过影响系数来表征,即

$$\delta_c = \varepsilon_l \cdot \varepsilon_w \cdot \delta_{cw} \tag{2-65}$$

式中:δ_{cw}——无限大板在板底基础均匀支承情况下的板角弯沉值;

ε_l——板平面尺寸修正系数;

ε_w——接缝传荷修正系数。

2)无限大板均匀支承的板角理论弯沉值

(1)无限大板板角受荷理论弯沉值

图 2-21 所示为作用在靠近板角的圆形荷载。Westergaard 应用逐次近似法得到圆形荷载作用于板角的挠度计算公式:

$$\Delta_c = \frac{P}{kl^2}\left(1.1 - 0.88 \cdot \frac{a\sqrt{2}}{l}\right) \tag{2-66}$$

式中:P——集中荷载(N);

Δ_c——板角挠度(mm);

l——地基板相对刚度半径(m);

a——圆形荷载接触面半径(m);

k——Winkler 地基反应模量(MN/m^3)。

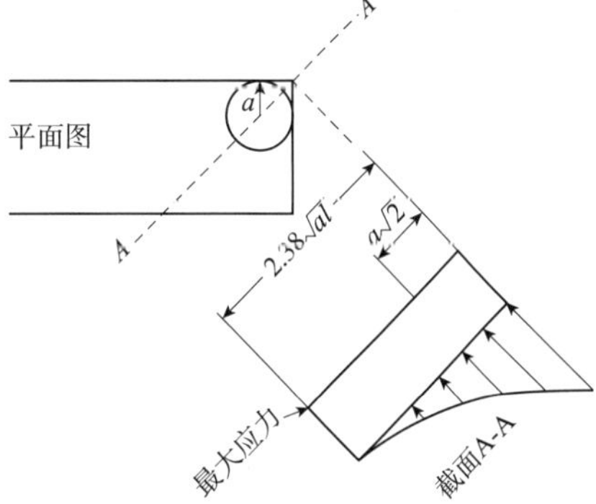

图 2-21 承受圆形板角荷载的路面板受力示意图

地基板相对刚度半径 l 可通过下式计算:

$$l = \left[\frac{Eh^3}{12(1-\mu^2)k}\right]^{0.25} \tag{2-67}$$

式中:E——混凝土面层板弹性模量(MPa);

μ——混凝土的泊松比。

由式(2-66)和式(2-67)可以看出,无限大板板角弯沉值受地基反应模量 k、面板模量 E、

面板厚度、土基泊松比、荷载、荷载作用圆半径等因素的影响。对基于 FWD 的板角弯沉值测量,荷载 p、荷载作用圆面积、面板厚度、土基泊松比都可以通过测试设定或查询工程资料得到,但是,地基反应模量 k 很难通过试验直接得出,同时,面板模量经过交通荷载的累积作用都有不同程度的衰减,因此,其值难以获取。

(2)面层模量 E 和地基反应模量 k 的估算

作者提出了基于 FWD 板中荷载应力分布系数,直接求解路面结构层的模量的方法,通过式(2-68)和式(2-69)可以估算出面层模量 E 和弹性半空间地基回弹模量 E_0。

$$E = 2(1-\mu^2)q_0 a/(d_1 - d_{3/5h}) \tag{2-68}$$

$$E_0 = 2(1-\mu_0^2)aq_0/(f_7 d_7) \tag{2-69}$$

式中:q_0——荷载作用中心处应力;

d_1—— FWD 荷载作用中心点弯沉值;

$d_{3/5h}$——距荷载作用中心 $3h/5$ 处的弯沉值,可通过线性插值法获得;

μ——面板混凝土的泊松比;

μ_0——土基泊松比;

d_7——距荷载中心约 160cm 的传感点的弯沉值;

f_7——$f_7 = 2 \times 160/a = 21.333$;

a——承载板半径,$a = 15$cm。

Vesic 等通过面板模量 E、地基泊松比 μ_0 将 Winkler 地基反应模量 k 与弹性半空间地基回弹模量 E_0 联系起来,得地基反应模量 k:

$$k = \left(\frac{E_0}{E}\right)^{1/3} \frac{E_0}{(1-\mu_0^2)h} \tag{2-70}$$

3)*考虑尺寸效应和传荷能力的理论板角弯沉值的修正*

(1)均匀支承板角弯沉值的尺寸效应

为了与荷载作用下 1/4 无限大板的解析解进行比较,采用静力有限元分析,选择平面尺寸为 10m×10m 的板近似地作为无限大板,分析无限大板的弯沉值。由于判定指标是板角弯沉值,故仅对板角弯沉值进行分析及修正。将 FWD 的瞬态冲击荷载简化为值为 50kN,作用半径为 0.15m 的单圆静荷载,并按照面积等效的原则将荷载盘单圆荷载转化为接地半径为 0.25m 的正方形荷载,轮压为 0.7MPa 的矩形荷载分别作用于板角位置。在其他路面结构参数一定时,改变板的平面尺寸,建立有限尺寸板的板角弯沉值与无限大板板角理论弯沉值的相关关系。计算中的材料参数如表 2-15 所示。

面层模量 E = 30GPa,泊松比为 0.15,半刚性基层泊松比为 0.25,地基泊松比为 0.35。面层厚度为 0.25m,基层模量为 5GPa,基层厚度为 0.25m,Winkler 地基反应模量 $k = 100\text{MN/m}^3$。鉴于实际路面板的平面边长通常介于 3.0~6.0m,选择几种不同的平面尺寸计算荷载作用于板角位置时的弯沉值,与无限大板的计算结果进行比较,结果如表 2-15所示。

板平面尺寸修正系数 $\varepsilon_l = \delta_{cl}/\delta_{c\infty}$。其中,$\delta_{cl}$ 为考虑尺寸效应的有限尺寸板的板角理论弯沉值。由表 2-15 中数据通过计算可得出路面板角弯沉值平面尺寸修正系数,见表 2-16[42,59]。

单圆荷载作用下不同平面尺寸路面板角弯沉值 表 2-15

刚度半径 l(m)	平面尺寸(板宽×板长)(m×m)				
	3.0×4.0	4.0×5.0	5.0×6.0	6.0×8.0	10.0×10.0
0.795	69.69	69.36	69.16	69.04	68.45
0.986	47.73	47.44	47.35	47.26	46.84
1.164	35.44	35.08	35.05	35.02	34.68

路面板角弯沉值平面尺寸修正系数 表 2-16

刚度半径 l(m)	平面尺寸(板宽×板长)(m×m)				
	3.0×4.0	4.0×5.0	5.0×6.0	6.0×8.0	10.0×10.0
0.795	1.018	1.013	1.010	1.009	1.000
0.986	1.019	1.013	1.011	1.009	1.000
1.164	1.022	1.012	1.011	1.010	1.000

从表 2-15 和表 2-16 可以看出,随着板的平面尺寸的增大,板角弯沉值有所减小,板平面尺寸修正系数 ε_l 也减小。

路面板平面尺寸修正系数与板宽的关系如图 2-22 所示。板长宽比变化对弯沉值的影响在 1% 以内,可以忽略不计,因此,这里所说的板宽为路面板平面尺寸较短的边长。

从图 2-22 可以看出,板平面尺寸修正系数与板宽具有良好的相关性,可用回归公式表示:

$$\varepsilon_l = 0.078\exp\left(-\frac{B}{1.615}\right) + 1.007 \tag{2-71}$$

$$r^2 = 0.865$$

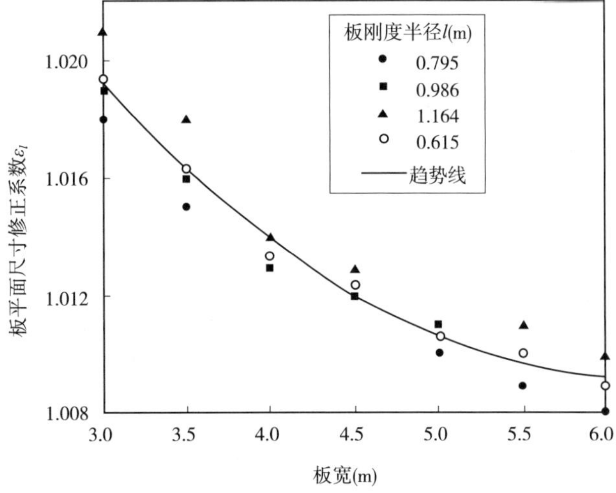

图 2-22 平面尺寸修正系数 ε_l 与板宽 B 的关系

需说明的是,目前来说,板块的的宽度一般为 0.5 ~4.0m,依据式(2-71)计算,$\varepsilon_l = 1.014 \sim 1.042$。因此,有限尺寸板的板角弯沉值 δ_{cl} 可以通过无限大板的板角弯沉值按式(2-72)计算得到:

$$\delta_{cl} = \varepsilon_l \cdot \delta_{c\infty} \tag{2-72}$$

式中:δ_{cl}——考虑尺寸效应的有限尺寸板的板角弯沉值。

(2)传荷系数对均匀支承板角弯沉值的影响

为了增加水泥混凝土路面板的整体性和优化水泥混凝土路面的受力性能,往往在水泥混凝土路面设置缩缝传力杆。大量研究结果表明,水泥混凝土路面接缝传荷能力对板角弯沉值的影响显著,而对水泥混凝土路面板中弯沉值影响较小。水泥混凝土路面接缝传荷能力通常用接缝传荷系数 ω(未受荷板和受荷板板角弯沉值的比值)来表示。采用 ANSYS 有限元程序,对于板长度和宽度分别为 5m 和 4m 的标准板进行静力分析,研究接缝传荷能力的变化对板角弯沉值的影响。利用接缝料模量来模拟接缝传荷能力,通过改变传力杆材料参数来模拟传力杆传荷能力变化的效果。结果表明,接缝传荷能力与板角弯沉值具有良好的相关关系,部分计算结果如表 2-17 所示。

表 2-17 中接缝传荷修正系数 ε_w 为有传荷能力的板角弯沉值与无传荷能力的板角弯沉值之比。从表 2-17 可以看出,与自由板相比,有接缝传荷能力的板角弯沉值明显减小,接缝传荷修正系数也呈现同样的趋势。接缝传荷修正系数 ε_w 与接缝传荷系数 ω 之间呈现良好的相关性,如图 2-23 所示。

接缝传荷能力对板角弯沉值的影响 表 2-17

刚度半径 $l = 0.7804$m			刚度半径 $l = 0.8386$m		
接缝传荷系数 ω	板角弯沉值(0.01 mm)	接缝传荷修正系数 ε_w	接缝传荷系数 w	板角弯沉值(0.01 mm)	接缝传荷修正系数 ε_w
0	70.36	1.000	0	62.14	1.000
0.06	66.56	0.946	0.03	59.97	0.965
0.10	64.31	0.914	0.07	57.98	0.933
0.17	60.65	0.862	0.12	55.87	0.899
0.30	55.23	0.785	0.21	52.01	0.837
0.34	53.61	0.762	0.24	50.89	0.819
0.42	51.15	0.727	0.33	47.97	0.772
0.50	49.11	0.698	0.41	45.49	0.732
0.58	47.35	0.673	0.50	43.37	0.698
0.63	46.58	0.662	0.55	42.26	0.680
0.75	44.68	0.635	0.69	40.39	0.650
0.83	43.48	0.618	0.77	39.27	0.632
0.87	42.99	0.611	0.81	37.72	0.607

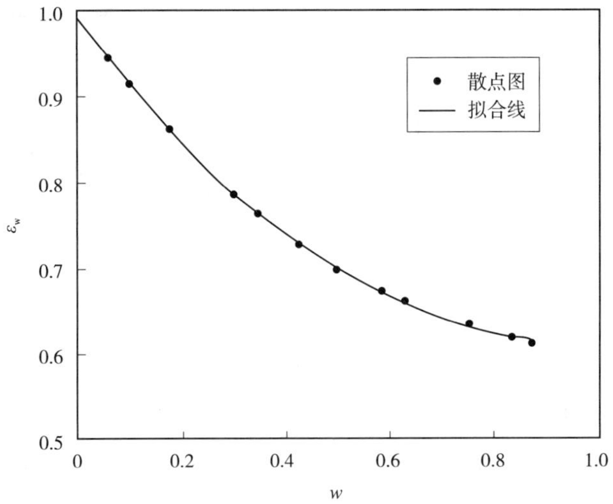

图 2-23 接缝传荷修正系数 ε_w 与接缝传荷系数 w 的关系

从图 2-23 可以看出,Winkler 地基板的接缝传荷修正系数 ε_w 变化范围为 1.0 ~ 0.6,回归公式可以表示如下:

$$\varepsilon_w = 0.421\exp\left(-\frac{\omega}{0.395}\right) + 0.583 \tag{2-73}$$

因此,可以根据实测接缝传荷系数对均匀支承板的板角弯沉值进行修正,得到传荷能力不同时均匀支承路面板的板角理论弯沉值 δ_c,见式(2-74)。至此,将计算的板角理论弯沉值与实测板角弯沉值进行比较,便可判断板下是否存在脱空现象。

$$\delta_c = \varepsilon_w \cdot \delta_{cl} \tag{2-74}$$

4)板角脱空尺寸的估算

大量工程实践结果表明,水泥混凝土路面板角脱空区域在平面上近似表现为三角形。在脱空分析时假设脱空区域在平面上为等腰三角形,定义等腰二角形边长 L_V 为板角脱空尺寸,其变化范围为 0 ~ 2m。为此,引入脱空指数 λ 的概念[2,42,59]。

$$\lambda = \frac{\delta'_c}{\delta_c} \tag{2-75}$$

式中:δ_c、δ'_c——分别为理论弯沉值与实测弯沉值。

基于上述假定,分析不同的板角脱空尺寸 L_V 对四边自由单块板的脱空指数 λ 的影响,部分计算结果如表 2-18 所示。

板角单圆荷载作用不同脱空尺寸时的脱空指数　　表 2-18

板角脱空尺寸 L_V(m)	地基反应模量 k(MN·m^{-3})				
	100	150	200	250	300
0	1.000	1.000	1.000	1.000	1.000
0.20	1.130	1.155	1.176	1.194	1.210
0.40	1.261	1.311	1.352	1.388	1.419

续上表

板角脱空尺寸 L_V(m)	地基反应模量 k(MN · m^{-3})				
	100	150	200	250	300
0.60	1.391	1.466	1.528	1.581	1.629
0.80	1.521	1.621	1.704	1.775	1.839
1.00	1.652	1.777	1.880	1.969	2.048
1.20	1.782	1.932	2.056	2.163	2.258
1.40	1.912	2.087	2.232	2.356	2.468
1.60	2.043	2.243	2.407	2.550	2.678
1.80	2.173	2.398	2.583	2.744	2.887
2.00	2.303	2.553	2.759	2.938	3.097

注：$h=0.25$，$E=30\text{GPa}$，$\mu=0.15$，$P=50\text{kN}$。

板角脱空对板角弯沉值影响显著，随着脱空尺寸的增大，脱空指数 λ 呈增大趋势，即板角弯沉值也明显增大，它们之间呈线性关系，如图 2-24 所示。

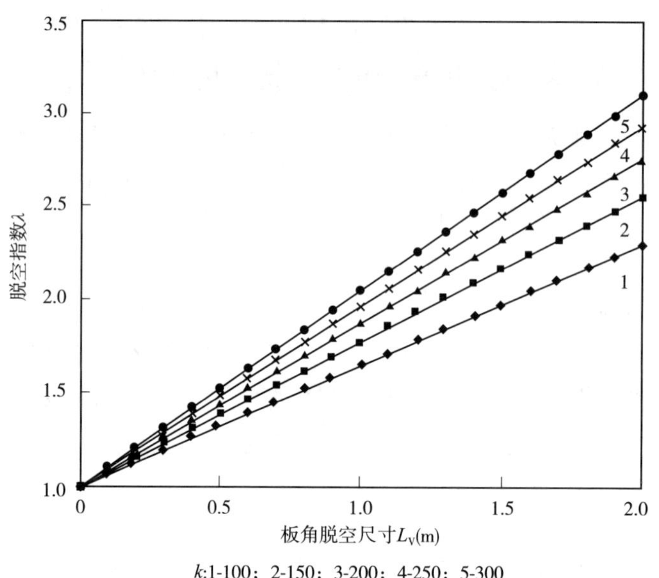

图 2-24　单圆荷载作用下脱空指数 λ 与板角脱空尺寸 L_V 的关系

计算结果表明，板底脱空指数不仅与脱空量有关，还与面板模量 E、面板厚度 h 和地基反应模量 k 有良好的相关性，如图 2-25 ~ 图 2-27 所示。

从图 2-25 ~ 图 2-27 可以看出，当脱空状况一定时，面板模量与面板厚度 h 对脱空指数 λ 影响相似，脱空指数 λ 随着面板模量 E 与面板厚度 h 的增大而减小，随地基模量 k 的增大而增大。E、h 和 k 对脱空指数 λ 的影响程度相当，变化曲线越来越平缓，λ 在 1.2 ~ 1.6 范围内变化。基于上面的计算分析，并利用 Origin 数据分析和绘图软件进行回归分析，得出脱空指数 λ 回归形式：

$$\lambda = 1.272L_V\left(\frac{Eh^3}{k}\right)^{-0.433} + 1 \tag{2-76}$$

建立了板角脱空指数与脱空尺寸 L_V 的关系后，可以通过现场实测板角弯沉值 δ'_c 与四边自由均匀支承无限大板的计算弯沉值 δ_c 比较，求得脱空指数 λ，代入式(2-76)即可估算出脱空范围。

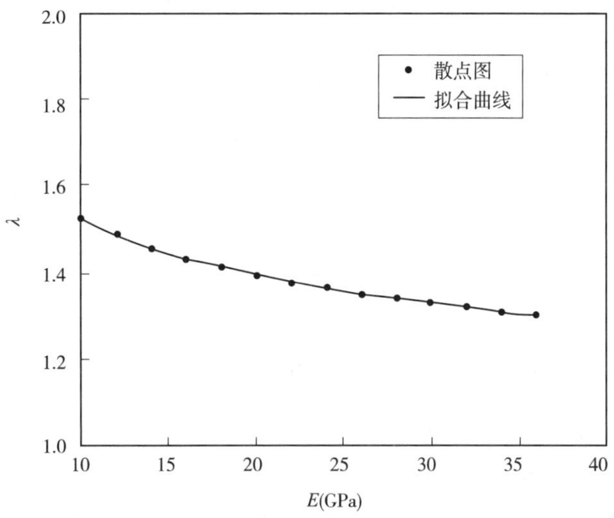

图 2-25　板角脱空尺寸 $L_V = 0.5\text{m}$ 时脱空指数 λ 与面板模量 E 的关系

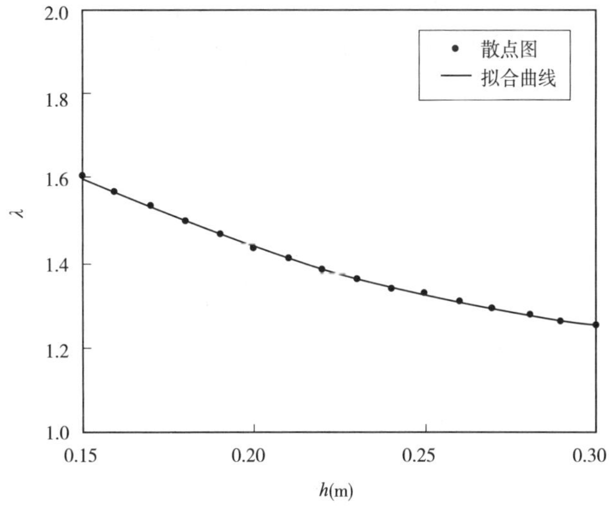

图 2-26　板角脱空尺寸 $L_V = 0.5\text{m}$ 时脱空指数 λ 与面板厚度 h 的关系

5）工程实例

耒(阳)宜(章)高速公路是京珠国道主干线在湖南境内最南端的一段，线路主线全长 135.372km，设计行车速度为 100km/h，双向四车道，全封闭，2001 年底建成通车。耒宜路水泥混凝土路段路面板平面尺寸为 3.75m × 5m，面层 $h = 0.28\text{m}$，面层泊松比 $\mu = 0.15$，土基泊松比 $\mu = 0.35$。

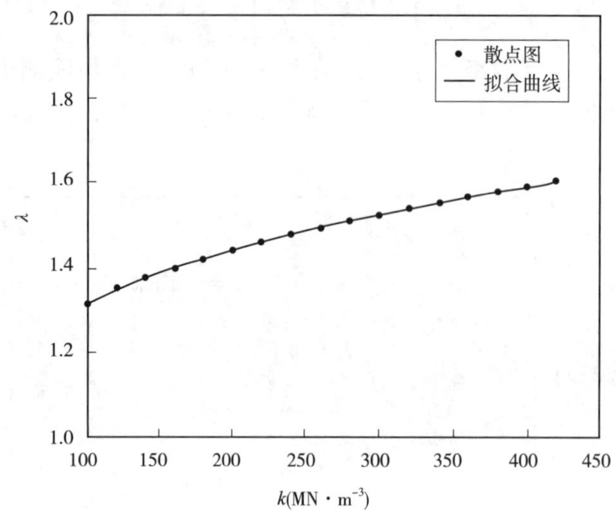

图 2-27 板角脱空尺寸 $L_V=0.5$m 时脱空指数 λ 与地基反应模量 k 的关系

在耒宜高速公路 K433 选取 50m 路段进行板角脱空检测与识别。采用 JILS-FWD 对该路段进行板中、板角弯沉值检测，结果见表 2-19。将传感器 1 和 2 分别布置在接缝两侧，采用 δ_2 与 δ_1 的比计算接缝传荷系数 ω。弯沉值测试在中午进行，忽略温度的影响，按照上述评定方法进行计算，结果如表 2-20 所示。

对所检测路段板块进行钻芯取样，验证结果如表 2-21 所示。

由表 2-20 可以看出，与钻芯检验结果对比，基于板角弯沉值的脱空识别方法，脱空尺寸相对误差最大为 6.32%，符合工程需要。实践表明，该路面板脱空检测及识别方法具有较高的可靠性[42,59]。

FWD 弯沉值检测数据 表 2-19

桩号	板中实测值(mm)							板角实测值(mm)			
	δ_1	δ_2	δ_3	δ_4	δ_5	δ_6	δ_7	δ_1	δ_2	δ_3	δ_4
K433 +005	3.77	2.54	2.50	2.13	2.09	1.85	1.80	18.81	12.57	9.49	9.17
K433 +010	4.23	3.67	3.54	3.74	3.02	2.64	2.51	16.11	11.32	7.04	5.66
K433 +015	6.59	6.06	5.71	5.06	4.37	3.21	2.18	12.61	7.27	7.13	6.86
K433 +020	6.69	6.53	5.66	5.20	4.16	3.04	2.04	12.35	9.70	9.70	8.10
K433 +025	7.67	6.34	5.75	4.23	3.58	2.37	2.10	12.73	7.16	6.99	5.22
K433 +030	7.82	7.05	5.81	4.83	3.90	3.24	2.76	22.98	14.52	10.11	7.95
K433 +035	4.06	3.75	3.71	3.52	3.38	3.10	2.79	25.31	11.42	6.96	5.52
K433 +040	4.62	4.13	4.07	3.75	3.69	4.42	3.13	17.63	9.91	8.38	8.27
K433 +045	4.40	3.93	3.92	3.65	3.44	3.05	2.68	15.18	8.80	8.20	7.11
K433 +050	5.12	4.94	4.77	4.53	4.26	3.64	3.00	18.21	10.90	9.30	7.88

板角脱空判别结果 表2-20

桩号	E(MPa)	E_0(MPa)	k(MN·m^{-3})	l(m)	$\delta_{c\infty}$(mm)	ε_l	w	ε_w	δ_c(mm)	λ	L_V(m)
K433 +005	383 28	485	413	0.646	23.56	1.015	0.668	0.661	15.794	1.191	0.2
K433 +010	841 85	348	204	0.938	25.134	1.015	0.703	0.654	16.684	0.966	无脱空
K433 +015	889 50	400	242	0.911	22.32	1.015	0.577	0.681	15.422	0.818	无脱空
K433 +020	294 648	428	177	1.328	15.355	1.015	0.785	0.641	9.983	1.237	0.89
K433 +025	354 46	416	345	0.662	27.038	1.015	0.562	0.685	18.78	0.678	无脱空
K433 +030	612 25	316	200	0.87	29.267	1.015	0.632	0.668	19.842	1.158	0.28
K433 +035	152 076	313	145	1.183	23.16	1.015	0.451	0.718	16.861	1.501	1.53
K433 +040	962 11	279	145	1.055	28.537	1.015	0.562	0.685	19.824	0.889	无脱空
K433 +045	100 306	326	176	1.016	25.189	1.015	0.58	0.68	17.385	0.873	无脱空
K433 +050	261 909	291	110	1.453	20.91	1.015	0.599	0.676	14.335	1.27	1.18

脱空识别结果与钻芯检验结果对比 表2-21

桩号	脱空识别尺寸(m)	钻芯检验尺寸(m)	响度误差(%)
K433 +005	0.2	0.21	4.76
K433 +010	无脱空	无脱空	0
K433 +015	无脱空	无脱空	0
K433 +020	0.89	0.95	6.32
K433 +025	无脱空	无脱空	0
K433 +030	0.28	0.27	3.7
K433 +035	1.53	1.6	4.38
K433 +040	无脱空	无脱空	0
K433 +045	无脱空	无脱空	0
K433 +050	1.18	1.2	1.67

6)结论

(1)随着板平面尺寸的增大,板角弯沉值有所减小,且板平面尺寸对板角弯沉值的修正系数与板宽具有良好的相关性。当板块宽度为0.5~4.0m时,修正系数ε_l为1.014~1.042。

(2)接缝传荷能力与板角弯沉具有良好的相关关系,与自由板相比,有接缝传荷能力的板角弯沉值明显减小,接缝传荷修正系数也呈现同样的趋势。Winkler地基板的接缝传荷修正系数ε_w变化范围为1.0~0.6。

(3)提出了板角脱空指数λ(实测弯沉值与理论弯沉值之比),建立λ与板角脱空尺寸的回归关系并以此对板角脱空尺寸进行估算。脱空指数λ随着面板模量E与面板厚度h的增大而减小,随地基模量k的增大而增大;E、h和k对脱空指数λ的影响程度相当,地基脱空状况对脱空指数λ的影响最明显。

(4)湖南耒宜高速公路试验段板角脱空识别结果与实际结果最大相对误差为6.32%,表明基于板角弯沉的脱空评定方法具有较高的可靠性[42,59]。

2.5 FWD 弯沉检测应用实例

FWD 在工程上的应用，主要集中在两个方面：一是现有道路的检测评价，二是道路加铺改造设计前的应用。

2.5.1 沥青路面道路强度检测评价

FWD 在现有道路中的检测评价，对于水泥混凝土路面而言，主要集中在板底脱空状况评价方面，接缝传荷能力、结构层的模量反算与水泥混凝土路面加铺改造前的检测工作较为一致。

FWD 在沥青路面的检测评价中应用较广，由于 FWD 较好地模拟路面弯沉，可准确测量路面弯沉盆，为路面结构层模量的反算提供了基础。在沥青路面的使用过程中，定期对一定比例的路面进行检测，分析路面的整体强度，判断是否需要进行补强罩面，同时对局部病害进行分析，为处治方案提供参考依据。下面以某城市道路路面检测为例简介现有路面的检测评价。

1）项目背景

湖南省临长高速公路广福联络线（全长为 2.5km，其中沥青路面 2.405km，水泥路面 0.095km），广福支线（全长为 1.065km，其中沥青路面 0.817km，水泥路面 0.248km）和开慧联络线（全长为 8.130km，全为沥青路面）为湖南省临长高速公路管理处（甲方）管养范围，其中沥青路面结构组合为：6cm 上拌下灌沥青层 + 1cm 沥青封层 + 22cm 水稳砂砾或碎石 + 15cm 填隙碎石；水泥路面结构组合为：24cm 水泥混凝土 + 15cm 5% 水泥稳定碎石或砂砾 + 15cm 砂砾垫层。上述三段联络线是临长高速公路连接地方公路的重要通道，与高速公路沿线当地居民的生活息息相关。受通车时间较久，原设计标准偏低，施工质量控制标准相对较低，交通流量增长较快、养护经费相对不足等多种因素的影响，目前已出现了较为严重的路面龟裂及沉陷等结构性病害，给行车安全和舒适性造成了严重影响，且病害有不断发展加剧的趋势，尤其是开慧联络线，路面的严重破损状况给当地的红色旅游带来了不利的负面形象。为此，临长高速公路管理处委托长沙理工大学公路工程试验检测中心（乙方）对上述路段进行了检测。

2）路面结构强度评价指标及分级标准

根据《公路技术状况评定标准》（JTG H20—2007），路面结构强度以路面结构强度指数（$PSSI$）来评价，按式（2-77）计算：

$$PSSI = \frac{100}{1 + a_0 \times \exp(a_1 \times SSI)}，其中\ SSI = l_R / l_0 \tag{2-77}$$

式中：SSI——结构强度系数，为路面容许弯沉值与实测代表弯沉之比，广福联络线、广福支线和开慧联络线路沥青路面设计容许弯沉值为 0.720mm[63-65]；

l_R——路面容许弯沉（mm）；

l_0——实测代表弯沉（mm），$l_0 = \overline{L} + 1.5S$；

a_0——标定系数，采用 15.71；

a_1——标定系数，采用 −5.19；

$\overline{L}$——路段平均弯沉值(mm);

S——路段弯沉值标准差(mm)。

根据《公路技术状况评定标准》(JTG H20—2007),路面结构强度等级按表2-22标准进行评定[63-65]。

路面结构强度评定标准 表2-22

评定等级	优	良	中	次	差
路面结构强度指数 *PSSI*	≥90	≥80,<90	≥70,<80	≥60,<70	<60

3)弯沉检测结论

采用Dynatest 8000型落锤式弯沉仪(FWD)按20m的间距对广福联络线、广福支线和开慧联络线逐车道进行弯沉检测,检测点数如表2-23所示,部分测点结果如数据表2-24~表2-27所示,计算各车道公里结构强度如表2-28所示。

临长联络线弯沉检测数量 表2-23

路线名称	沥青路面路段长度(km)	检测点数	备注
广福联络线右行	2.405	121	
广福联络线左行	2.405	121	
广福支线右行	0.810	41	
广福支线左行	0.810	41	
开慧联络线右行	8.130	407	
开慧联络线左行	8.130	407	
合计		1138	

广福支线右幅行车道FWD检测数据(单位:0.01mm) 表2-24

桩号	荷载(kN)	D1	D2	D3	D4	D5	D6	D7	D8	D9	贝克曼梁转换值
0.000	49.64	99.49	85.23	68.42	51.25	45.74	40.38	21.17	20.09	17.81	97.07
0.020	49.8	72.6	58.19	53.47	48.83	49.08	32.09	27.6	22.95	19.82	71.17
0.040	49.58	89.23	77.7	71.22	63.13	64.03	50.08	45.05	38.25	21.26	87.19
0.060	50.13	75.78	74.64	71.55	67.86	54.44	50.85	37.61	27.8	16.25	74.24
0.080	50.33	95.06	78.42	76.09	69.21	58.22	39.97	39.91	34.66	25.21	92.80
0.100	49.33	87.88	76.61	72.87	68.36	63.58	53.44	32.49	28.69	28.3	85.89
0.120	49.63	86.99	73.39	61.89	45.94	46.68	44.16	41.49	35.58	30.19	85.03
0.140	49.08	92.57	92.32	86.11	71.11	62.02	61.08	54.57	49.6	39.62	90.40
0.160	49.82	86.52	72.43	56.17	45.87	46.7	29.94	17.41	14.88	11.86	84.58
0.180	49.84	73.5	72.38	56.08	46.27	41.1	27.93	19.29	15.89	10.93	72.04
0.200	50.66	85.57	76.45	70.28	66.39	56.77	45.2	38.88	32.21	23.39	83.66
0.220	48.39	85.75	76.1	70.42	62.67	50.85	47.47	41.41	40.27	28.8	83.84

续上表

桩号	荷载（kN）	D1	D2	D3	D4	D5	D6	D7	D8	D9	贝克曼梁转换值
0.240	49.15	122.63	109.67	88.64	71.35	63.62	60.05	33.33	21.07	15.04	119.35
0.260	49.7	111.21	106.73	80.15	72.94	63.27	58.55	58.23	56.7	50.35	108.36
0.280	49.92	112.8	107.58	103.65	87.74	74.96	69.68	60.26	46.41	27.21	109.89
0.300	49.32	109.96	95	72.67	56.38	49.25	29.8	18.98	14.43	12.75	107.15
0.320	50.11	104.4	97.5	94.83	70.99	67.57	47.73	39.1	36.78	30.15	101.80
0.340	48.46	114.88	109.21	87.69	72.58	70.74	56.7	34.19	25.41	24.42	111.89
0.360	49.23	130.61	125.39	96.29	73.28	73.12	61.26	44.9	35.97	32.71	127.04
0.380	50.7	127.32	126.52	107.79	77.7	65.22	63.37	47.56	44.69	28.21	123.87
0.400	50.22	110.06	96.71	85.4	69.28	61.17	56.09	55.66	42.66	21.33	107.25
0.420	49.77	129.73	128.32	106.26	82.89	68.51	60.52	55.77	47.05	45.72	126.19
0.440	49.25	113.21	106.7	100.7	77.01	64.77	50.23	31.79	29.29	26.47	110.28
0.460	50.24	120.63	96.81	83.29	59.21	54.12	51.1	47.59	32.78	30.28	117.43
0.480	49.22	128.69	110.26	90.44	72.4	60.27	41.49	28.66	26.28	23.82	125.19
0.500	50.39	115.52	110.81	99.62	86.09	75.27	51.22	39.98	33.29	17.69	112.51
0.520	49.03	105.75	95.1	76.01	56.27	51.76	33.35	18.65	15.9	13.13	103.10
0.540	50.92	110.78	100.99	94.53	70.33	70.59	49.22	29.62	21.06	11.95	107.94
0.560	49.83	113.43	96.09	95.07	76.76	66.5	42.31	21.47	18.15	14.56	110.49
0.580	48.81	127.37	105.8	98.94	69.99	58.56	48.68	41.71	32.43	16.53	123.92
0.780	48.53	110.87	90.37	86.48	77.41	73.79	46.05	44.07	29.52	21.39	108.03
0.800	49.67	132.81	129.05	98.63	77.07	64.86	48.04	28.86	21.04	17.02	129.16
0.820	49.84	125.36	119.09	106.21	86.34	83.6	60.85	44.39	33.32	24.85	121.98
0.840	49.17	113.2	107.03	85.37	67.71	66.32	46.09	40.97	28.44	20.01	110.27
0.860	50.33	136.25	114.55	111	80.31	79.22	53.46	30.45	23.46	12.29	132.47
0.920	50.78	117.42	108.71	91.4	69.26	67.02	56.56	33.5	22.88	21.73	114.34
0.940	49.03	129.01	123.34	122.57	114.32	106.32	97.66	92.05	81.5	45.06	125.50
0.960	49	84.83	76.79	61.6	44.21	42.63	31.75	25.93	20.15	18.32	82.95
0.980	48.73	74.57	59.97	47.67	39.09	33.93	33.54	21.81	17.24	12.28	73.07
1.000	49.4	94.07	86.94	68	52.56	48.5	35.63	28.17	18.68	11.41	91.85
1.020	49.5	68.26	61.06	47.58	44.65	45.79	44.38	41.39	27.46	20.44	66.99
1.040	50.29	78.39	77.82	58.62	52.9	50.4	40.07	30.61	23.9	23.5	76.75
1.060	49.69	88.58	88.16	82.73	75.16	60.68	40.86	33.29	22.91	22.05	86.56

广福支线左幅行车道 FWD 检测数据(单位:0.01mm) 表 2-25

桩号	荷载(kN)	D1	D2	D3	D4	D5	D6	D7	D8	D9	贝克曼梁转换值
0.000	48.81	77.68	74.26	72.92	65.62	66.98	48.79	33.53	24.14	13.55	76.07
0.020	50.41	84.55	83.16	80.68	56.51	55.17	37.63	19.34	18.25	10.52	82.68
0.040	48.6	102.07	98.71	89.67	84.18	74.42	67.57	63.93	46.71	37.25	99.55
0.060	49.09	82.83	68.72	64.29	53.64	46.69	35.48	27.41	18.75	14.16	81.03
0.080	49.8	75.74	75.23	60.64	54.72	47.59	36.07	35.01	26.54	18.67	74.20
0.100	49.9	99.61	91.07	82.79	77.41	65.01	44.95	25.5	18.06	13.7	97.18
0.120	49.96	94.43	89.99	87.99	69.85	71.64	51.06	35.63	29.54	25.88	92.20
0.140	49.78	88.52	72.48	55.65	49.78	47.45	40.04	22.58	21.68	11.37	86.50
0.160	50.08	87.13	72.29	61.16	52.72	51.43	33.66	26.84	17.99	12.88	85.17
0.180	49.65	92.07	90.4	80.92	66.45	58.11	56.65	54.69	53.04	51.34	89.92
0.200	48.22	85.51	71.48	63.54	58.49	49.51	45.82	34.25	27.8	22.48	83.61
0.220	48.4	97.36	94.2	73.14	57.49	46.05	40.27	26.89	24.71	13.2	95.02
0.240	50.42	108.74	101.61	86.61	61.16	52.22	36.93	33.36	24.58	21.28	105.98
0.260	49.41	123.13	122.2	107.26	80.46	74	62	31.55	23.93	16.43	119.83
0.280	49.91	106.09	103.29	100.87	76.57	65.53	51.39	30.74	28.61	20.76	103.42
0.300	49.23	107.47	89.72	86.72	78.53	71.48	44.71	39.93	34.93	33.09	104.75
0.320	50.05	126.45	120.86	120.75	114.66	102.18	101.77	63.74	45.88	40.51	123.03
0.340	48.64	118.32	107.79	98.75	74.16	68.67	67.82	43.79	40.56	28.5	115.20
0.360	50.24	114.49	113.91	100.28	83.77	78.41	56.16	30.95	24.58	15.02	111.51
0.380	50.44	114.28	100.31	79.88	68.34	69.75	62.13	59.15	40.49	28.95	111.31
0.400	50.49	109.04	93.52	79.44	66.84	58.8	49.85	41.6	31.16	26.43	106.27
0.420	49.71	116.11	104.32	88.57	74.6	62.01	57.65	33.07	21.92	19.56	113.07
0.440	48.96	105.8	95.61	72.5	65.05	65.87	41.98	37.3	30.99	28.71	103.15
0.460	49.84	108.99	96.5	94.81	74.3	62.66	59.12	54.51	34.36	18.39	106.22
0.480	50.34	108.35	93.87	74.74	64.82	52.9	46.72	35.28	27.6	19.34	105.60
0.500	49.1	111.51	102.39	98.94	88.31	84.24	73.45	46.17	30.76	28.95	108.64
0.520	48.78	97.72	79.08	76.9	63.46	58.87	49.41	43.65	38.85	26.07	95.36
0.540	48.31	107.18	99.79	77.67	71.5	62.7	58.58	38.11	32.79	32.63	104.47
0.560	49.15	100.94	90.1	86.09	65.98	65.46	44.44	23.22	19.62	16.65	98.47
0.580	49.44	105.12	92.92	81.42	70.15	67.14	56.93	35.88	26.65	21.59	102.49
0.780	48.3	102.06	89.74	73.67	64.52	53.74	46.8	31.36	26.13	25.52	99.54
0.800	49.07	99.94	81.95	68.57	61.84	56.59	37.11	20.19	12.79	8.92	97.50

续上表

桩号	荷载(kN)	D1	D2	D3	D4	D5	D6	D7	D8	D9	贝克曼梁转换值
0.820	49.8	126.38	108.51	105.95	97.6	90.79	59.41	32.16	21.79	15.31	122.96
0.840	50.42	98.69	80.78	76.2	72.2	66.24	46.94	39.08	27.87	27.58	96.30
0.860	50.23	119.38	108.58	91.85	74.33	60.49	43.95	41.87	36.13	19.78	116.22
0.920	50.02	104.29	103.27	102.81	95.38	87.33	74.44	39.73	30.72	19.67	101.69
0.940	49.02	79.36	67.86	64.97	60.57	58.93	53.94	47.73	34.36	29.4	77.68
0.960	50.37	81.45	75.82	58.75	42.07	36.69	36.17	22.25	21.06	20.78	79.70
0.980	49.67	84.06	71.85	57.18	40.58	41.57	27.6	18.77	17.77	11.82	82.21
1.000	50.18	89.34	75.04	65.44	57.04	56.68	49.79	48.99	35.83	19.71	87.29
1.020	48.91	82.16	74.52	62.37	46.54	43.19	37.5	35.01	34.36	31.94	80.38
1.040	48.62	79.66	73.36	62.62	53.78	52.06	36.64	28.54	20.51	11.79	77.97
1.060	49.47	76.73	76.04	70.93	62.07	58.91	47.88	43.6	33.01	32.92	75.15

开慧联络线右幅行车道 **FWD** 检测数据(单位:0.01mm)　　表 2-26

桩号	荷载(kN)	D1	D2	D3	D4	D5	D6	D7	D8	D9	贝克曼梁转换值
0.000	48.95	81.69	75.87	63.97	51.01	45.72	34.15	31.15	26.34	14.53	79.93
0.020	47.66	83.83	70.79	66.41	60.86	59.38	42.46	37.3	36.35	18.72	81.99
0.040	47.81	76.32	62.32	60.75	47.91	41.62	28.67	23.45	22.19	21.99	74.76
0.060	47.5	84.1	80.74	76.33	67.92	56.08	52.33	36.6	33.91	23.89	82.25
0.080	47.64	99.5	92.15	80.43	66.37	63.72	51.05	37.75	27.19	17.92	97.08
0.100	47.84	77.97	71.83	64	46.73	38.18	30.82	29.9	20.68	13.25	76.35
0.120	48.56	80.77	66.5	54.2	39.56	38.64	28.44	26.05	20.89	17.83	79.04
0.140	49.89	92.73	79.74	68.66	63.34	63.75	61.72	34.23	25.68	21.55	90.56
0.160	47.36	86.33	72.36	71.91	68.29	60.79	47.12	26.02	20.37	12.45	84.40
0.180	47.78	93.12	92.94	73.12	69.4	63.92	39.98	21.78	16.51	11.87	90.93
0.200	48.59	74.61	68.83	54.69	48.17	44.18	30.24	17.79	11.51	6.85	73.11
0.220	47.74	85.52	72.77	56.54	43.75	40.89	29.34	27.44	19.66	16.13	83.62
0.240	49.57	86.37	80.46	73.35	53.57	44.19	26.82	26.62	19.53	17.09	84.43
0.260	49.14	85.49	77.36	65.56	47.44	39.98	31.09	29.94	21.75	17.6	83.59
0.280	50.66	89.04	72.04	61.83	46.75	46.51	37.03	23.15	19.58	18.51	87.01
0.300	48.22	85.82	79.05	70.64	58.53	49.5	40.18	20.2	19.92	11.48	83.90
0.320	50.17	81.4	68.88	64.78	57.87	52.41	46.18	35.57	34.76	20.87	79.65
0.340	49.4	98.25	82.04	70.03	66.47	68.17	61.69	51.75	43.42	35.64	95.87
0.360	50.24	88.84	83.01	64.29	60.89	49.38	46.87	27.31	19.34	10.19	86.81

续上表

桩号	荷载(kN)	D1	D2	D3	D4	D5	D6	D7	D8	D9	贝克曼梁转换值
0.380	49.28	93.47	77.4	59.91	54.42	47.71	37.37	25.17	22.11	13.05	91.27
0.400	47.98	71.59	65.69	61.81	47.89	40.34	30.08	24.67	18.07	11.7	70.20
0.420	48.52	59.63	51.6	49.75	37.5	37.06	30.52	28.1	19.37	18.06	58.68
0.440	47.94	90.47	76.18	66.49	52.33	47.86	30.73	15.71	9.59	6.96	88.38
0.460	49.18	75.23	60.67	58.57	51.17	50.96	41.21	28.08	27.0	17.2	73.71
0.480	47.44	84.81	80.28	73.55	55.58	52.77	37.3	21.0	15.24	11.31	82.93
0.500	48.52	88.43	75.08	73.91	56.57	50.98	48.35	26.82	25.15	22.16	86.42
0.520	49.03	80.67	67.81	66.52	61.51	49.85	43.62	34.31	32.04	19.21	78.95
0.540	47.49	68.72	60.23	47.03	33.1	33.54	23.15	21.38	19.01	11.22	67.44
0.560	49.02	73.35	59.12	57.81	51.48	43.85	26.78	23.06	20.29	17.04	71.90
0.580	50.02	73.18	67.51	64.53	54.26	44.86	36.4	18.9	15.29	13	71.73
0.600	49.54	83.48	68.07	67.35	55.38	54.67	33.36	26.75	25.3	17.75	81.65
0.620	50.42	84.46	79.64	65.69	54.61	45.82	35.49	25.84	25.11	22.36	82.59
0.640	48.53	88.23	82.02	65.07	51.48	41.3	24.92	17.67	10.76	8.2	86.23
0.660	48.51	85.22	78.98	75.76	53.35	47.63	44.7	26.13	19.47	17.7	83.33
0.680	48.86	76.80	68.36	61.6	45.48	39.48	26.28	22.24	15.75	12.78	75.22
0.700	49.96	88.23	75.04	62.95	58.71	48.53	40.64	36.33	29.12	19.71	86.23
0.720	49.52	70.07	60.93	48.19	42.55	40.12	33.74	27.17	26.6	15.74	68.74
0.740	48.78	88.84	78.18	74.51	54.85	46.97	33.68	31.83	28.2	22.44	86.81
0.760	47.13	82.00	74.75	62.94	47.89	49.04	35.78	30.85	30.27	17.74	80.23
0.780	48.94	73.68	66.11	54.83	41	39.64	38.48	28.66	23.75	15.36	72.21
0.800	48.71	78.83	69.32	60.03	57.02	49.75	41.69	32.39	28.89	19.3	77.17
0.820	49.94	68.98	68.4	52.76	46.54	39.75	26.4	21.14	17.38	10.18	67.69
0.840	50.10	80.33	75.85	57.06	44.79	41.12	37.74	25.17	23.46	14.14	78.62
0.860	50.53	76.77	74.84	63.21	51.3	47.26	41.88	31.34	18.86	11.68	75.19
0.880	49.02	92.22	87.73	79.1	65.89	66.15	56.92	43.99	31.88	17.76	90.07
0.900	47.99	80.59	79.27	77.68	73.15	74.9	69.8	59.25	43.86	42.91	78.87
0.920	49.54	88.84	80.94	78.14	69.53	59.26	47.36	25.57	24.31	16.93	86.81
0.940	48.52	75.74	70.01	63.56	51.11	41.91	39.01	30.13	24.02	12.64	74.20
0.960	47.37	90.38	73.69	62.66	56.95	57.39	55.61	27.99	18.14	14.57	88.30
0.980	49.95	91.36	91.15	85.4	72.77	73.63	45.89	42.8	27.75	25.1	89.24
1.000	48.26	94.55	91.85	82.77	65.14	62.25	38.84	21.27	16.29	15.46	92.31

续上表

桩号	荷载（kN）	D1	D2	D3	D4	D5	D6	D7	D8	D9	贝克曼梁转换值
1.020	49.34	73.08	71.66	64.09	50.13	49.35	36.76	20.12	15.67	13.64	71.64
1.040	50.4	75.76	71.58	63.5	48.81	43.52	33.87	33.66	26.43	21.29	74.22
1.060	49.62	82.9	67.69	66.64	49.64	40.99	38.1	35.86	25.49	15.28	81.09
1.080	49.85	72.45	64.83	49.53	46.35	44.9	42.59	39.49	24.6	16.35	71.03
1.100	47.99	71.47	66.57	53.65	47.23	45.68	30.61	21.24	15.03	9.25	70.09
1.120	47.98	85.39	69.48	67.65	49.37	50.06	49.65	33.07	22.57	11.63	83.49
1.140	49.16	63.64	51.59	48.67	38.8	32.9	28.1	16.66	12.41	7.21	62.55
1.160	50.15	71.11	64.15	48.38	40.55	34.57	25.06	17.08	14.4	13.09	69.74
1.180	49.84	83.78	73.11	56.34	49.82	50.03	36.56	28.78	23.01	22.11	81.94
1.200	47.59	81.77	74.13	57.56	50.73	41.7	36.88	28.54	27.02	15.63	80.00
1.220	48.63	89.76	83.51	72.01	63.43	51.61	43.37	32.06	24.78	18.06	87.70
1.240	49.14	68.08	63	57.65	50.8	49.58	30.13	25.28	20.75	18.05	66.82
1.260	48.87	85.57	85.37	79.4	74.8	60.26	47.11	36.71	28.59	23.56	83.66
1.280	50.53	76.86	67.56	55.34	48.29	39.92	35.51	26.51	25.71	14.15	75.28
1.300	50.52	69.64	56.78	43.54	38.08	33.87	31.99	20.42	15.08	12.52	68.32
1.320	49.46	68.28	61.73	49.85	47.23	47.92	33.43	17.88	17.84	17.04	67.01
1.340	49	73.97	64.6	49.96	41.5	36.44	31.89	28.6	23.25	14.99	72.49
1.360	50.15	76.72	63.38	56.72	47.23	38.9	30.98	22.71	20.42	19.02	75.14
1.380	50.09	79.45	68.1	55.05	51.18	41.41	32.2	21.54	19.62	16.98	77.77
1.400	49.45	65.56	53.42	42.41	37.79	35.06	34.47	28.83	23.42	14.88	64.39
1.420	48.8	75.12	64.48	52.28	42.33	41.75	32.75	21.33	18.14	10.45	73.60
1.440	49.97	60.32	48.99	37.89	34.25	34.66	27.73	14.48	14.13	7.19	59.35
1.460	49.88	61.2	54.76	51.06	36.3	33.27	27.47	26.17	20.95	10.76	60.20
1.480	49.35	76.86	73.52	66.78	59.4	56.2	51.76	36.28	26.78	17.66	75.28
1.500	49.88	70.96	70.2	56.65	44.44	37.39	27.72	15.32	15.31	11.65	69.59
1.520	49.26	65.13	57.71	50.94	37.96	33.87	31.56	17.63	13.74	7.29	63.98
1.540	49.16	72.04	61.58	57.9	48.71	45.36	28.37	27.1	23.02	17.77	70.63
1.560	50.61	79.21	75.82	74.82	67.05	59.34	54.38	50.98	33.16	18.34	77.54
1.580	47.87	73.01	71.51	65.01	52.13	53.67	46.52	46.48	45.95	36.01	71.57
1.600	49.45	61.57	59.18	55.16	39.35	37.23	23.53	18.03	17.31	11.7	60.55
1.620	49.88	78.79	75.08	56.89	44.03	41.28	26.01	23.03	21.52	16.47	77.13
1.640	48.61	62.96	60.22	49.13	41.88	39.3	28.57	15.05	9.9	5.14	61.89

续上表

桩号	荷载（kN）	D1	D2	D3	D4	D5	D6	D7	D8	D9	贝克曼梁转换值
1.660	48.11	75.55	67.59	59.02	54.2	45.09	32.59	30.15	27.82	25.04	74.01
1.680	50.78	58.16	48.36	43.69	31.03	25.61	16.54	9.94	7.83	5.82	57.27
1.700	48.81	63.83	51.2	43.57	36.45	35.05	34.37	30.23	21.08	11.07	62.73
1.720	50.8	65.81	61.98	53.15	38.18	31.54	19.46	9.99	6.35	5.39	64.64
1.740	49.87	70.73	68.91	56.17	52.98	53.4	41.52	26.8	23.93	22.4	69.37
1.760	49.57	68.38	57.18	49.34	43.01	42.91	37.94	19.65	17.42	11.51	67.11
1.780	47.53	83.49	74.2	65.15	52.94	45.08	44.79	41.4	35.95	33.47	81.66
1.800	49.19	79.08	78.11	75.22	63.79	52.9	36.83	35.24	24.82	21.09	77.41
1.820	48.42	69.4	58.93	55.88	47.74	39.16	25.55	23.19	21.76	18.57	68.09
1.840	50.72	71.28	70.74	64.56	57.44	52.15	49.81	27.04	25.64	24.43	69.90
1.860	47.69	61.45	55.46	43.94	30.81	30.03	28.08	19.35	17.6	16.26	60.44
1.880	48.09	71.25	62.7	59.27	51.15	45.69	35.85	28.99	25.74	17.76	69.87
1.900	48.59	65.73	64.17	59.39	54.2	51.31	43.92	36.5	30.58	26.15	64.56
1.920	48.22	54.51	49.17	40.57	37.9	32.3	26.23	23.16	21.88	12.87	53.75
1.940	47.98	69.5	62.22	48.79	43.65	36.63	34.82	28.38	28.21	14.64	68.19

开慧联络线左幅行车道 FWD 检测数据(单位:0.01mm)　　表 2-27

桩号	荷载（kN）	D1	D2	D3	D4	D5	D6	D7	D8	D9	贝克曼梁转换值
0.000	48.73	84.94	82.85	68.13	58.96	54.72	46.66	32.06	29.91	24.07	83.06
0.020	49.46	86.21	73.48	55.54	51.44	46.03	37.96	33.75	27.96	17.02	84.28
0.040	50.66	78.26	73.85	62.64	58.08	51.15	36.86	32.78	29.29	27.82	76.62
0.060	48.59	96.59	83.78	67.53	55.75	46.91	46.42	43.46	33.42	32.49	94.28
0.080	48.22	72.7	71.36	62.23	43.58	42.25	25.94	22.81	19.77	14.83	71.27
0.100	47.69	80.56	68.14	57.52	54.58	53.1	32.88	26.08	21.51	18.69	78.84
0.120	47.52	94.36	94.08	90	81.53	75.84	53.35	53.06	44.02	22.69	92.13
0.140	49.33	77.36	72.36	65.48	61.05	48.89	43.07	30.89	27.3	16.44	75.76
0.160	48.46	83.87	83.08	63.5	51.85	44.56	32.53	27.14	19.57	15.75	82.03
0.180	49.73	74.51	62.99	62.26	54.75	44.79	29.65	16.84	12.95	7.95	73.01
0.200	48.57	84.58	79.25	64.35	58.24	50.26	34.5	28.16	19.14	12.08	82.71
0.220	49.52	96.19	92.03	81.21	65.07	63.24	39.92	34.95	30.12	16.94	93.89
0.240	47.64	69.47	65.78	52.3	39.29	34.88	21.46	16.83	12.41	7.29	68.16
0.260	48.39	81.47	73.11	61.61	48.17	46.57	34.34	18.71	14.28	13.53	79.72

续上表

桩号	荷载（kN）	D1	D2	D3	D4	D5	D6	D7	D8	D9	贝克曼梁转换值
0.280	49.41	79.37	70.87	60.84	52.28	46.76	28.7	23.35	18.52	15.01	77.69
0.300	50.36	87.56	87.07	82.61	77.25	70.2	51.63	37.19	25.17	22.61	85.58
0.320	47.44	88.27	79.3	63.9	59.11	48.44	38.1	22.13	15.49	14.21	86.26
0.340	50.38	93.55	83.75	80.59	71.61	65.82	60.04	54.47	50.58	44.13	91.35
0.360	50.15	84.97	69.49	56.64	43.59	40.86	26.79	15.35	9.51	4.85	83.09
0.380	48.85	77.82	74.17	73.03	60.87	61.33	45.52	36.89	25.76	15.28	76.20
0.400	48.01	67.15	57.72	56.38	47.02	42.88	41.07	23.26	16.68	10.83	65.93
0.420	47.87	67.55	61.94	60.28	54.1	50.49	49.29	26.72	23.92	14.73	66.31
0.440	48.18	64.09	55.95	45.39	39.46	35.61	27.44	18.56	11.74	7.75	62.98
0.460	47.29	79.3	77.38	72.97	61.51	53.53	41.93	37.92	30.4	17.63	77.63
0.480	49.73	83.32	74.9	57.28	50.45	51.73	45.34	34.04	20.78	12.12	81.50
0.500	48.72	89.8	84.74	81.26	70.5	61.73	48.41	32.12	31.97	30.01	87.74
0.520	47.38	74.16	64.21	51.33	47.87	42	29.63	22.63	18.41	16.1	72.68
0.540	49.41	70.27	64.12	63.9	52.5	51.07	39.49	22.64	14.62	14.03	68.93
0.560	48.37	63.72	58.03	56.72	46.67	44.77	38.18	37.21	29.86	27.72	62.62
0.580	48.61	83.64	72.63	66.61	53.85	46.96	33.8	28.68	25.28	22.91	81.81
0.600	49.19	85.94	84.57	82.32	57.81	51.04	49.38	36.32	28.36	22.32	84.02
0.620	50.29	88.72	78.02	67.8	56.85	57.1	39.99	36.04	22.2	15.35	86.70
0.640	49	68.49	68.36	55.31	50.89	44.39	30.88	29.4	24.64	12.87	67.22
0.660	48.52	83.86	67.84	59.63	50.71	43.57	34.4	29.55	27.27	17.27	82.02
0.680	48.99	76.96	73.88	73.69	63.7	65.41	48.68	26.43	17.37	16.33	75.37
0.700	48.76	84.53	80.89	61.87	58.04	56.56	41.26	40.56	28.05	14.22	82.66
0.720	50.03	70.62	61.43	59.62	41.76	42.71	31.83	27.82	24.94	17.5	69.27
0.740	50.75	69.36	69.33	52.51	48	39.65	33.49	29.99	20.85	18.01	68.05
0.760	48.91	74.28	70.88	70.14	61.35	54.32	37.82	28.41	19.54	10.58	72.79
0.780	49.31	89.52	77.34	72.24	52.3	48.46	29.67	23.53	19.11	10.96	87.47
0.800	50.69	80.56	68.49	65.98	51.26	41.59	25.37	18.66	17.02	11.52	78.84
0.820	49.07	90.1	81.24	75.73	69.15	67.19	59.11	48.82	36.97	23.78	88.03
0.840	47.24	76.53	67.56	61.52	51.17	43.04	30.36	19.73	15.18	13.23	74.96
0.860	49.52	67.55	63.78	56.84	40.43	33.23	23.77	12.55	11.89	7.52	66.31
0.880	48.83	68.25	57.02	46.75	32.73	29.8	28.54	16.42	15.39	12.4	66.98
0.900	48.88	79.6	74.17	70.21	50.41	41.37	37.01	22.17	17.12	16.57	77.91

续上表

桩号	荷载(kN)	D1	D2	D3	D4	D5	D6	D7	D8	D9	贝克曼梁转换值
0.920	50.03	79.08	68.44	64.22	46.67	46.5	44.11	35.24	30.27	19	77.41
0.940	49.15	79.38	70.31	59.56	45.26	38.87	27.48	24.69	19.65	18.04	77.70
0.960	49.78	73.61	61.73	53.13	46.95	48.09	30.87	30.55	24.99	13.15	72.15
0.980	49.54	89.29	75.27	60.24	45.48	40.34	34.23	29.96	22.69	17.12	87.25
1.000	48.33	90.11	79.31	65.82	57.22	50.81	34.84	32.7	23.72	21.44	88.04
1.020	48.15	94.27	93.48	76.66	60.02	52.9	43.89	37.59	36.98	21.28	92.04
1.040	49.35	70.39	63.99	60.22	44.74	37.43	30.19	16.04	12.6	6.64	69.05
1.060	48.24	77.97	70.35	67.22	59.25	49.71	44.2	33.03	31.18	27.65	76.35
1.080	49.22	89.07	72.39	65.07	61.74	50.3	46.18	37.43	24.94	12.6	87.03
1.100	49.64	80.53	67.54	64.76	59.32	51.4	31.94	27.12	24.84	23.33	78.81
1.120	49.56	68.32	62.38	57.9	52.02	47.34	34.09	27.93	21.66	20.33	67.05
1.140	48.2	86.27	74.91	73.63	68.96	67.26	66.91	62.6	51.73	27.82	84.34
1.160	48.16	88.57	73.28	61.91	53.49	44.09	29.35	26.14	19.74	18.07	86.55
1.180	50	75.3	71.48	64.04	46.89	41.44	30.28	29.63	21.37	20.98	73.77
1.200	48.05	84.43	77.22	66.3	53.93	50.63	42.35	40.64	31.99	24.13	82.57
1.220	49.98	67.55	55.84	42.57	39.78	33.22	31.37	16.54	14.96	10.54	66.31
1.240	47.95	73.35	71.65	57.38	53.14	45.76	41.97	26.06	17.79	15.45	71.90
1.260	48.69	95.78	95.46	88.35	82.54	78.54	50.39	35.14	25.39	17.47	93.50
1.280	50.2	80.39	66.84	60.92	43.38	35.82	27.47	27.08	21.2	12.09	78.68
1.300	50.27	57.7	51.22	46.89	40.08	34.61	33.6	33.23	27.19	19.94	56.83
1.320	47.49	80.05	78.69	72.7	53.44	51.95	31.65	19.93	12.27	8.35	78.35
1.340	49.9	61.24	57.07	45.66	39.12	31.95	25.84	14.31	10.82	8.16	60.23
1.360	49.98	62.04	59.29	53	49.08	45.58	42.56	39.41	31.93	25.19	61.00
1.380	48.93	57.43	57.31	47.92	40.66	38.06	34.14	22.86	21.38	10.96	56.57
1.400	49.26	68.98	68.22	61.7	55.42	48.69	46.34	38.46	35.09	33.28	67.69
1.420	48.02	73.31	66.92	56.52	42.45	35.45	30.47	17.36	16.05	13.84	71.86
1.440	47.93	63.77	52.38	50.09	38.21	35.98	29.81	25.44	16.37	8.65	62.67
1.460	49.54	69.48	58.97	54.23	41.7	36.52	24.03	15.02	14.98	9.12	68.17
1.480	49.89	76.63	68.02	54.76	46.62	42.19	31.67	28.24	25.09	24.38	75.05
1.500	49.42	85.54	68.44	52.45	49.62	48.44	44.32	31.4	23.6	17.12	83.64
1.520	48.15	66.65	58.06	55.27	41.88	42.00	35.37	18.03	15.24	10.7	65.44
1.540	49.68	60.62	58.95	44.32	33.25	29.49	26.51	23.77	17.88	13.63	59.64

续上表

桩号	荷载(kN)	D1	D2	D3	D4	D5	D6	D7	D8	D9	贝克曼梁转换值
1.560	47.97	55.87	55.41	52.91	38.52	37.27	32.23	21.6	21.27	19.5	55.06
1.580	47.85	75.8	69.96	62.6	50.52	42.21	36.08	18.52	14.27	9.93	74.26
1.600	47.76	64.83	55.33	49.71	36.45	34.46	29.16	25.18	15.71	11.02	63.69
1.620	50.00	67.39	60.44	57.99	43.55	42.32	27.46	25.66	23.03	18.57	66.16
1.640	48.24	77.97	67.66	57.38	43.46	39.84	26.65	25.77	25.58	15.85	76.35
1.660	50.35	67.93	64.48	48.73	45.64	42.26	27.45	23.2	15.63	9.94	66.68
1.680	49.05	60.8	52.71	47.47	42.66	41.57	31.6	23.32	22.12	17.48	59.81
1.700	47.92	59.05	57.79	45.11	34.15	31.82	23.35	14.79	11.11	8.43	58.13
1.720	49.41	70.93	62.66	59.49	54.32	54.92	40.4	24.96	23.74	19.95	69.57
1.740	48.35	80.8	71.38	71.29	53.07	52.9	49.42	30.83	19.33	17.8	79.07
1.760	47.85	67.85	58.17	51.09	47.51	45.96	28.78	23.05	21.36	16.68	66.60
1.780	49.53	83.8	80.92	61.07	55.09	50.19	48.17	27.94	24.75	13.95	81.96
1.800	49.70	62.92	50.53	43.11	30.50	30.92	22.28	21.34	17.18	14.3	61.85
1.820	48.01	80.85	71.39	58.43	47.95	38.4	36.57	23.67	18.88	14.66	79.12
1.840	47.29	79.83	77.35	74.09	67.05	56.7	49.15	48.26	33.39	32.97	78.14
1.860	49.28	78.94	64.13	62.64	58.85	53.62	36.58	34.27	34.17	31.73	77.28
1.880	48.77	71.6	63.07	61.88	45.74	38.32	25.58	22.57	18.56	14.65	70.21
1.900	49.97	54.00	46.12	36.72	27.58	26.09	17.01	14.31	12.81	10.67	53.26
1.920	48.55	65.98	57.65	51.35	47.99	41.35	39.85	35.81	26.39	14.09	64.80
1.940	48.14	65.65	54.72	51.18	47.49	39.36	27.49	21.45	16.97	9.31	64.48

FWD 检测得到的是动态弯沉，我国沥青路面设计规范采用的容许弯沉是静态弯沉，国内外大量的理论和试验研究表明，二者之间存在良好的相关性。通过现场对比试验，采用线性回归得到广福联络线、广福支线和开慧联络线二者之间的对应关系为：

$$L_{BB}=0.963L_{FWD}+1.26\ (r=0.91) \tag{2-78}$$

广福联络线、广福支线和开慧联络线沥青路面结构强度公里统计表 表 2-28

起讫桩号	车道	BB 弯沉(0.01mm)	BB 弯沉标准差	代表弯沉值(0.01mm)	*SSI*	*PSSI*	评定等级
K0 +000 ~ K1 +000	广福联络线右行	87.79	8.88	101.11	0.71	71.94	中
K1 +000 ~ K2 +000	广福联络线右行	94.11	7.74	105.72	0.68	68.58	次
K2 +000 ~ K2 +500	广福联络线右行	86.80	8.62	99.73	0.72	72.96	中
K0 +000 ~ K1 +000	广福联络线左行	93.60	10.44	109.27	0.66	66.05	次
K1 +000 ~ K2 +000	广福联络线左行	83.21	7.85	94.99	0.76	76.49	中
K2 +000 ~ K2 +500	广福联络线左行	82.00	9.36	96.03	0.75	75.71	中
K0 +000 ~ K1 +065	广福支线右行	102.01	18.47	129.71	0.56	53.16	差
K0 +000 ~ K1 +065	广福支线左行	97.63	13.64	118.09	0.61	60.11	次

续上表

起讫桩号	车道	BB 弯沉 (0.01mm)	BB 弯沉标准差	代表弯沉值 (0.01mm)	*SSI*	*PSSI*	评定等级
K0 +000 ~ K1 +000	开慧联络线右行	80.95	10.25	96.32	0.75	75.49	中
K1 +000 ~ K2 +000	开慧联络线右行	70.58	8.20	82.87	0.87	85.26	良
K2 +000 ~ K3 +000	开慧联络线右行	67.43	7.32	78.41	0.92	88.20	良
K3 +000 ~ K3 +400	开慧联络线右行	67.36	7.03	77.92	0.92	88.51	良
K4 +000 ~ K5 +000	开慧联络线右行	80.27	9.62	94.69	0.76	76.71	中
K5 +000 ~ K6 +000	开慧联络线右行	83.12	8.25	95.50	0.75	76.11	中
K6 +000 ~ K7 +000	开慧联络线右行	77.88	9.49	92.12	0.78	78.62	中
K7 +000 ~ K8 +000	开慧联络线右行	79.00	9.32	92.99	0.77	77.98	中
K8 +000 ~ K8 +130	开慧联络线右行	75.10	9.36	89.14	0.81	80.81	良
K0 +000 ~ K1 +000	开慧联络线左行	78.04	10.12	93.22	0.77	77.80	中
K1 +000 ~ K2 +000	开慧联络线左行	71.32	9.88	86.15	0.84	82.97	良
K2 +000 ~ K3 +000	开慧联络线左行	67.36	7.41	78.47	0.92	88.16	良
K3 +000 ~ K3 +400	开慧联络线左行	68.17	7.17	78.92	0.91	87.88	良
K4 +000 ~ K5 +000	开慧联络线左行	81.18	9.59	95.56	0.75	76.06	中
K5 +000 ~ K6 +000	开慧联络线左行	83.88	7.68	95.40	0.75	76.18	中
K6 +000 ~ K7 +000	开慧联络线左行	77.22	8.70	90.26	0.80	79.99	中
K7 +000 ~ K8 +000	开慧联络线左行	80.51	8.27	92.92	0.77	78.02	中
K8 +000 ~ K8 +130	开慧联络线左行	78.25	1.95	81.18	0.89	86.40	良

由表 2-28 可知，目前和开慧联络线路面结构强度评定等级为“中”和“良”，整体满足结构强度要求，但局部需要挖补处治；广福联络线路面结构强度评定为“次”和“中”，局部路段需要进行补强处治；广福支线路面结构强度评定为“次”和“差”，不满足结构承载力要求。根据《公路养护技术规范》(JTG H10—2009)，当路面结构强度不能满足要求时，应采取补强措施以提高其承载能力。

2.5.2 落锤式弯沉仪在高速公路路基施工控制中的应用研究

1)数据采集分析及路基弯沉施工控制值的确定

在全线不同土质、不同路段的精加工的路基上分别进行了 FWD 和 BB 对比试验，FWD 荷载设定为 5t，承载板直径为 30cm，BB 测试采用后轴重 10t 的标准黄河车，贝克曼梁杠长 5.4m，前后臂比例 2:1。取 FWD 的中央弯沉作为对比试验数据。选用排序分组均方差分析剔除异常值，以 FWD 测定值为主变量进行排序，按每组不少于 10 个样本值，且将各组样本以服从正态分布的方法进行分组，对每组样本值进行数理统计，按单因素均方差分析，按 $\pm\delta$ 剔除异常点。对剩余的有效值进行线性回归分析。根据实际的地基情况，选取了 2 种地基，即砂性土和黏性土做对比试验。图 2-28 是从砂性土样本数据中抽取的具有代表性的 D_{FWD}

和 D_{BB} 弯沉对比图,图 2-29 是从黏性土样本数据中抽取的具有代表性的 D_{FWD} 和 D_{BB} 弯沉对比图。从图中我们可以看出:FWD 和 BB 试验的弯沉数据走势很相似,具有良好的相关性,D_{FWD} 比 D_{BB} 大。其回归分析结果如表 2-29 所示。

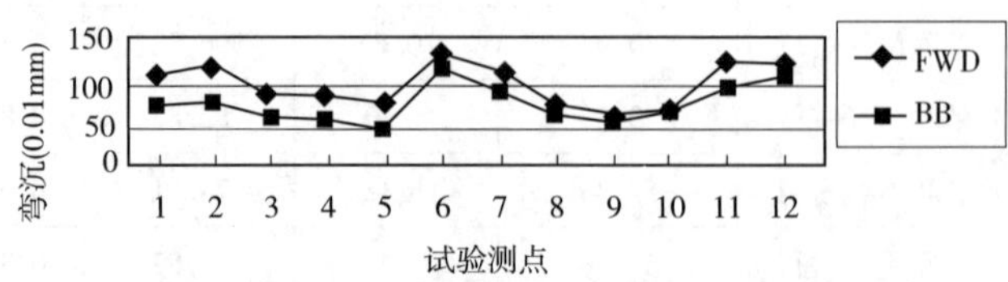

图 2-28　砂性土的 FWD 与 BB 弯沉试验对比

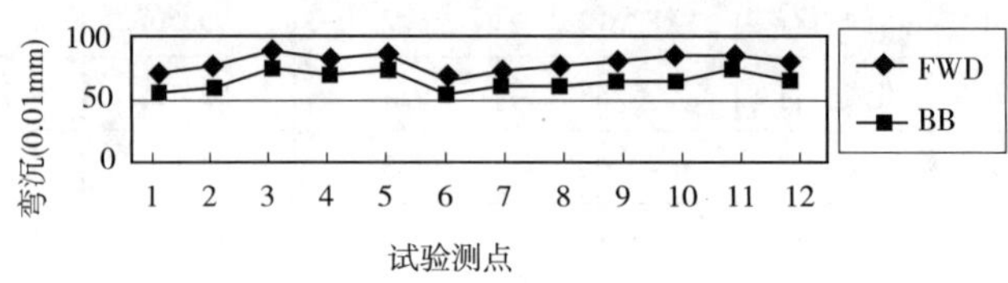

图 2-29　黏性土的 FWD 与 BB 弯沉对比

路基 FWD 与 BB 回归分析结果　　表 2-29

材料	相关关系式	相关系数平方
砂性土	$D_{FWD}=0.8981\ D_{BB}+20.034$	$r^2=0.8223$
黏性土	$D_{FWD}=0.9793\ D_{BB}+27.242$	$r^2=0.7437$

通过上述回归公式的建立,可计算路基 95 区 FWD 检测弯沉施工控制值。按该公路施工规定:BB 弯沉 95 区控制指标为 180(0.01 mm)。代入上述回归公式,并考虑保证系数,即得 2 种路基的 FWD 检测弯沉施工控制值,分别为:砂性土 154,黏性土 182。

2)路基动静模量的相关性分析

为了对路基的动静模量特性进行系统地分析,进行 FWD 和承载板对比试验。图 2-30 是从样本数据中抽取的具有代表性的 FWD 动态反算模量和承载板静态模量对比图。从图中可以看出:(1)FWD 反算的动态模量要大于以承载板为基础的静态模量,这无疑与动模量大于静模量的统一认识是一致的;(2)在一定的范围内,FWD 反算的动态模量较稳定,离散性小,而承载板试验得出的静模量离散性较大;(3)二者走势基本一致,存在着良好的相关性,经过线性回归分析,得出以下回归方程式[65-69]:

$$M_{FWD}=0.3358M_{BB}+150.11,\ r^2=0.8786 \tag{2-79}$$

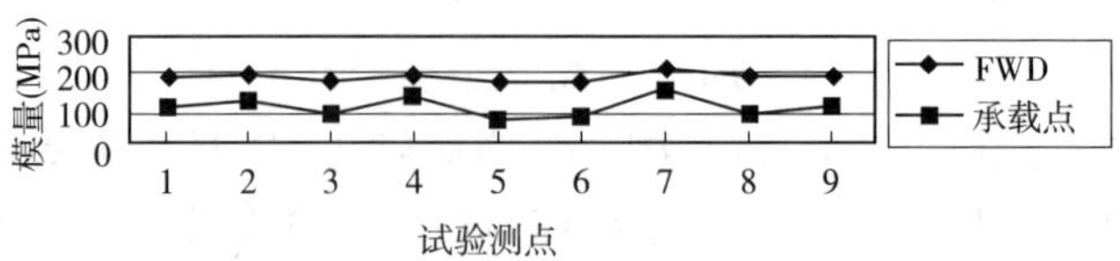

图 2-30　FWD 与承载板路基模量对比

3)路基模量的动态特性分析

为了验证路基工作区及“刚性层”路基的反算有效厚度对路基动态模量的影响,先假设不同刚性层“厚度”，分别对路基模量进行反算，如图2-31所示。

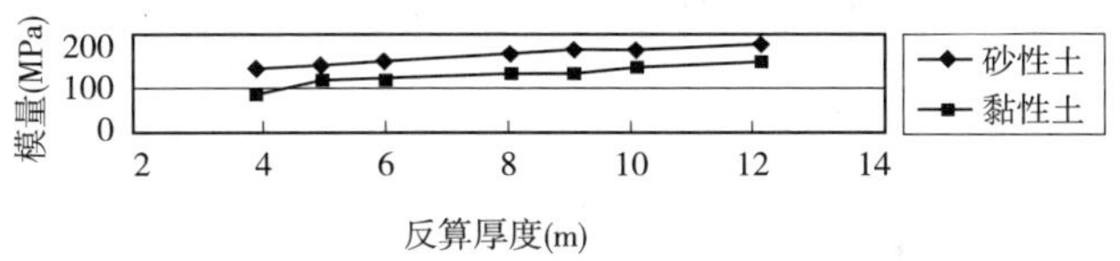

图2-31 反算厚度对路基模量变化的影响

以上的刚性层深度实质上是路基承载土体作用力的有效深度，因为在一定深度下，其刚度较高，对表面弯沉基本无贡献。随着反算深度的减小，路基的动态模量在减少，在一定深度内逐渐趋向稳定，且砂性土减小的速度比黏性土大。这是因为在一定深度以下，路基几乎不受外部荷载的影响，其原因和路基工作区雷同。为了进一步证明随着反算深度加大，动态模量增加这一现象，以下通过对路基在不断的分层压筑过程中所测得的弯沉盆分别进行模量反算，对从填筑过程中反算的路基模量进行分析。

图2-32为在某一固定反算深度条件下路基的动态模量随压实时间的变化图。从图2-32可以看出，路基模量随着施工进展在增大，在某一厚度以上趋向于稳定。从力学分析的角度来看，土是应力敏感性材料，随着铺筑厚度的增加，在路表荷载不变的情况下，随着压实厚度的加大，土体强度增高，模量将相应增加。同时，这从另一个角度验证了随着反算厚度增大，路基模量增大的现实。

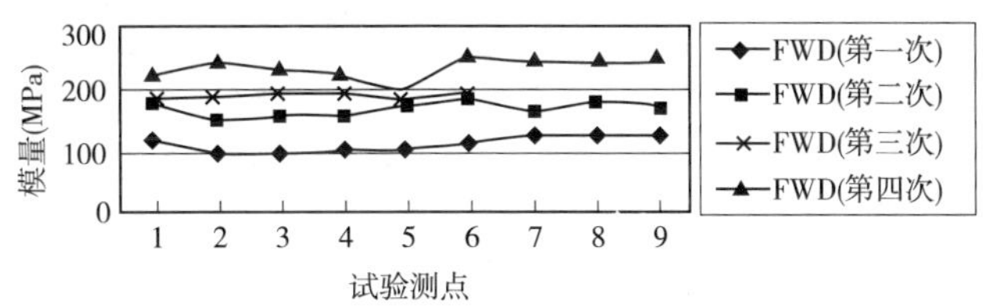

图2-32 路基模量随压实进度(厚度)变化

4)结论

基于FWD在路基施工检测及相关的对比研究试验，可得出如下结论。

(1)FWD用于路基施工检测相对于BB来说，具有快速、稳定、高效的特点。在不同土质的路基上的FWD弯沉检测数据和BB弯沉检测数据存在着良好的相关性，可建立FWD对路基检测的控制指标和标准。

(2)通过FWD路基检测中的弯沉盆数据，可以较稳定地反算路基的动态模量，作为非线性体路基，其动态模量和静态模量之间存在着良好的相关性，且随着刚性层的深度变化而变化，在一定的深度内趋向稳定[68]。

2.5.3 加铺改造前的应用

1)工程概况

某城市道路为东西主干道，经过多年的使用，出现了不同程度的破坏，为了满足交通需求，决定对该路段进行路面大修改造。

根据钻芯结果,水泥路面面层厚度约为24cm;基层为四合土,厚度约为20cm。沥青混凝土路面厚度约为10cm,基层为四合土,厚度约为30cm。

2)检测技术方案及主要内容

(1)检测目的

①评定本路段水泥混凝土路面板底脱空状况;

②评定本路段水泥混凝土路面接缝传荷能力;

③评定本路段水泥混凝土路面和沥青路面整体强度。

(2)检测评价依据

①《公路技术状况评定标准》(JTG H20—2007);

②《公路路基路面现场测试规程》(JTG E60—2008);

③《公路水泥混凝土路面养护技术规范》(JTJ 073.1—2001)。

(3)检测仪器

本次弯沉检测设备为Dynatest 8000型落锤式弯沉仪,该设备是目前国际上使用广泛,性能较先进,系统稳定性非常可靠的型号。仪器外观如图2-33所示。

图2-33 测试使用的Dynatest 8000型落锤式弯沉仪(为减少交通干扰夜晚检测)

系统配备9个传感器,各传感器距荷载中心的距离见表2-30。测时一般采用标准荷载为50kN,与我国路面设计规范采用的100kN单轴双轮组一侧的荷载对应。基于本次检测目的,本次选择了50kN的荷载。

Dynatest 8000型FWD传感器布置 表2-30

传感器编号	D1	D2	D3	D4	D5	D6	D7	D8	D9
距荷载中心距离(mm)	0	203	305	457	610	914	1219	1524	1829

(4)主要检测技术及内容

①通过Dynatest 8000型落锤式弯沉仪逐板进行水泥混凝土路面板角测试,按40kN、50kN、60kN的额定荷载进行单点三级加载,各级一次,通过三级加载的中央弯沉数据评定水泥混凝土板底脱空状况。加载位置如图2-34所示[42,58]。

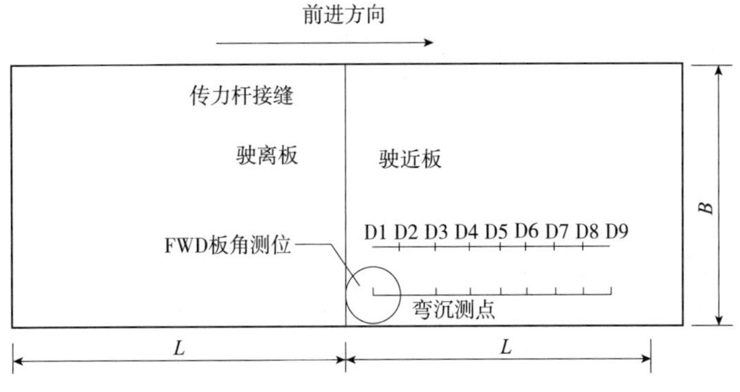

图 2-34　FWD 板角加载位置

②通过 Dynatest 8000 型落锤式弯沉仪对水泥混凝土路面按每 4 块板测试 1 块板的频率,按 50kN 的额定荷载进行单点单级三次加载,进行板边弯沉测试,通过加载得到的后两次的受荷板与非受荷板中央弯沉平均值,评定其传荷系数。加载位置如图 2-35 所示。

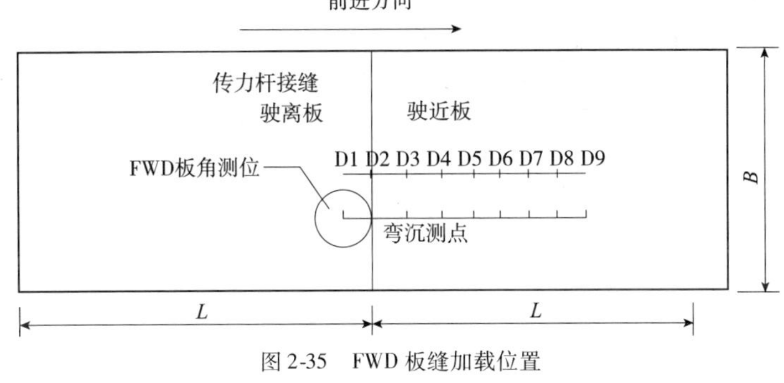

图 2-35　FWD 板缝加载位置

③通过 Dynatest 8000 型落锤式弯沉仪对水泥混凝土路面按每 4 块板测试 1 块板的频率,按 50kN 的额定荷载进行单点单级三次加载,进行板中弯沉测试,通过加载得到的后两次的弯沉盆数据,反算水泥混凝土路面弹性模量和基层顶面当量回弹模量。加载位置如图 2-36所示。

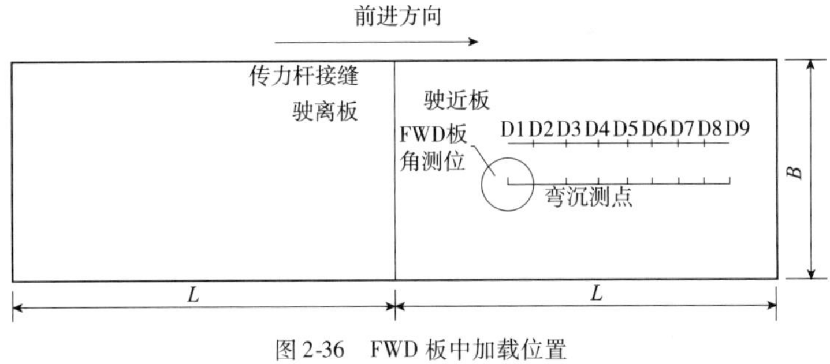

图 2-36　FWD 板中加载位置

④通过 Dynatest 8000 型落锤式弯沉仪对沥青混凝土路面按每 40m/板的频率,按 50kN 的额定荷载进行单点单级三次加载弯沉测试,通过加载得到的后两次的弯沉盆数据,反算沥青混凝土路面弹性模量和基层顶面当量回弹模量。

3)数据的处理与分析

(1)水泥混凝土路面板缝接缝传荷能力

板缝间的接缝传荷能力用板缝间的接缝传荷系数 k_j 来表征。

$$k_j = \frac{w_u}{w_l} \times 100(\%) \tag{2-80}$$

式中:k_j——接缝传荷系数;

w_u——未受荷板接缝边缘处的弯沉值,在此为第 3 传感器弯沉值;

w_l——受荷板接缝边缘处的弯沉值,在此为第 1 传感器弯沉值。

将检测的各路段接缝传荷能力进行统计,如表 2-31 所示。

某检测路段板缝 FWD 测试接缝传荷能力统计表 表 2-31

路段编号	检 测 位 置	检测点数	接缝传荷系数平均值(%)
1	韶山路至车站南路	136	87
2	浏城桥高架桥东至韶山路	42	88
3	浏城桥高架桥西至省人民医院	39	78

部分弯沉检测传荷系数检测数值见表 2-32。

检测路段部分传荷系数检测数据 表 2-32

路段	板号	荷载(kN)	各传感器弯沉值(0.01mm)							传荷系数
			D1	D2	D3	D4	D5	D6	D7	
车站路—韶山路	1	49.93	20.97	17.24	15.94	12.29	8.37	5.47	3.35	0.76
车站路—韶山路	5	50.07	13.22	12.46	11.88	8.08	7.91	5.18	2.90	0.90
车站路—韶山路	9	50.14	17.12	15.56	14.78	10.93	6.80	4.70	2.42	0.86
车站路—韶山路	13	50.32	17.86	16.32	15.74	8.15	6.29	4.14	3.16	0.88
车站路—韶山路	17	50.19	11.70	10.94	10.46	7.44	5.49	3.78	2.15	0.89
车站路—韶山路	21	49.91	14.34	11.39	10.49	7.94	6.27	4.59	2.85	0.73
车站路—韶山路	25	51.12	17.74	14.67	11.52	10.14	8.16	5.31	3.29	0.65
车站路—韶山路	29	51.03	13.01	12.18	11.80	6.95	6.17	4.25	2.70	0.91
车站路—韶山路	33	49.79	11.36	9.20	7.47	5.87	4.11	3.00	1.68	0.66
车站路—韶山路	37	49.55	14.79	12.88	12.00	10.08	6.27	4.86	2.63	0.81
车站路—韶山路	41	50.95	15.76	12.90	11.99	9.10	7.41	5.13	3.22	0.76

(2)水泥混凝土路面板底脱空评定

利用截距法对检测板块进行脱空评判,统计不同路段的脱空率,脱空率统计数据如表 2-33 所示。

某检测路段 FWD 试验检测判定脱空分析表 表 2-33

路段编号	检测位置	检测点数	判断为脱空点数	脱空率(%)
1	曙光路至车站南路板角	360	11	3
2	韶山路至曙光路板角	186	4	2
3	浏城桥高架桥东至韶山路板角	163	5	3
4	浏城桥高架桥西至省人民医院板角	151	57	37.7

表2-34是部分弯沉检测传荷系数检测数值，按40kN、50kN、60kN施加荷载，采用截距法判断脱空。

检测路段部分脱空检测数据 表2-34

路段	板号	荷载(kN)	弯沉(0.01mm)							截距	是否脱空
			D1	D2	D3	D4	D5	D6	D7		
朝阳路—韶山路	1	40.97	28.43	24.00	20.07	15.91	11.72	7.55	4.93	68.6	是
朝阳路—韶山路	1	48.44	35.06	29.02	26.50	20.63	14.93	9.38	6.30		
朝阳路—韶山路	1	61.23	45.81	34.72	31.75	24.67	17.86	10.99	7.14		
朝阳路—韶山路	2	39.87	25.40	21.87	19.18	13.88	9.31	6.03	3.50	60.9	是
朝阳路—韶山路	2	48.21	32.27	26.73	24.21	18.26	12.09	7.69	4.48		
朝阳路—韶山路	2	62.05	41.71	32.14	29.19	21.62	14.80	9.11	5.15		
朝阳路—韶山路	3	39.81	27.32	23.14	22.06	13.75	9.74	6.77	4.21	60.6	是
朝阳路—韶山路	3	51.06	34.49	28.83	26.00	18.13	12.67	8.16	5.22		
朝阳路—韶山路	3	61.41	45.05	34.46	30.88	21.53	15.64	9.57	6.12		
朝阳路—韶山路	4	39.19	23.62	20.98	18.05	12.19	9.94	6.87	3.78	68.5	是
朝阳路—韶山路	4	48.20	29.78	25.28	22.67	15.92	13.02	8.44	4.84		
朝阳路—韶山路	4	61.90	39.05	30.37	26.94	18.95	15.77	9.75	5.71		
朝阳路—韶山路	5	39.99	17.10	15.94	12.85	10.37	11.25	6.94	4.11	30.8	否
朝阳路—韶山路	5	48.56	19.21	17.28	15.09	14.26	13.88	8.81	5.06		
朝阳路—韶山路	5	61.50	26.67	23.00	16.25	14.89	12.95	10.36	5.78		
朝阳路—韶山路	6	40.25	17.00	15.35	13.93	9.61	6.48	4.57	2.38	37.9	否
朝阳路—韶山路	6	50.70	22.00	18.58	16.84	12.09	8.01	5.51	3.15		
朝阳路—韶山路	6	62.04	26.99	22.11	20.14	14.46	9.58	6.43	3.70		
朝阳路—韶山路	7	41.05	17.33	14.94	12.59	9.33	6.77	4.82	2.71	7.1	否
朝阳路—韶山路	7	49.04	22.32	18.38	16.27	11.16	8.75	5.77	3.35		
朝阳路—韶山路	7	60.95	26.82	22.58	19.32	13.28	10.67	6.74	3.94		
朝阳路—韶山路	8	40.24	21.72	18.98	15.41	12.38	9.06	6.25	4.57	83.5	是
朝阳路—韶山路	8	48.26	25.60	22.65	20.37	15.17	11.90	8.25	5.54		
朝阳路—韶山路	8	60.72	38.32	27.74	24.27	18.15	14.18	9.64	6.33		
朝阳路—韶山路	9	40.35	24.85	21.24	19.01	14.53	9.68	6.40	3.66	34.6	否
朝阳路—韶山路	9	51.38	32.56	26.40	23.31	18.09	11.84	7.82	4.62		
朝阳路—韶山路	9	60.82	39.20	31.45	28.04	21.66	14.50	9.34	5.39		

(3)水泥路面模量反算方法及结果

模量反算采用同伦方法编制的反算程序进行，从钻芯的情况来看，水泥混凝土路面面层厚度平均为24cm,将路面结构看作两层,计算面层和基层顶面当量回弹模量。具体计算统计结果如表2-35所示。

检测路段水泥混凝土路面板中FWD测试结果模量反算统计表　　表2-35

路段编号	检测位置	检测点数	面层反算回弹模量平均值(MPa)	基层顶面当量回弹模量平均值(MPa)
1	韶山路至车站南路	145	70 493.04	473.66
2	浏城桥高架桥东至韶山路	42	74 155.82	247.70
3	浏城桥高架桥西至省人民医院	40	37 924.63	235.87

(4)沥青路面模量反算方法及结果

沥青路面同样采用上述反算软件进行计算,求得的统计结果如表2-36所示。

检测路段沥青路面模量反算统计结果　　表2-36

路段编号	检测位置	检测点数	面层反算回弹模量平均值(MPa)	基层顶面当量回弹模量平均值(MPa)
1	解放东路沥青路面	65	3 445.36	223.48
2	解放中路沥青路面	22	4 167.75	273.49
3	解放西路沥青路面	62	6 502.79	462.95
4	浏城桥高架桥西	29	4 023.61	282.41
5	浏城桥高架桥东	16	3 485.45	246.35

第3章 沥青路面车辙检测技术

3.1 概述

辙槽是沥青路面特有的一种损坏现象。辙槽常常产生在车轮碾压很频繁的两条带上（简称轮迹带）。辙槽是在与时间有关的荷载因素和气候因素共同作用下，轮迹带逐渐产生下洼形变并形成两条纵向的槽。在较严重的情况时，辙槽的两侧一般都有鼓起形变[70-73]。城市道路公共车辆的停靠站附近和十字交叉路口（特别车辆经常制动停住和起动的地方）附近，很容易产生严重的辙槽[74]，槽的深度可达数十毫米以上。一个行车道上会有两条严重的辙槽，如图3-1所示。

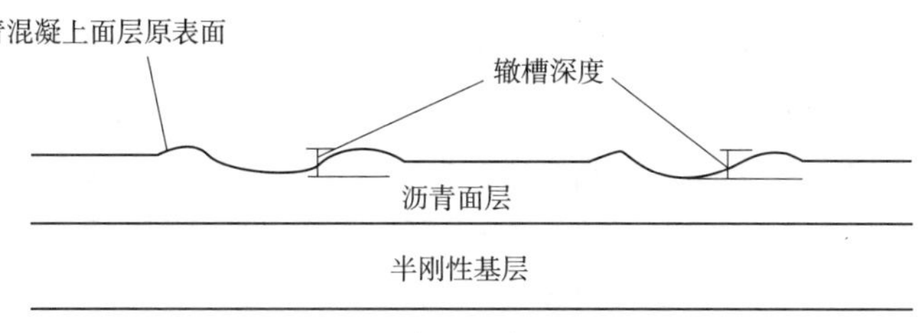

图3-1 辙槽示意图

辙槽的深度（RD）常以轮迹带外侧凸起部分的峰顶到槽的谷底的距离表示。一般典型的辙槽是车轮迹带内均匀地下陷，它对纵向平整度没有明显影响，对现有服务性能指数 *PSI*（美国采用的评价指标）的影响也不大，如13mm深的辙槽，其使 *PSI* 降低0.35，但当车轮稍偏离辙槽时可能会引起行车晃动或不舒适，辙槽最主要还是影响行车的安全性。从行车安全考虑，一个重要因素是表面水的横向排除问题。只要辙槽的深度不足以在轮迹带内积水或形成水沟，通常对安全性能的影响不是一个很大问题。但当水积存在轮迹带内（参见图3-2），快速行驶的车辆就可能发生水漂。特别是在寒冷季节，水可能结成冰，形成一个很滑的不利条件。因此，确定辙槽深度是否足以积水的控制因素是路面横坡[71-72]。

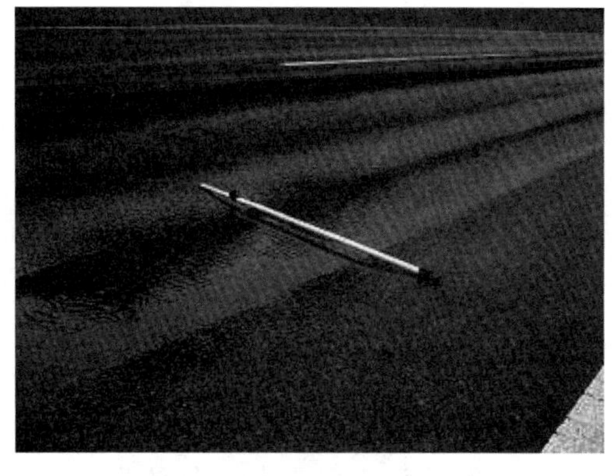

图3-2 行车道轮迹带积水照片

美国AASHTO（1989年）及以后的学者将辙槽分成四种主要类型。

（1）力学形变

力学形变可能由于结构设计不合适或由于土基弱或沥青混凝土层下卧层弱，或两者都有,这类辙槽通常伴有裂缝,使轮迹带不仅产生下洼形变,而且容易形成纵向的槽。

(2)沥青混凝土面层固结产生的辙槽

这往往由于铺筑过程中压实不到位引起,也可能由于混合料设计不好引起。开放交通后,轮迹带下的面层受到继续压实,产生压密形变。

(3)剪切形变(塑性流动产生的辙槽)

由于在荷载面的中心产生下洼形变,材料从荷载下压挤向辙槽两侧并向上鼓起。

(4)面层表面受到带钉轮胎和带链轮胎磨耗形成辙槽[72,74]

美国联邦公路局1979年曾按辙槽严重程度,将其分成四个等级:

①水滑现象(5.0~6.5mm);

②轻辙槽(6.5~13.0mm);

③中等辙槽(13.0~25.0mm);

④严重辙槽(>25.0mm)。

有的研究工作者认为辙槽深度小于10mm对结构强度没有明显影响。对于良好的行驶质量,辙槽的坡度(辙槽深度与1/2辙槽宽度之比)不应超过2%。据介绍,在日本累计量超过300万辆的道路上,$RD>10$mm的占50%以上,需要进行维修处理的沥青路面,80%以上是由于辙槽过深。

由于车辆渠道化的行驶,重载车辆和轮胎压力的增加,我国高速公路的沥青路面基本上都产生了轻重不一的辙槽。我国高速公路上交通量其实并不大,除少数高速公路有较大的车流量外,其余大多数高速公路的实际交通量(混合车辆)仅10 000辆/天左右。一般开放交通3年左右的部分高速公路往往会随机地在其中某一路段产生较明显的辙槽,特别是在山区高速公路纵坡较大(>3%)的超重载车辆上坡路段,由于车辆上坡很费劲,车速很慢,车轮下产生相当大的水平力,且力的作用时间长,很容易产生比较严重的辙槽,*RD*局部甚至深达100mm。在纵坡小的平原高速公路上[71,75-76],一般不会产生上述那样严重的辙槽,但*RD*达20~40mm的辙槽并不罕见,往往这种辙槽的两侧并不常有明显的鼓起。

3.2 路面车辙检测指标

我国《公路沥青路面养护技术规范》(JTJ 073.2—2001)和2002年颁布的《高速公路养护质量检评方法》,都未将路面车辙列为一项独立的评价内容,仅仅将其视为众多路面病害形式的一类(变形类损坏),只是在计算路面损坏状况指数(*PCI*)时予以考虑,主要是由于我国当时缺少快速高效和经济适用的路面车辙检测设备,缺乏足够的调查数据和丰富经验来建立相关模型及标准。

近年来,由于交通量的迅速增长,车辆渠道化行驶以及重载、超载问题凸显,车辙已经成为我国高速公路沥青路面的一种主要损坏形式,车辙的出现会严重缩短路面的使用寿命,降低高速公路的服务质量,构成了较为严重的交通安全隐患[77-82]。车辙深度已成为沥青路面是否需要进行铣刨加铺的一项重要指标,原有路面车辙问题的处理方法显然不能满足现状的需要。因此,《公路技术状况评定标准》(JTG H20—2007)规定了高速公路和一级公路的路面车辙检测方法,将路面车辙深度(*RD*)作为独立的检测指标,据此计算路面车辙深度指数(*RDI*)[77-80]。其他等级公路,由于路面车辙问题并不突出,《公路技术状况评定标准》

(JTG H20—2007)建议继续沿用传统做法,在调查路面损坏状况时量取车辙长度,通过影响宽度(0.4m)换算成路面车辙的损坏面积。公路路基路面现场测试规程中提出车辙测定的基准测量宽度应符合下列规定:

(1)对高速公路及一级公路,以发生车辙的一个车道两侧标线宽度中点到中点的距离为基准测量宽度。

(2)对二级及二级以下公路,有车道区画线时,以发生车辙的一个车道两侧标线宽度中点到中点的距离为基准测量宽度;无车道区画线时,以形成车辙部位的一个设计车道宽作为基准测量宽度。

以一个评定路段为单位,用激光车辙仪连续检测时,测定断面间隔不大于10m。用其他方法非连续测定时,在车道上每隔50m作为一测定断面,用粉笔画上标记进行测定。根据需要也可在行车道上随机选取测定断面,在特殊需要的路段如交叉口前后可予加密[83-86]。

3.3 路面车辙检测设备

沥青路面车辙检测的目的是尽可能真实、全面地反映路面车辙病害情况,为公路管理部门提供重要的信息。

为了快速、安全和准确地获取路面车辙信息,公路技术状况评定指南在近半个世纪的发展过程中,国内外曾出现过多种路面车辙检测方法和检测设备(表3-1、表3-2)。根据检测方式的不同,大致可以划分成两种类型:人工检测设备和自动化检测设备。

国外几种车辙测定方法 表3-1

国　　家	仪器名称	方　　法	测定间隔
美国AASHTO(1987年)	1.2m直尺	直尺中最大垂直变形	7m
美国SHRP(LTPP)	车道全宽直尺自动测定车	直尺中最大垂直变形	30.5m
瑞典	自动测定车(激光)	测定横断面用直尺法(一车道宽度),决定最大垂直变形	5m
英国	自动测定车(HRM)	后轴中部一个激光器测定与路面的距离,将其与平地上的距离之差作为车辙	10m
美国(南达科他州)	SDDOT横断面仪	超声波测距仪在两侧轮中及后轴中央测三点与路面距离(h_1、h_2、h_3),车辙由$(h_1+h_3-h_2)/2$得到	15m
日本	横断面仪自动测定车直尺法、全宽拉线法(全宽)	测定横断面后决定最大垂直变形	20m

常用路面车辙检测设备 表3-2

类型	检测设备	检测内容与指标	检测方式	代表性设备
人工检测	直尺或量线	车辙深度	静态	1.2m/1.8m/2m 直尺
	AASHTO 车辙量规	车辙深度	静态	—
	水准仪和水准尺	横断面	静态	—
自动化检测	表面高程计	横断面	静态/动态	Face Dipstick
	手推式断面仪	横断面	动态	Walking Profiler
	横向轮廓仪	横断面	静态	TP
	图像摄影检测系统	横断面	动态	RoadRecon
	自动车辙仪	车辙深度/横断面	动态	3/5/7 传感器
	横断面扫描系统	横断面	动态	PPS 和 LRMS

注:各检测仪器使用方法见相关规范。

3.4 车辙深度计算及评价标准

3.4.1 影响辙槽深浅的主要因素

影响沥青路面辙槽深浅的主要因素:沥青路面结构和沥青混凝土本身的内在因素(简称内因),以及气候和交通量及交通组成等的外界因素(简称外因)。这些影响因素简要归纳在图3-3中。

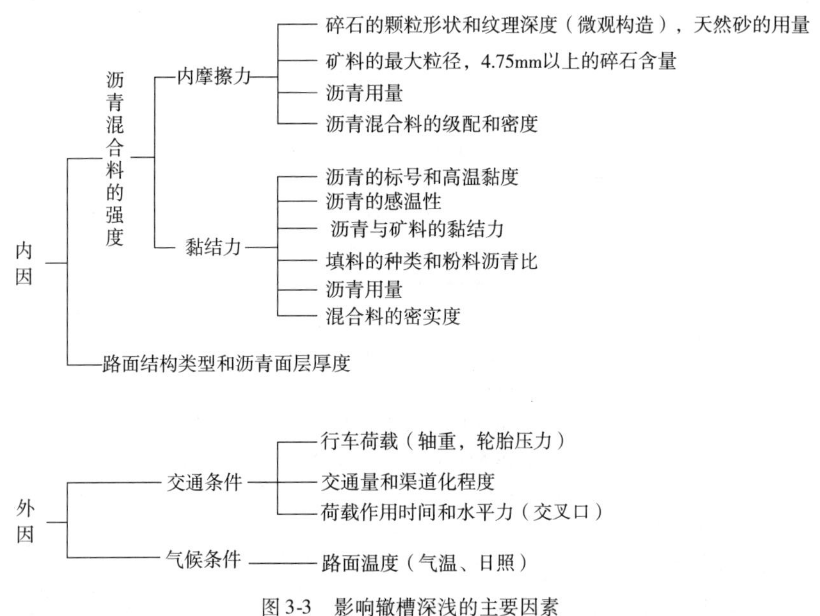

图3-3 影响辙槽深浅的主要因素

3.4.2 辙槽标准

辙槽深度 *RD* 值较小时,对行车的舒适性没有明显影响。*RD* 达到某一值后,雨天在槽内会积水,使水有较长时间透入面层。透入面层的水会使沥青混凝土强度下降,导致沥青剥落和沥青混凝土层下部强度大量损失,甚至松散。其结果是表面辙槽加快发展,槽内产生裂缝,槽内沥青混凝土产生剪切形变并向槽两侧鼓起,辙槽处沥青面层发生破坏。*RD* 达到积水的程度,不仅影响行车舒适,还影响行车安全。

一些国家对沥青面层的辙槽提出了较高的标准。例如,英国规定 *RD* 达 10mm 为路面的临界状态,需要采取措施恢复路面的使用性能;*RD* 达 20mm 为路面的破坏状态,必须采取措施恢复路面应有的使用性能。美国沥青协会的沥青路面设计方法中规定 *RD* 的临界值为 13mm。AASHTO(美国各州公路运输工作者协会)的路面设计指南中规定路面现有使用(服务)性能指数 *PSI* 的临界值为 2.5,与 *PSI* = 2.5 相应的 *RD* 平均为 15mm。国际壳牌石油公司的沥青路面设计手册中规定高速公路 *RD* 的临界值为 10mm,低速道路 *RD* 的临界值为 30mm。日本规定在沥青路面需要加铺上覆层恢复应有的使用性能时,*RD* 一般为 20mm。

3.4.3 路面车辙计算

大多数车辙检测设备并不是直接测量路面的最大车辙深度,而是首先确定横断面上一些离散点的现时高程或者连续的横断面形状,然后再根据一定的方法计算得到路面车辙的深度指标。

横断面扫描和摄影类车辙检测设备的测量范围大、采样密度高,可以获得比较完整的车道横断面信息;而对于自动车辙仪,若具备足够数量的位移传感器和合理的设计间距,也能够得到近似连续的路面横断面形状。基于连续的横断面形状,可以采用下面的两种方法计算路面车辙的深度指标。

(1)模拟直尺车辙深度(Straightedge Rut Depth):模拟人工直尺检测方法,利用虚构的直尺沿车道横断面曲线进行测量,直尺的长度可以根据实际情况自行定义。取直尺与路面表面之间的最大垂直距离作为相应轮迹处的车辙深度(图 3-4)。

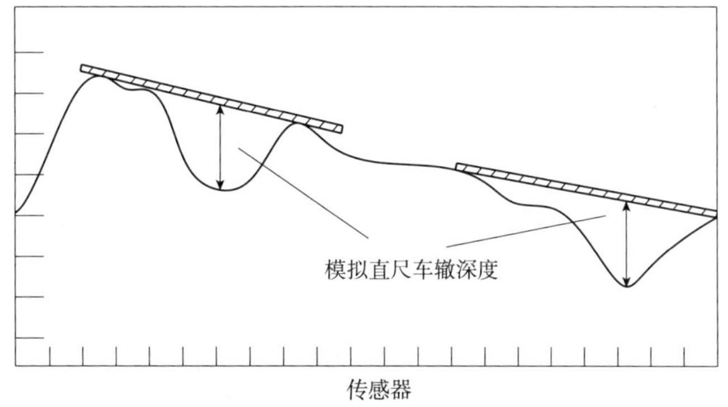

图 3-4 模拟直尺车辙深度计算方法

(2)包络线车辙深度(Wire Line Rut Depth):包络线车辙深度是两侧轮迹处横断面包络线与路面表面之间的最大垂直距离,如图 3-5 所示。横断面包络线的定义为:沿车道横断面

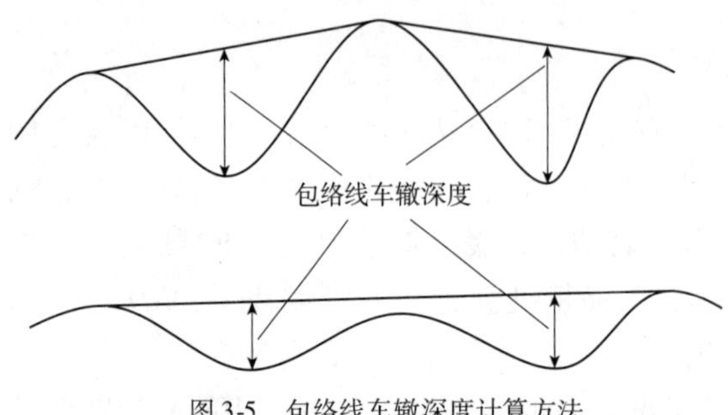

图 3-5 包络线车辙深度计算方法

逐点连接凸出的路面峰值点，并且连线在峰值点处的外转折角应该不小于 180°。直观的描述是，虚构一条横跨整个车道横断面（即包络线），拉线两端与横断面的端点重合，线落在路面最高点或凸出点上。

用包络线计算路面最大车辙深度的方法，可以用于人工检测，也可以用于自动化检测，是国外横断面分析和车辙深度计算的标准方法。

《公路技术状况评定标准》（JTG H20—2007）规定了高速公路和一级公路的路面车辙评价（*RDI*）的计算方法，见式（3-1）（图 3-6）：

$$RDI = \begin{cases} 100 - a_0 RD & ,RD \leqslant RD_a \\ 60 - a_1(RD - RD_a) & ,RD_a < RD \leqslant RD_b \\ 0 & ,RD > RD_b \end{cases} \tag{3-1}$$

式中：RD——车辙深度（Rutting Depth，mm）；

RD_a——车辙深度参数，采用 20mm；

RD_b——车辙深度限值，采用 35mm；

a_0——参数模型，采用 2.0；

a_1——参数模型，采用 4.0。

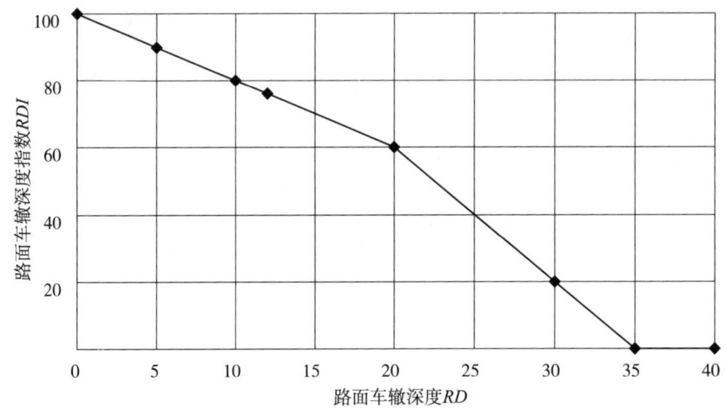

图 3-6 路面车辙评价模型

根据对我国部分省区市高速公路路面损坏类型的调查，裂缝在路面损坏中的比例经常超过 60%，其次就是路面车辙损坏，在某些公路上路面车辙损坏有时会高达 30% 以上[87]。为了应对高速公路及一级公路不断出现的路面车辙问题，《公路技术状况评定标准》（JTG H20—2007）将路面车辙列为独立的检测指标，路面车辙用路面车辙深度指数（*RDI*）评价。同时，在实施高速公路和一级公路沥青路面技术状况评定时（计算 *PCI*），路面车辙损坏不再重复计算[87]。路面车辙深度指数（*RDI*）与路面车辙深度（*RD*）的特征数据对应关系见表 3-3。

RDI 与 RD 对应关系 表 3-3

RDI	90	80	70	60	0
RD(mm)	5	10	15	20	35

对于人工检测车辙的计算按照下面三个步骤进行：

(1)根据断面线按图 3-7 的方法画出横断面图及顶面基准线，通常为其中之一种形式。

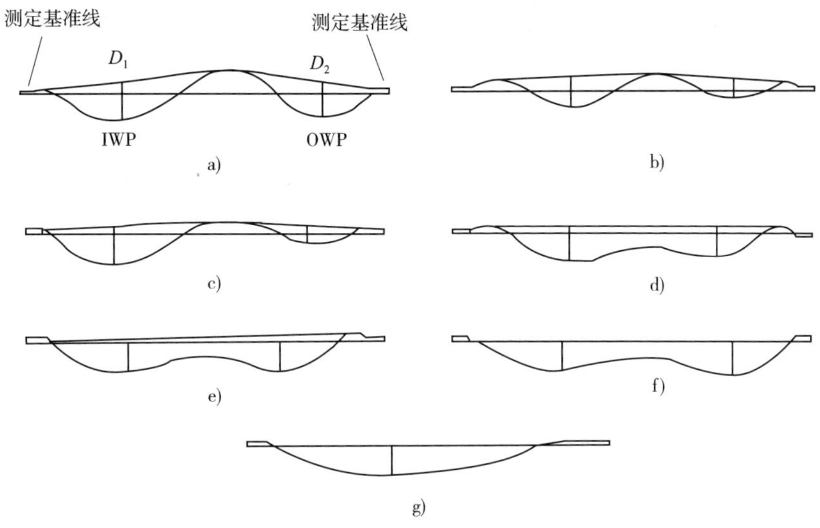

图 3-7 不同形状、不同程度的路面车辙示意图

注：IWP、OWP 表示内侧轮迹带及外侧轮迹带。此图的横断面图概括了不同形状及不同程度的车辙。由于造成车辙的原因不同(沥青混合料推挤流动、压密、路基压实、沉降)以及车轮横向分布的不同，车辙形状是不同的。

(2)在图上确定车辙深度 D_1 及 D_2，读至 1mm，以其中最大值作为断面的最大车辙深度。

(3)求取各测定断面最大车辙深度的平均值作为该评定路段的平均车辙深度。

沥青路面车辙检测的目的是尽可能真实、全面地反映路面病害状况，为公路管理部门提供可靠的信息。因此，对车辙的检测有如下的要求：

(1)检测宽度不小于一个行车道；

(2)感知车辙横断面形状；

(3)计算左右车辙最大值，并确定最大值的位置；

(4)给出车辙的纵向分布，甚至给出车辙的纵向长度；

(5)车辙检测信息与公路里程一一对应。

测试报告应记录下列事项：

(1)采用的测定方法；

(2)路段描述，包括里程桩号、路面结构及横断面、使用年限、交通情况等；

(3)各测定断面的横断面图；

(4)各测定断面的最大车辙深度表；

(5)各评定路段的最大车辙深度及平均车辙深度；

(6)根据测定目的应记录的其他事项或数据。

车辙检测的方法和手段不同,对其检测的要求也有所区别,车辙检测的时候还应该尽量降低对交通的影响,并考虑检测手段对检测条件、检测环境的要求。路面车辙检测宜采用快速检测设备,同时结合路面损坏和路面平整度一并检测。路面车辙检测设备必须定期标定,每年至少标定一次。根据断面数据计算路面车辙深度(RD),计算结果应以 10m 为单位,并长期保存[87]。

3.5 车载式路面激光车辙仪

激光车辙仪分为两类:

第一类为应用共梁多激光测距技术,直接测试路面横断面高程并计算路面车辙深度(R_U)的设备,主要由激光测距传感器、纵向距离传感器和计算机处理系统等部分组成,见图 3-8a)。

第二类为应用线激光和高速数字高分辨图像采集技术,通过对激光线的变形,计算路面车辙深度的设备,主要由线激光光源、高速数字高分辨图像装置、纵向距离传感器和计算机数字图像处理系统等部分组成,见图 3-8b)。

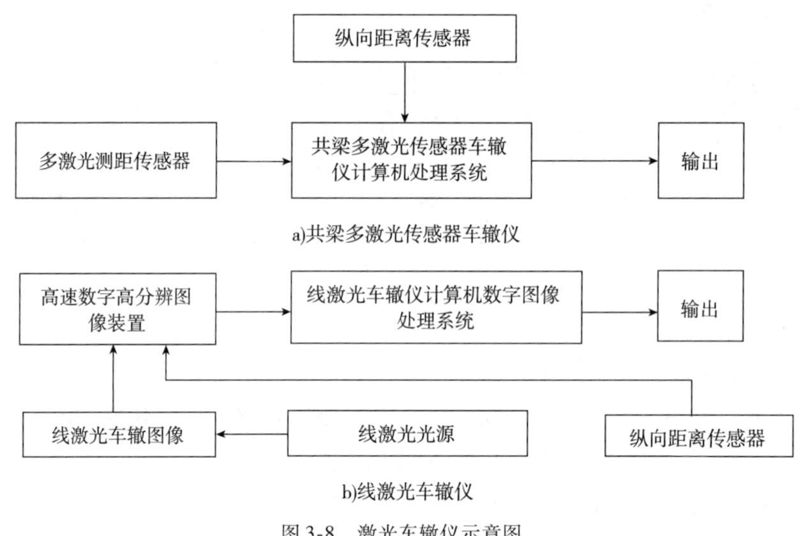

图 3-8 激光车辙仪示意图

3.5.1 多激光头检测设备

1)工作原理

多传感器车辙检测原理见图 3-9。在一刚性梁上均匀安装 n 个激光位移传感器,各传感器之间间距为 d_0,设在检测标准平面(车辙为 0)时,各传感器的输出为 h_{i0}($\mathrm{i}=1,2,3,\cdots,n$),用矩阵 $\mathbf{Z}_n$ 表示,即 $\mathbf{Z}_n=[h_{10}\ \ h_{20}\ \ h_{30}\ \ \cdots\ \ h_{n0}]$[88-89]。

在某一时刻,当检测到断面 j 时,各传感器的输出为 h_{ij}($i=1,2,3,\cdots,n$),用矩阵 $\mathbf{Z}_j$ 表示,即 $\mathbf{Z}_j=[h_{1j}\ \ h_{2j}\ \ h_{3j}\ \ \cdots h_{nj}]$[88-89]。

该横断面上 n 个采样点相对于基准平面的高差可表示为以上 2 个矩阵的差 $\mathbf{Z}_j-\mathbf{Z}_0$。

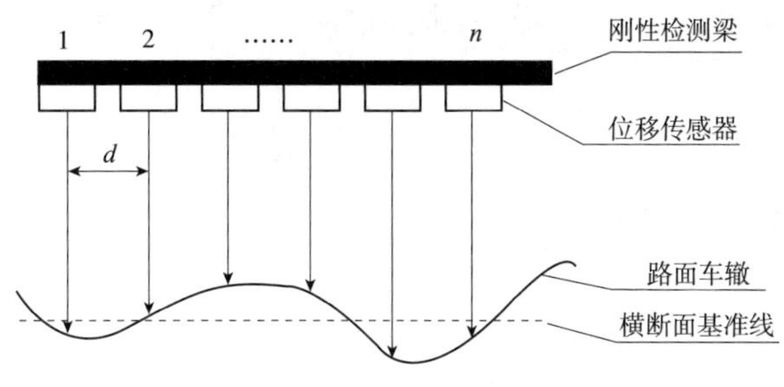

图 3-9　多路传感器车辙检测原理

在刚性检测梁平行于横断面基准线时，该断面最大车辙 $Z_{j\max}$ 可近似表示为矩阵 $\mathbf{Z}_j-\mathbf{Z}_0$ 的最大值 $\max(\mathbf{Z}_j-\mathbf{Z}_0)$ 和最小值 $\min(\mathbf{Z}_j-\mathbf{Z}_0)$ 的差[88-89]，即

$$Z_{jmax} \approx max(\mathbf{Z}_j-\mathbf{Z}_0)-min(\mathbf{Z}_j-\mathbf{Z}_0) \tag{3-2}$$

当横梁发生倾斜时，应先对 $\mathbf{Z}_j-\mathbf{Z}_0$ 进行线性变换，再计算最大车辙。

2）多传感器车辙检测误差

实际横断面的相对高差可表示为路面宽度 x 的函数 $f(x)$，设断面在 $x=x_1$ 处有最大值，在 $x=x_2$ 有最小值，则断面最大车辙 $Z_{j\max}$ 可定义为该断面的最大值和最小值之差，即

$$Z_{j\max}=f(x_1)-f(x_2)\quad ,0\leqslant x\leqslant 3\ 750\text{mm} \tag{3-3}$$

因此，测量过程中最大车辙测量误差可表示为式(3-3)和式(3-2)的差：

$$\Delta_{j\max}=[f(x_1)-\max(\mathbf{Z}_j-\mathbf{Z}_0)]-[f(x_2)-\min(\mathbf{Z}_j-\mathbf{Z}_0)](0\leqslant x\leqslant 3\ 750\text{mm}) \tag{3-4}$$

由式(3-4)可以看出，车辙测量误差由两部分组成，前一项是由于横断面采样最大值和实际最大值不相等造成的峰值误差，后一项是由于横断面采样最小值和实际最小值不相等造成谷值误差。因此，为了减少车辙测量误差，提高车辙检测精度，必须增加位移传感器的个数[88-89]。马荣贵等人研究得到不同传感器数目时的车辙最大误差，见表 3-4 和图 3-10。

不同传感器数目时的车辙最大误差　　表 3-4

传感器数(个)	5	9	13	17	21	25	29	33	37	41
车辙最大误差(%)	100.00	29.30	14.00	7.60	4.90	3.30	2.50	1.92	1.52	1.23

从图 3-10 可以看出，随着传感器数目的增加，车辙测量最大误差在 $n<21$ 时，减小较快；在 $n>33$ 后，衰减缓慢。一次一般准确度检测时，至少要选用 $n=21$，才能保证车辙的最大误差不超过 5%，在较高准确度检测时，选 $n=33$ 可保证车辙的最大误差不超过 2%。

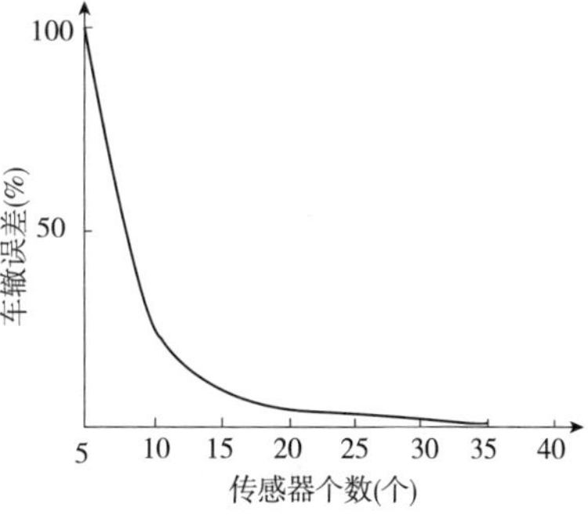

图 3-10　传感个数和车辙检测最大误差的关系曲线

3）参数的设置

用水准仪对一段圆弧形路面进行水准测量，水准测量结果见图 3-11。用激光路面车辙检测系统对同一断面进行测试，系统检测结果见图 3-12。

图 3-11a）为水准标定结果，b）为线形校正过的水准

结果。图 3-12a）为多路激光路面车辙检测系统的断面测试结果，b）为线性校正后的断面形状。

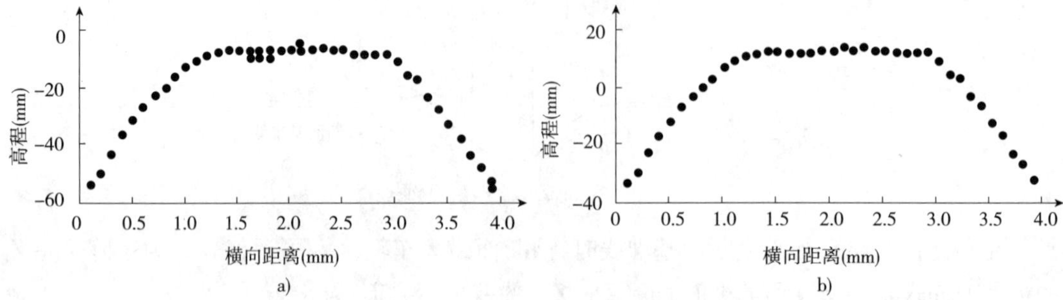

图 3-11　水准测量结果

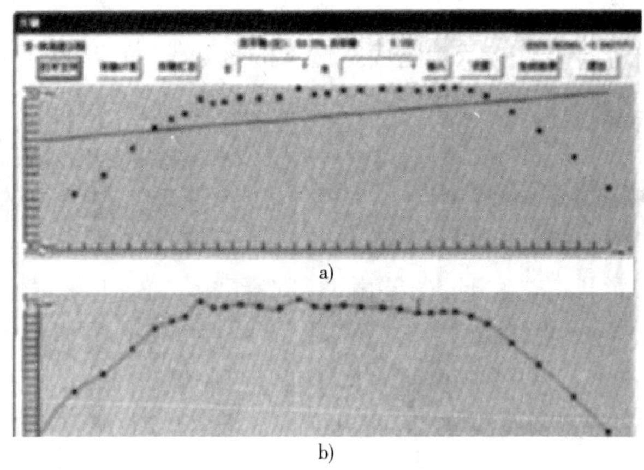

a)

b)

图 3-12　实验场检测曲线

3.5.2　线激光车辙仪

1）线激光车辙检测系统工作原理

线激光车辙检测系统采用线激光，将激光光束投射到被测路面，在表面上形成由被测路面形状所调制的光栅条纹三维图像。该三维条纹图像由处于另一位置的摄像机拍摄，从而获得光栅条纹的二维变形条纹图像。条纹的变形程度取决于光学投射器与摄像机之间的相对位置和路面形廓（高度）。当光学投射器与摄像机之间的相对位置一定时，由变形的条纹图像通过图像处理提取光条中心线，即可获得车辙深度曲线。

图 3-13 描述了线激光车辙检测系统检测的主要原理，当路面平坦没有突起和凹陷时，激光光源 a 在地面的投影点为 d。若地面产生突起和凹陷，则激光的实际投影点为 b，假设 b 到地面平面的垂直投影为 c，由于激光的照射角度是一定的，通过测量得到 c 和 d 的距离后就可以计算出路面突起或凹陷的程度 bc，分析一系列投影点的相互关系就可以确定该处车辙的情况。

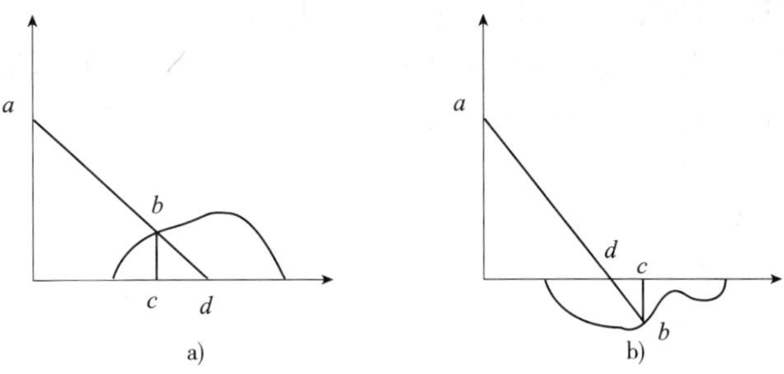

图 3-13 线激光车辙检测系统检测原理

2)路面车辙检测系统

线激光车辙仪主要由线激光光源、高速数字高分辨图像装置、纵向距离传感器和计算机数字图像处理系统等部分组成。车辙检测系统主要包括:路面图像数据采集子系统、图像数据处理系统、车辙计算系统和报表子系统等[90-91]。

路面车辙检测系统工作流程图见图 3-14。

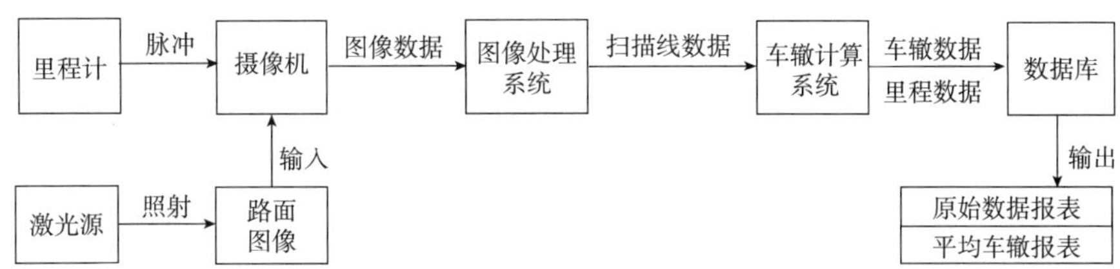

图 3-14 路面车辙检测系统工作流程图

由于白天日光的干扰严重影响检测精度,数据采集必须在夜间进行[87]。

3)参数的设置与标定

在每次进行测试之前,需要对测试设备进行标定。在平坦的直路上用皮尺量测 100m,然后指挥驾驶员从起点到终点行进,通过对比实际距离与电脑里程计的数据进行校正。目前,在高速公路,由于种种原因导致其里程桩号与实际情况不相符合,这样在检测车上的所测里程与里程桩号存在不同。所以在实际处理中,将误差平均分配到每公里中去,通过试验发现这样处理所产生的误差为 0.1% ,是可以接受的[92]。

但是,通过试验发现个别路段数据异常,通过人工量测发现主要原因在于有些路段由于路面的划痕、坑槽没有进行修补,当激光发射到该处时也将其高差作为车辙处理,这就与车辙的定义不相符。因此在实际检测中,对于一些异常数据应该结合路况图像和现场情况查明原因[92]。

3.6 测试数据的分析与修正

不同检测方法的数据处理:人工检测方法仅局限于对典型断面的检测,一般以百米点的数据作为下 100m 的车辙代表值。采样点的选取随意性较大,容易受主观因素影响,不能准确反映这个路段内车辙的具体情况。新型车载检测设备的采样间隔一般为厘米级,采集的数据量很大。如果仅仅选取某一个点的数据作为路段的车辙代表值,这样既不能有效地利用先进的仪器,也不能反映路面车辙的整体情况。这些新型仪器输出的车辙数据多数是设定处理间隔内的平均值,处理间隔一般选择 10m 或者 20m,从而排除路面壅包、坑槽等病害引起的误差,这样能够较好地反映所测路面车辙的整体情况,为路面养护提供更为客观的数据依据[93]。

车辙数据处理程序主要包括四个主要部分:

(1)计算各路传感器的位移值;

(2)对车辙数据进行线性校正;

(3)绘制横断面曲线并给出最大车辙值;

(4)依据前后数据计算出车辙长度和宽度[89]。

3.7 工程实例

根据《公路技术状况评定标准》(JTG H20—2007)的要求,高速公路一级公路路面车辙应按一年一次的频率进行检测。

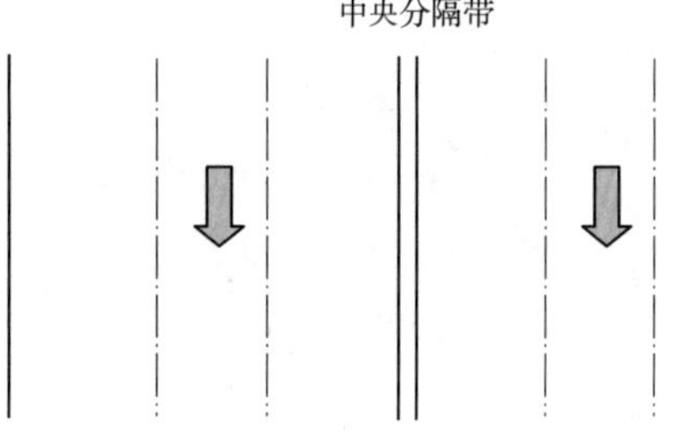

图 3-15 现场车辙检测示意图

采用 JG-1 型激光三维车辙子系统对某高速公路沥青路面进行检测,对车辙原始图像数据进行自动分析处理,并按照《公路技术状况评定标准》(JTG H20—2007)的严格规定,给出车辙 10m 长度报表,根据车辙的检测结果,可以得到各车道的平均车辙深度报表。

本次检测路段只对行车道进行检测。现场检测示意图见图 3-15。

检测结果统计汇总如表 3-5 所示。

某高速公路各车道平均车辙深度统计表 表 3-5

车道	右幅行车道	右幅超车道	左幅行车道	左幅超车道
平均车辙深度	12.67	8.88	14.01	8.19
评定等级	中	良	中	良

根据车辙的检测结果,统计各车道不同车辙深度的车辙长度如表 3-6 所示。

某高速公路各车道不同车辙深度的路段长度统计表 表 3-6

评价等级	右行		右超		左行		左超	
	长度(km)	比例(%)	长度(km)	比例(%)	长度(km)	比例(%)	长度(km)	比例(%)
优	0	0.0%	0	0.0%	0	0.0%	0	0
良	21	11.5%	162	88.5%	5	2.7%	168	91.8%
中	134	73.2%	21	11.5%	122	66.7%	15	8.2%
次	26	14.2%	0	0.0%	55	30.1%	0	0.0%
差	2	1.1%	0	0.0%	1	0.5%	0	0.0%

由上述数据报表可以对检测路段的车辙状况进行细致分析，找出车辙严重路段，并给出维修建议。图3-16是该高速公路四车道公里平均车辙深度分布图。

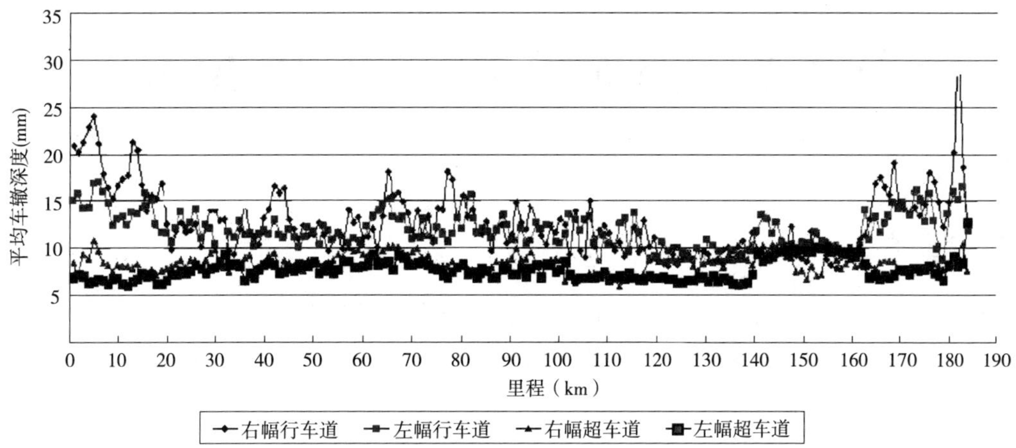

图3-16 某高速公路公里平均车辙深度随桩号的变化曲线图

第4章 路面破损状况检测技术

4.1 概述

近几十年来公路特别是高速公路在世界各国得到迅速发展,有力地促进了国民经济的发展。随着高速公路的建成和通车,由于交通荷载和环境因素的共同作用,路面将不可避免地出现各种损坏,严重影响路面使用性能和行车安全,因此需定期对路面破损状况进行调查,以便采取相应的养护对策。对于路面病害若能在病害发展的初期就发现并及时处治,将大大减少养护维修费用。如何在不影响交通的情况下,对路面破损状况进行检测与评价是高速公路路况检测的一大难题。传统的人工调查的方法已经不能适应高速公路发展的需要,其主要问题有:

(1)效率低下,不能满足高速公路及时处治病害的要求;

(2)危险性大,调查人员需在高速公路上行走,存在较大安全隐患;

(3)主观性大,人工调查对各种路面病害的数量、严重程度采用目测估计,准确性差。

由于人工路况调查的种种局限性,众多海内外研究学者在路面破损自动采集分析领域,尤其是利用摄影或摄像,结合传感器处理技术、模式识别,以及后期图像处理开发,对路面破损自动采集分析系统的相关领域都做了相当深入的研究。路面图像处理流程如图4-1所示[94-95]。《公路技术状况评定标准》(JTG H20—2007)规定:路面损坏自动化检测设备应该能够分辨1mm以上的路面裂缝,检测结果宜采用计算机自动识别,识别准确率应达到90%以上[87]。

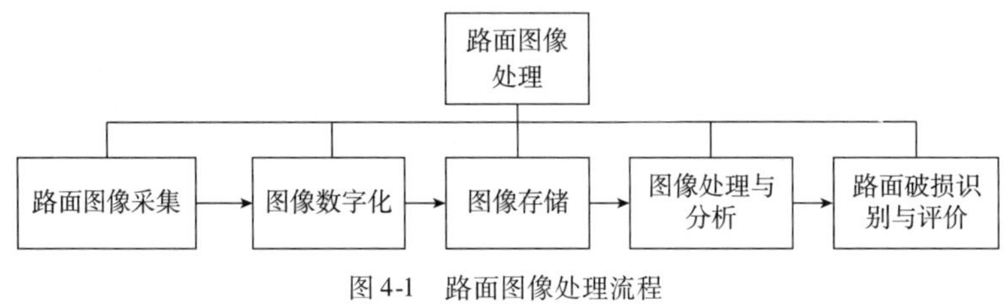

图4-1 路面图像处理流程

4.2 路面破损指标检测及评价标准

4.2.1 路面破损状况评价指标

《公路技术状况评定标准》(JTG H20—2007)中规定沥青、水泥路面破损状况以路面状况指数 PCI 来评价。路面状况指数 PCI 按式(4-1)、式(4-2)计算。

$$PCI = 100 - \alpha_0 DR^{\alpha_1} \tag{4-1}$$

$$DR = 100\frac{\sum_{i=1}^{i_0} W_i A_i}{A} \tag{4-2}$$

式中：DR——路面破损率，为路面各种破损的折合损坏面积之和与调查路面面积之百分比(%)；

A_i——第 i 类破损(分严重程度)的调查面积(m^2)；

A——调查的路面面积(调查路段长度与有效路面宽度之积)(m^2)；

W_i——第 i 类破损(分严重程度)的权重；

α_0——标定系数，沥青路面采用15.00，水泥混凝土路面采用10.66；

α_1——标定系数，沥青路面采用0.412，水泥混凝土路面采用0.461。

对于路面破损状况的评定，《公路技术状况评定标准》(JTG H20—2007)中规定，高速公路路面破损状况分为5个等级，各个等级的评价标准如表4-1所示。

路面破损状况标准 表4-1

评定等级	优	良	中	次	差
破损指数 *PCI*	≥90	≥80~<90	≥70~<80	≥60~<70	<60

4.2.2 路面损坏类型及程度划分

1)沥青路面损坏类型及程度划分

根据《公路技术状况评定标准》(JTG H20—2007)沥青路面损坏分11类21项，具体情况见表4-2以及《公路技术状况评定标准》(JTG H20—2007)。

沥青混凝土路面破损类型和换算系数[87,95] 表4-2

序号	损坏名称	损坏程度	权重 w_i	单位
1	龟裂	轻	0.6	面积 m^2
2		中	0.8	
3		重	1	
4	块状裂缝	轻	0.6	面积 m^2
5		重	0.8	
6	纵向裂缝	轻	0.6	长度 m(影响宽度：0.2m)
7		重	1	
8	横向裂缝	轻	0.6	长度 m(影响宽度：0.2m)
9		重	1	
10	坑槽	轻	0.8	面积 m^2
11		重	1	
12	松散	轻	0.6	面积 m^2
13		重	1	
14	沉陷	轻	0.6	面积 m^2
15		重	1	

续上表

序号	损坏名称	损坏程度	权重 w_i	单位
16	车辙	轻	0.6	长度 m（影响宽度:0.2m）
17		重	1	
18	波浪壅包	轻	0.6	面积 m^2
19		重	1	
20	泛油		0.2	面积 m^2
21	修补		0.1	面积 m^2

注：横向裂缝、纵向裂缝和车辙的检测单位为米（m）。

2）水泥路面损坏类型及程度划分

根据《公路技术状况评定标准》（JTG H20—2007）水泥路面损坏分 11 类 20 项，具体见表 4-3 以及《公路技术状况评定标准》（JTG H20—2007）。

水泥混凝土路面破损类型和换算系数　　表 4-3

序号	类型	程度	权重 w_i	单位
1	破碎板	轻	0.8	面积 m^2
2		重	1.0	
3	裂　缝	轻	0.6	长度 m（影响宽度:1m）
4		中	0.8	
5		重	1.0	
6	板角断裂	轻	0.6	面积 m^2
7		中	0.8	
8		重	1.0	
9	错　台	轻	0.6	长度 m（影响宽度:1m）
10		重	1.0	
11	唧　泥		1	长度 m（影响宽度:1m）
12	边角剥落	轻	0.6	长度 m（影响宽度:1m）
13		中	0.8	
14		重	1.0	
15	接缝料破损	轻	0.4	长度 m（影响宽度:1m）
16		重	0.6	
17	坑　洞		1	面积 m^2
18	拱　起		0.8	面积 m^2
19	露骨		0.3	面积 m^2
20	修补		0.1	面积 m^2

4.3 现有主要路面破损快速检测仪器

随着路面检测仪器的发展,很多国家都开发了先进的路面图像检测系统,比如美国的UniAMS系统,韩国的PMS-ARIS系统,澳大利亚的WiseCrax系统,英国的HARRIS系统,以及南京理工大学与几个单位一起联合研发的N-1型路面状况智能检测车等。这些系统虽然所测得的参数对象基本相同,但是工作原理却不尽一致,UniAMS系统采用包括了自动分析和人工辅助分析两个部分共同工作来完成,PMS-ARIS系统主要采用对图像预处理,WiseCrax系统采用自动、交互和完全手工三种工作模式协同工作等。

通过分析和比较国内外相关产品的工作原理以及最终达到的效果,不难发现:采用计算机自动检测算法来对破损进行计量仍然处于一种从属地位,有的系统更是没有这项功能,大量的破损检测工作依然还是需要人工直接对路面检测来实现。路面破损检测是路况检测中主要的任务,并且同时是费时间最多并受主观影响最大的部分,对路面破损实现快速自动化检测可极大提高养护工作者的工作效率[94-103]。但目前路面破损自动检测设备仍存在种种不足,如:数据量大,处理效率较低;图像识别精度以及抵抗干扰能力有待进一步提高;精度更高的图像识别方法需进一步研发与完善等。国内外主要成果如表4-4所示。

国内外主要路面破损快速检测仪 表4-4

系统名称	研　制　单　位
Komatsu	日本
PCES	美国 Earth
WKEYE 2000	澳大利亚 ARRB
PAS1	美国 PAVEDEX
CREHOS	瑞士联邦技术研究所
RAV	英国 WDM Inc.
公路表面破损自动采集装置	江苏省交通科学研究院
沥青路面损坏检测仪	西安应用光学研究所
WiseCrax	加拿大 RoadWare
WayLink	美国阿肯色大学土木工程系
UniAMS	美国 Sumsung SDS
PMS-ARIS	韩国 Visionnet Inc.
RoadCrack	澳大利亚 NSW 公路交通局与 CRISO
PAVUE	瑞典道路交通研究所和瑞典皇家技术学院
SINC-RTM 车载智能路面自动检测系统	武汉大学空间信息与网络通信技术研发中心
WiseCrax	澳大利亚 Roadware Group Inc.

续上表

系统名称	研　制　单　位
JG-1 型路面破损智能检测车	南京理工大学科技园比奇科技有限公司、美国密歇根州立大学
HARRIS	英国 Transport Research Laboratory Ltd
N-1 型路面状况智能检测车	江苏省宁沪高速公路股份有限公司、南京理工大学、南京路达基础工程新技术研究所

下面详细介绍 JG-1 激光三维路面状况智能检测系统，该设备是目前国内应用较广泛，使用性能比较可靠的代表产品。

JG-1 型激光三维路面状况智能检测系统是由南京理工大学科技园比奇科技有限公司和美国密歇根州立大学联合研制的具有世界先进水平的全内置车载式路面多功能检测设备，它能快速、准确地检测出路面破损、车辙和平整度等多项指标。该套系统由路面破损状况检测系统（二维）、路面变形系统（三维）、路面车辙检测系统（三维）和路面平整度（三维）四大子系统构成。JG-1 型检测系统整车及内部环境如图 4-2 和图 4-3 所示。

图 4-2　JG-1 型激光三维路面状况智能检测系统外观图

图 4-3　JG-1 型激光三维路面智能检测系统内部操作台

4.3.1　基本构造

路面破损检测子系统属于基于数字摄像/照相技术的第三代多功能路面快速检测设备，分为图像采集和图像存储、处理两大块。系统由全内置式计算机及海量存储硬盘、二维 CCD 摄像机组成。

4.3.2　工作原理

系统与国际通行的基于 CCD 摄影的数值图像检测系统相同，即首先用二维 CCD 得到路面全程图像，拍摄录像全部存储于随机配备的大容量移动硬盘中；图像处理则采用人机对话分选出破损路面问题包（以充分利用人对复杂图像的辨别力，保证判读的正确性），计算机进行高速信息处理和数据统计以综合高效、准确完成对复杂路面破损的处理，并按交通运输部部颁规程给出 PCI 报表所需的破损面积，从而给出 PCI 报表。检测速度为 0 ~ 120km/h，检测精度 1mm,检测宽度 4m。国内外的裂缝与表面污染类破损的检测与处理方法基本相同,即常用的二维 CCD 数值摄像与一维 CCD 线扫描数值图像技术。虽然人们都力图实现全智能化自动处理,但由于目前计算机的复杂图像处理水平仍较低,易产生严重的误判,因此仍采用人机对话判读和计算机高速处理与统计相结合的方式。即使新近推出的一维线 CCD 扫描数值图像技术(如计算机用激光扫描图像采集仪),能直接得到全数值图像,有利于智能数值处理,但仍存在复杂图像(如黑白裂纹、水迹、油迹线的严重判别困难)而产生的误判,仍需对复杂图像重构为普通图像后再作人机对话判读以保证正确性。

4.3.3 技术特点

1)路面破损检测系统

(1)系统从检测起始点开始,按一幅路况图像长 × 宽 = 2.5m × 4m 连续采集路面破损状况数据[94-95],所有的图片按序号顺序相连,可完整、真实地再现被检测的实际路况(图 4-4),这是其他检测设备只提取并保存图像特征值难以实现的。

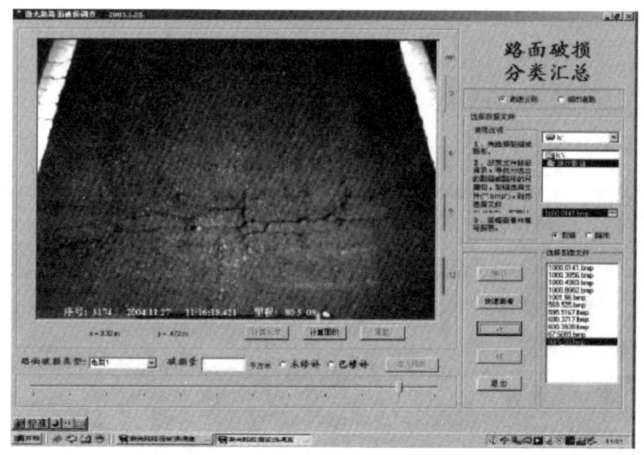

图 4-4 JG-1 型激光三维路面状况智能检测系统图像采集数据流

(2)由于上述所有的图像是连续的、完整地再现了实际路况,所以不存在其他检测设备图像所在桩号与实际里程桩号出现偏差的弊端。

(3)其他检测设备由于只能提取图像的特征值,因此,破损自动识别软件对于破损类型,特别是破损严重程度方面的识别精确度通常不到 50%,而 JG-1 型激光三维路面状况智能检测系统是通过自动图像识别系统对所采集的实际路况真实图像进行自动识别,其综合精确度可达到 90% 以上,大大高于其他检测设备。对于难以识别的“模糊”图像(比如车辆滴水、油污、紧急制动出现的轮胎黑印等),由于有真实图片还可通过人工研判,这是其他系统难以实现的功能。

(4)与人工调查相比,JG-1 型激光三维路面状况智能检测系统不仅检测效率高,而且与人工调查相比,大大提高了交通安全性。更重要的是 JG-1 型激光三维路面状况智能检测系统对破损程度的判断是通过计算机自动识别的,标准统一,不存在系统误差,而通过人工调查,不同的人对同一破损的判断往往出现较大的差异,导致调查结果的多样化。

(5)其他检测设备只能按照部颁规范的要求,以 100m 为单位给出破损的统计数据,而对于具体哪一病害在什么具体位置,最终的报表不能给出,而JG-1型激光三维路面状况智能检测系统则能精确给出检测路段的全部病害流水表。

(6)该设备由于按长×宽=2.5m×4m的规格采集图像,不管是水泥混凝土路面还是沥青路面都可以按5m为单位统计出路面病害,这对于建立统一的路面管理数据库系统十分有利,可实现设备采集数据和数据库的数据接口统一,避免了其他检测系统采集的数据应用于数据库系统还需进行二次开发或数据预处理的麻烦[94-95]。

2)路面变形检测系统

(1)路面变形类破损,如沥青路面的沉陷、波浪、壅包、坑槽等,特别是水泥混凝土路面的错台,其共同特点是在一个相对小的区域内路面出现了高差的显著变化。到目前为止,国内外其他类型的检测系统只能检测二维平面破损,而不能测出三维形变类破损,只有JG-1型激光三维路面状况智能检测系统解决了这一世界公认的难题。

(2)用人工调查的方式进行上述变形类破损的调查,如需得到精确数据必须封闭交通进行现场测量,而且测量速度非常慢(特别是水泥路面的错台,错台也是水泥路面最重要的结构性病害之一),否则只能通过人工粗略估计,其数据的精度和桩号的估计精度很难保证。

(3)如图4-5~图4-7所示,JG-1型激光三维路面状况智能检测系统用多片激光组成的平整或正交网格结构光形象显示与定量给出路面三维变形破损数据,测量精度达到1mm,完全满足规范和工程需要。

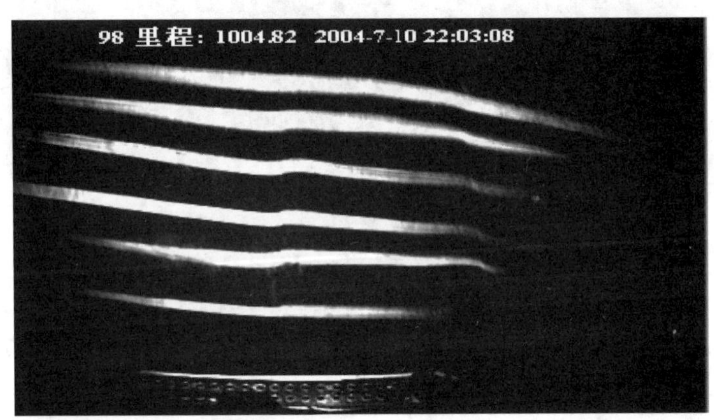

图4-5 JG-1型激光三维路面状况智能检测系统路面错台

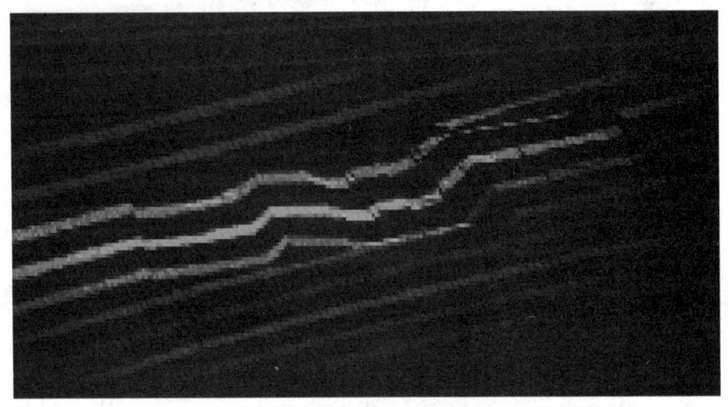

图4-6 JG-1型激光三维路面状况智能检测系统路面坑槽图像

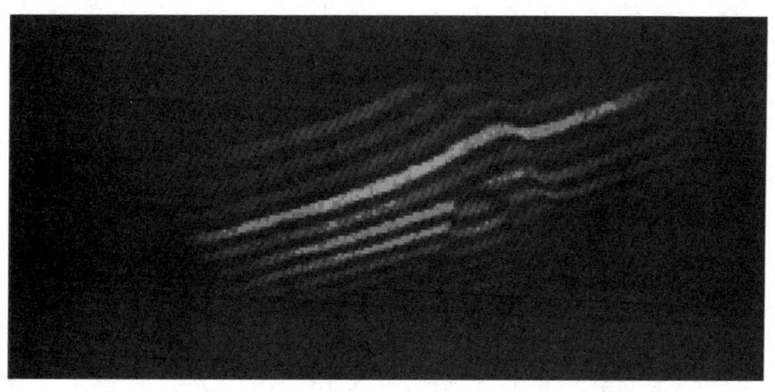

图 4-7 JG-1 型激光三维路面状况智能检测系统路面壅包图像

目前该系统已经成功运用于国内多条国道、高速公路主干线的检测，表 4-5 是湖南省某高速公路破损检测部分数据报表。

病害流水表格式 表 4-5

××高速公路右幅超车道病害流水表				
里程桩号	破损类型	破损数量	单位	备注
183. 116 8	纵向裂缝(重)	1. 05	m	未修补
183. 350 4	纵向裂缝(重)	0. 955	m	未修补
183. 384	横向裂缝(重)	2. 654	m	未修补
183. 417 6	坑槽(轻)	0. 01	m^2	未修补
183. 433 6	横向裂缝(重)	1. 493	m	未修补
183. 458 5	坑槽修补	0. 017	m^2	已修补
183. 480 4	横向裂缝修补	2. 91	m	已修补
183. 487 7	横向裂缝(重)	2. 11	m	未修补
183. 527 1	坑槽修补	0. 039	m^2	已修补
183. 532 9	横向裂缝修补	2. 515	m	已修补
183. 543 1	横向裂缝修补	0. 638	m	已修补
183. 591 3	坑槽(轻)	0. 008	m^2	未修补
183. 782 6	纵向裂缝(重)	4. 434	m	未修补
183. 785 5	纵向裂缝(重)	2. 728	m	未修补
183. 998 6	坑槽修补	0. 031	m^2	已修补

4.4 路面破损状况检测技术工程应用

某高速公路按照公路养护技术标准进行一年一次的路面破损状况评定。该高速公路为双向四车道,全长183km,检测为两幅行车道,采用JG-1型激光三维智能检测系统,按照80km/h的速度进行检测,外业检测时间约为4.5h。将数据输出,采用JG-1型激光智能检测系统专用程序进行处理,将图像与桩号一一对应起来,采用程序对病害进行识别,病害识别的时间约4h;然后进行人工辅助校核,校核时间约为10h;程序对病害自动进行公里PCI计算,得出每公里的路面破损状况指数,程序自动绘制出公路破损状况图表及病害类型表,为路面养护维修提供详实可靠的数据

根据调查结果得到左右幅各车道路面病害数量统计表如表4-6、表4-7所示。由于裂缝类病害中横向裂缝和纵向裂缝两种病害占了绝大部分,所以表中裂缝一栏仅仅统计了横向裂缝和纵向裂缝两种病害的数量。翻浆病害在临长高速公路路面较多,但由于翻浆病害没有被列入《公路技术状况评定标准》(JTG H20—2007)中,因此下面统计表不考虑翻浆病害数量。

某高速公路左幅路面病害数量统计表　　表4-6

序号	损坏名称	损坏程度	单位	行车道破损数量		超车道破损数量		合计	各项病害占总数比例(%)
				未修补	已修补	未修补	已修补		
1	裂缝	轻	m	569.25	69 077.80	741.05	10 067.50	80 455.60	51.57
2		重	m	2 080.50	346.4	2 928.90	0	5 355.80	3.43
3	坑槽松散类	轻	m^2	25.78	12 456.07	0	224.81	12 706.66	40.72
4		重	m^2	589.75	3.5	106.05	0	699.30	2.24
5	严重沉陷	轻	m^2	10.56	0	0	0	10.56	0.03
6		重	m^2	613.24	0	11.20	0	624.44	2.01

注:"各项病害占总数比例"已将裂缝数量按0.2m的影响宽度折算为面积后进行计算,下同。

某高速右幅路面病害工程量统计表　　表4-7

序号	损坏名称	损坏程度	单位	行车道破损数量		超车道破损数量		合计	各项病害占总数比例(%)
				未修补	已修补	未修补	已修补		
1	裂缝类	轻	m	297.69	45 824.40	337.95	10 699.60	57 159.64	40.13
2		重	m	3 263.60	696.45	3 587.05	71.2	3 249.80	5.35
3	坑槽松散类	轻	m^2	32.38	13 187.01	20.03	285.68	13 524.1	47.47
4		重	m^2	720.04	231.45	45.09	3	751.73	3.51
5	严重沉陷	轻	m^2	78.53	0	2.32	0	80.85	0.28
6		重	m^2	886.71	0	41.70	0	928.41	3.26

具体的病害数量公里分布参见图4-8~图4-13。

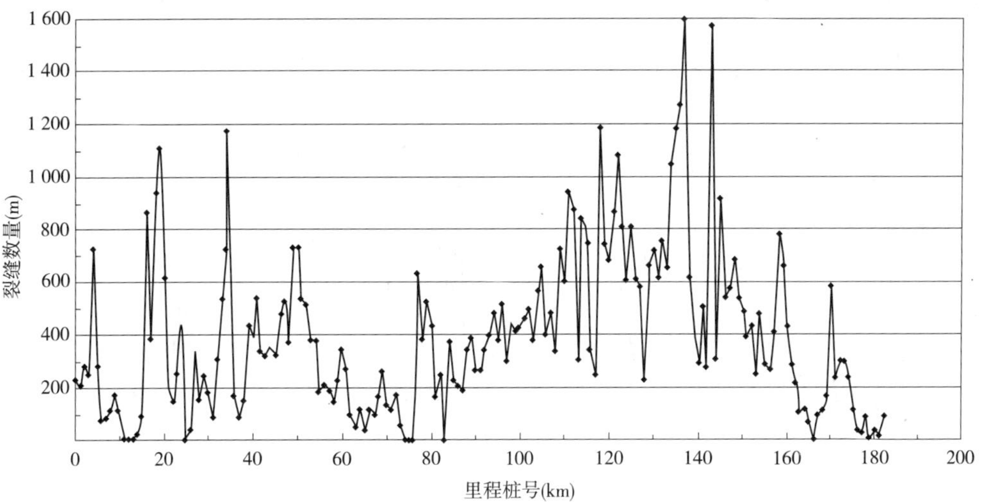

图 4-8　某高速公路左幅行车道裂缝数量随桩号变化曲线图

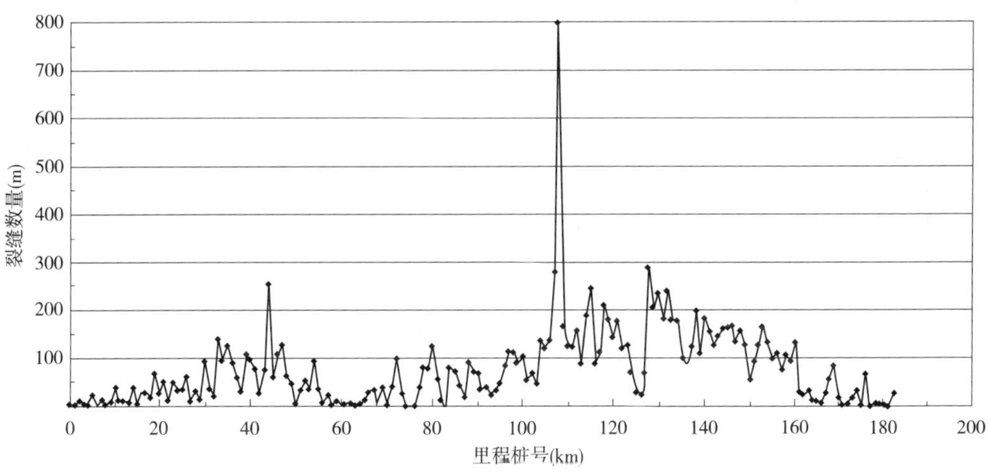

图 4-9　某高速公路左幅超车道裂缝数量随桩号变化曲线图

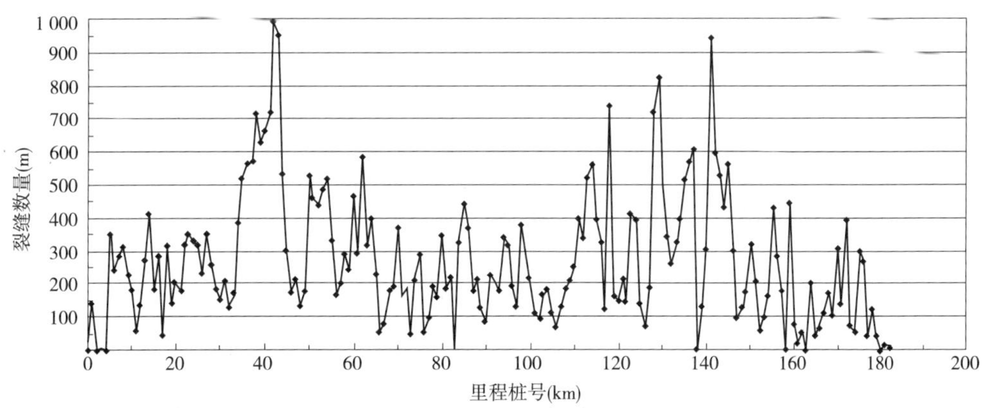

图 4-10　某高速公路右幅行车道裂缝数量随桩号变化曲线图

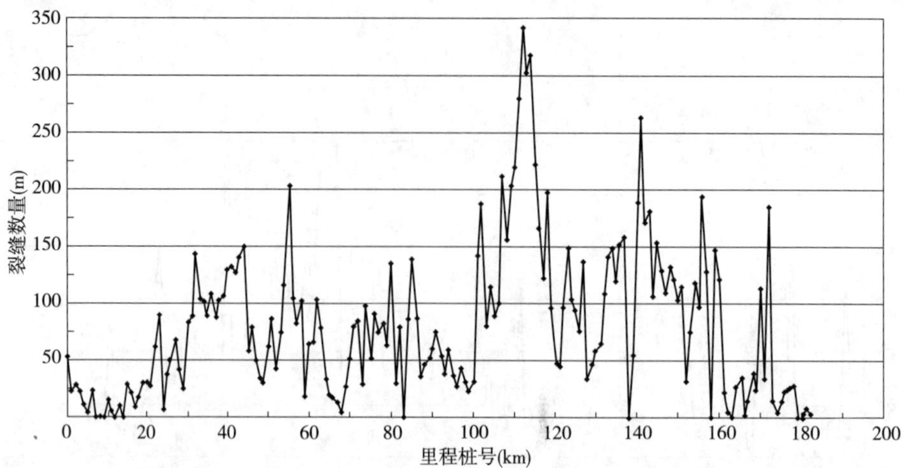

图 4-11　某高速公路右幅超车道裂缝数量随桩号变化曲线图

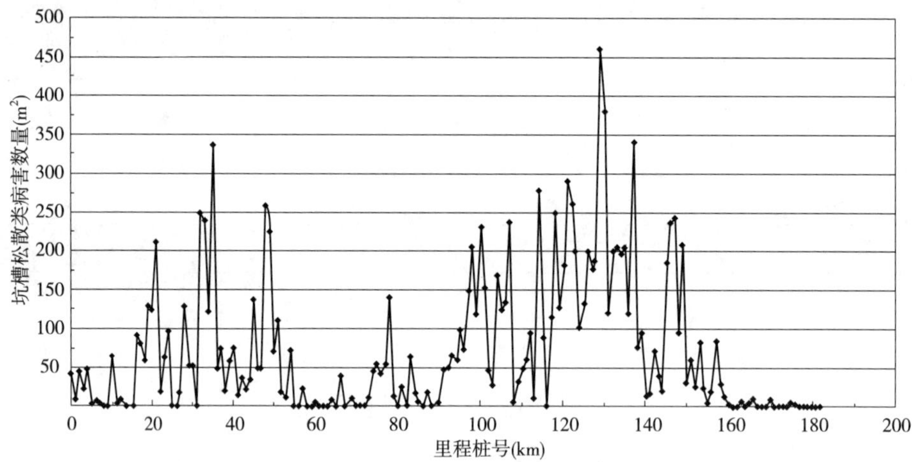

图 4-12　某高速公路左幅行车道坑槽松散类病害数量随桩号变化曲线图

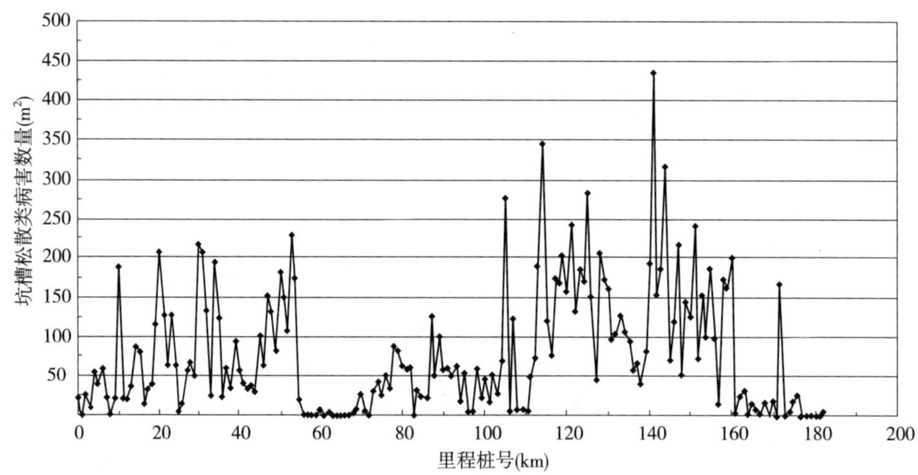

图 4-13　某高速公路右幅行车道坑槽松散类病害数量随桩号变化曲线图

第5章　路面平整度无损检测技术

5.1　概述

路面平整度(或不平度)作为道路路面使用性能以及路面施工质量的评定标准,反映道路纵断面的线性是否平滑,世界发达国家,如美国等国均将路面平整度作为衡量路面使用性能与养护质量的主要指标而加以定期检测,并作为制订公路与城市道路路面养护管理对策的重要依据。研究表明,路面平整度与路面抗滑性能、路面破损状况均具有一定的相关性。与其余路面使用性能指标检测相比,路面平整度指标检测具有方便、快捷、准确的特性,自动化程度高。路面平整度指标可用于衡量路面施工质量和路面养护质量水平,更重要的是,路面平整度指标可用于反映行车过程中的人体舒适性程度,因此路面平整度指标及其检测设备应以最大程度上模拟车辆在路面纵断面曲线上行驶过程中车辆的激振响应及人体的舒适性程度为目标。理想的路面平整度指标及其检测设备应能最大限度地实现上述目的。

影响路面平整度的因素很多,其中主要有以下几个方面。

(1)设计因素

路面结构层及材料选择对路面平整度影响极大,结构层的组合,各结构层的厚度及结构层的材料级配组成,会对路面平整度造成较大的影响。此外,对容易发生沉陷和变形的位置(如桥台、软弱地基)是否具有合适的预防和改善措施,对未来道路平整度的发展变化具有很大的影响。

(2)施工质量

无论是土基还是(底)基层和面层,其施工质量对路面平整度都有很直接的影响,美国很多公路就是以平整度作为施工质量的控制指标。在施工中保证良好的平整度,要关注以下几个主要部分。

①土基

对土基进行适当处理并控制好填料质量,对土基充分压实,并控制好地下水对路基的侵蚀,在软弱路基位置要采取可靠的加固措施。

②(底)基层

基层的平整度差对路面平整度有着重要影响。若基层不平,即使面层摊铺平整,压实后也会因厚度不同,产生路面不平整或受力不均,而靠推土机和平地机施工的(底)基层质量很难保证。因此无论是基层和底基层施工,建议都采用摊铺机进行统一摊铺,控制好施工质量。

③面层

对于沥青路面,一是要控制材料的级配和油石比组成,另外施工时要减少离析的产生,同时对路面充分压实,达到对路面整体的均匀性和一致性。

(3)交通荷载

交通荷载的状况对通车以后的路面平整度发展变化有很大影响,在超载情况下土基会产生不可恢复的塑性变形,使得路基下陷而影响整个结构层发生不均匀沉降。

(4)养护水平

合理的养护会延缓平整度性能降低的趋势,提高路面的使用寿命。

5.2 平整度对路面使用特性的影响

5.2.1 对安全性的影响

路面平整度是以几何平面为基准,表现为路面纵向和横向的凹凸程度。路面平整度的降低,将增大驾驶员的操作难度,同时易造成车辆的横向侧滑,尤其是在高速行车状态下和路面潮湿状态下更容易造成车辆事故的发生。例如,在重复荷载作用下产生车辙,当车辙深度超过一定值后,雨天积水很容易发生侧溜现象。

5.2.2 对舒适性的影响

20 世纪 50 年代 AASHO 实验中,研究人员建立了实测平整度与专家评分间的关系 PSI。PSI 同时也是车辙与表面破损的函数,但平整度在 PSI 模型中占绝对主要的作用,实际上 PSI 是平整度的函数。利用 PSI 模型可分析平整度对行驶舒适性能的影响。我国建立的 RQI 模型用间接的百分制指标 *PQI* 反映平整度对舒适性的影响。在 RQI 评价标准中,大于 85 分时路段为优,小于 40 分时路段为差,此时行车颠簸非常严重,感觉不舒适。路面平整度为差时,一般需要对路面进行大修(如强度不足)或中修养护。

5.2.3 对车速的影响

车辆行驶在路上,驾驶人员会根据路况的好坏来调整车速,尤其是感觉车辆在行驶过程颠簸程度或者平稳与否,即根据路面平整度对车辆造成的影响来控制车速。有研究学者 Watanatadaetal(1987 年)在国外用现场实验测得了车速与平整度的关系,并建立了相应模型,在国内也有研究学者标定了这个模型。通过研究发现,平整度指标值过小并不会对驾驶人员控制车速产生影响,只有当平整度指标值大于一定值时才会对汽车车速产生影响[104]。

5.2.4 对经济性的影响

平整度指标值在一定程度上不仅会给行车舒适性造成影响,而且会增加汽车的油耗,以及轮胎及其他零配件损耗。因此,在平整度差的路上行驶,车辆营运成本将会一定程度上增大[105]。世界银行在肯尼亚、巴西和印度通过实验理论分析建立了油耗、轮耗与平整度的关系。油耗平整度可以线性表示为:

$$F_c = a + b \cdot IRI \tag{5-1}$$

式中:F_c——燃油消耗量(1/100km);

IRI——国际平整度指数(m/km);

a、*b*——回归系数,见表5-1。

不同车型的油耗回归系数　　表5-1

车型	A	b	R^2	S
小客车	9.78	0.182 0	0.973	0.22
中客车	14.87	0.234 4	0.977	0.25
大客车	23.80	0.293 7	0.968	0.38
轻货车(汽油)	17.42	0.568 5	0.966	0.75
轻货车(柴油)	8.03	0.242 2	0.969	0.31
中货车	23.00	0.434 1	0.954	0.68
重货车	19.00	0.298 5	0.985	0.26
铰接车	35.39	0.892 6	0.971	1.08

另外,车辆在平整度较差的道路上行驶,因振动作用而产生的颠簸,会使汽车的机件和轮胎的损坏加快,缩短车辆的使用寿命。

5.2.5　对路面结构的影响

随着平整度的恶化,车辆就会增加对路面的冲击力,动荷载系数也会急剧增加,从而增加对路面结构的破坏,如坑槽、搓板的形成及进一步发展,影响路面结构性能。

5.2.6　对道路养护标准的影响

不同厚度的路面结构会有不同的使用周期。厚路面结构有长的使用周期,保证长期、良好、平整的路面性能。但是,厚路面结构要用去更多的费用。反过来,路面平整度差会使得车辆运营费用上升。因此,在道路养护过程中,确定路面平整度养护指标时,需要综合考虑路面结构厚度、平整度以及使用周期和相关成本等因素[106]。

5.3　路面平整度评价指标

评价路面平整度主要从客观方面和主观方面进行评价。

客观评价指标:对路面平整度偏离理想状态的程度进行测量,用所测得的结果来评价平整度的好坏,如:方差、功率谱密度等。其评价的指标具有实践稳定性。

主观评价指标:主要是通过驾驶人员或者乘车人员在行车的过程中对车辆舒适性的主观感觉来评价路面平整度,这种评价方法将使用效果直接体现出来了,但是由于不同的人在不同的状态对于行车舒适性有着不同的体会,所以评价跟人本身及很多不可预测的因素有关而使得评价不具有稳定性[106-107]。一些动态响应测量的方法和仪器,其测量指标包含了车(乃至于人)的响应参数。

路面平整度检测主要采用客观评价指标,目前国内外不尽相同[107],主要包括纵向和横向平整度。横向平整度指路表横向的起伏变化,对行车的安全性、运营费用有重要影响。通常纵向平整度对道路的使用质量影响较大,所以平整度指标以纵向平整度为主,主要有以下三类。

5.3.1 平均调坡度(ARS)

对于反应类平整度测试设备,通常以车辆行驶一段距离后累积计数表示,其测定结果可以表示为 m/km,这个单位类似于坡度的单位,因此称为平均调坡度。

5.3.2 纵断面平整度指标

纵断面平整度指标主要包括功率谱分析(PSD)、竖向加速度均方根(RMSVA)和直尺指数(SEI)等。

(1)功率谱分析

路面平整度表现为随机的性质,常用于随机信号的统计描述,因而也可用于表征路面断面。功率谱是随时间序列分析的一种重要方式,可以用于分析路面断面。

(2)竖向加速度均方根

竖向加速度均方根是相邻断面坡度变化同抽样点间距比值的均方根,而断面坡度则定义为抽样点的高程变化同相应间隔的水平距离的比值,由于竖向加速度均方根包含了断面的二阶导数,对于路线纵断面来说是个不变量,因而具有稳定的性质。

(3)直尺指数

采用三米直尺或 TRRL 梁,通过逐尺连续量测得到路面的纵断面。在一尺上取 7 个抽样点,量取尺边缘到路表面的竖向偏差,然后按一定的公式计算出路段直尺指数。

5.3.3 国际平整度指数

(1)国际平整度试验

平整度测定的方法和仪器很多,相应的指标也比较多,为了使不同测量方法有一个统一的比较标准,有必要建立一个标准的平整度指标。为了解决这个问题,世界银行 1982 年组织了一项国际合作研究,该项目的名称为“国际道路平整度试验”,缩写为 IRRE(International Road Roughness Experiment)。其主要目的是寻找一项标准的平整度指标,运用这个指标可以同各种路面平整度仪器的测量结果建立良好的相关关系。通过试验和分析比较,选择了参考平均校正坡度(Reference Average Rectified Slope,RARS)作为路面平整度的评价指标,并定义为国际平整度指数 *IRI*。

参加的机构有:巴西交通计划署、世界银行、巴西道路研究所、法国道路与桥梁中心试验研究所、英国交通与道路试验研究所、比利时道路研究中心、澳大利亚道路研究协会、巴西 Rio de Janeiro 联邦大学、美国密歇根执安大学交通科学研究所等。

共选用了 11 种(台)仪器设备进行试验。按仪器种类和测试方法分为以下四组:

①两种固定基准路面纵剖面测量仪器:水平仪和 TRRL 移动直尺。

②3 种型号的惯性基准路面纵剖面仪器:法国 LCPC 的 APL125、APL72 和美国的 GMR。

③5 种动态响应型路面平整度测量仪器,其中有三种车载式颠簸累计仪:

美国的 Opala-Maysmeter System,(共 3 台)

英国 TRL 的 Bump Intergrater(BI)改进型

澳大利亚 ARRB 的 NAASRA Roughness Meter

两种拖车式颠簸累计仪：

英国 TRL 的 Bump Intergrater Trailer,(BIT)

美国的 BPR Roughmeter

④主观评价试验。由 18 人组成了评价小组。以固定车速（沥青路面为 80km/h，土路为 50km/h）进行主观评价。车型为 Chevrolet Opalas，与安装车载式颠簸累计仪的车相同。

国际平整度试验路段共分 49 个。其中 13 段为沥青混凝土路面，12 段为沥青表处路面，12 段为砂石路面，12 段为无铺装路面的土路。每一试验段长为 320m。测试车速为 20、32、50、80km/h 四种（APL 为 21.6km/h 和 72km/h）。车载式仪器每段重复测量 5 次，拖车式每个轮迹测量 3 次（左右轮迹共测量 6 次）。

国际平整度试验成果的意义如下：

①规范了路面平整度的定义，使得传统的客观评价与主观评价指标各有权重；

②*IRI* 评价指标的内涵完全符合定义的要求；

③*IRI* 评价指标以车辆的数学模型作为动态计算方案，这样既具备了动态系统的优点，又避免了实际动态测量系统特性随时间变化的缺陷；

④该指标几乎与世界上所有的平整度仪的测量指标都可以换算或者兼容。

（2）数值计算求解

图 5-1 是 *IRI* 仿真用的模型。该系统具有弹簧质量 M，非弹簧质量 m，两质量间以线性刚度 K_M 的弹簧和线性阻尼 C_M 的减震器相连接；非簧载质量 m 通过具有线性弹簧 k 的轮胎与地面 y 相接触；轮胎对地面的包容长度为 b；簧载及非簧载质量的垂直位移坐标分别为 Z_M 和 Z_m。

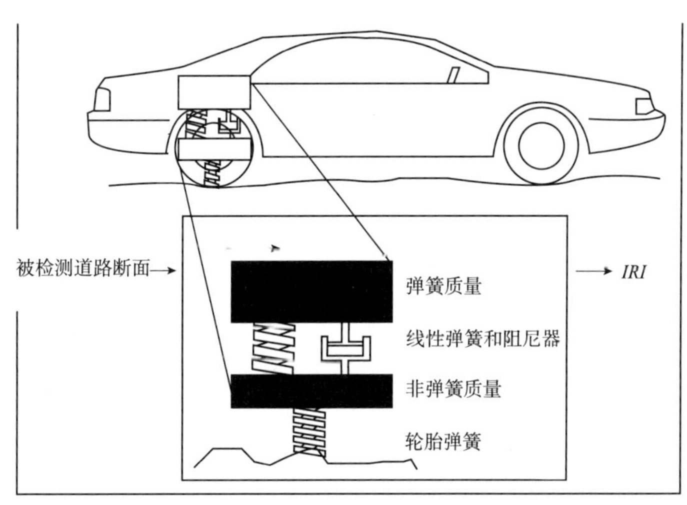

图 5-1　国际平整度 1/4 车辆模型

其工作原理：当 1/4 车辆以一定速度沿着路面纵剖面轮迹行驶时，在路面平整度 y 的斜率输入激励作用下，系统产生振动。计算每公里行驶距离内簧载质量和非簧载质量的相对位移的累计值，以 m/km 表示。由于模拟系统的振动与车速有关，所以，国际平整度指数规定模拟计算的车速为 80km/h。

1/4 车辆模型的线性振动系统，文献中也用 QCS（Quarter Car Simulation）表示，即 1/4 车辆模拟。为求解系统的相对位移，建立二阶振动微分方程：

$$\left.\begin{aligned} M\cdot \ddot{Z}_M + C_M(\dot{Z}_M-\dot{Z}_m)+K_M(Z_M-Z_m)=0 \\ M\cdot \ddot{Z}_M + m\cdot \ddot{Z}_m + k(Z_m-y)=0 \end{aligned}\right\} \tag{5-2}$$

式中：$\ddot{Z}_M$——弹簧在垂直位移方向的加速度；

$\dot{Z}_M$——弹簧在垂直位移方向的速度；

$\ddot{Z}_m$——非弹簧在垂直位移方向的加速度；

$\dot{Z}_m$——非弹簧在垂直位移方向的速度；

y——路面的高程输入。

用 M 除式(5-2)中各项，并令：

$$\left.\begin{aligned} K_1 &= k/M \\ K_2 &= K_M/M \\ \mu &= m/M \\ C &= C_M/M \end{aligned}\right\} \tag{5-3}$$

得到：

$$\left.\begin{aligned} \ddot{Z}_M + C(\dot{Z}_M-\dot{Z}_m)+K_2(Z_M-Z_m)=0 \\ \ddot{Z}_M + \mu\cdot \ddot{Z}_m + K_1 z_m = K_1 y \end{aligned}\right\} \tag{5-4}$$

式中，$K_1=653\mathrm{s}^{-2}$，$K_2=63.6\mathrm{s}^{-2}$，$\mu=0.150$，$C=6.00\mathrm{s}^{-1}$。

代入路面纵剖面值 y，求得 Z_M、Z_m，从而得到国际平整度指数：

$$IRI=\frac{1}{n-1}\sum_{i=1}^{n}|Z_M-Z_m| \tag{5-5}$$

通过量测纵断面各测点的高程，按以下步骤计算该断面平整度指数 IRI 值：

(1)计算 4 个变量 Z_j'的初始值

4 个变量模拟 1/4 车在已知纵断面上行驶的动态反应，采用头 11m(80km/h)的平均坡度作为这些变量的初始值：

$$Z_1'=Z_3'=(Y_a-Y_1)/11$$

$$Z_2'=Z_4'=0$$

$$a=11/\mathrm{d}x+1$$

式中：Y_a——第 a 个测点的高程；

Y_1——第 1 个测点的高程；

$\mathrm{d}x$——测点间距(m)。

(2)逐个计算第 2 点到第 n 个测点

利用下面 4 个方程逐个求解测点变量 Z_j

$$Z_1=S_{11}Z_1'+S_{12}Z_2'+S_{13}Z_3'+S_{14}Z_4'+P_1Y'$$

$$Z_2=S_{21}Z_1'+S_{22}Z_2'+S_{23}Z_3'+S_{24}Z_4'+P_2Y'$$

$$Z_3=S_{31}Z_1'+S_{32}Z_2'+S_{33}Z_3'+S_{34}Z_4'+P_3Y'$$

$$Z_4 = S_{41}Z_1' + S_{42}Z_2' + S_{43}Z_3' + S_{44}Z_4' + P_4Y'$$

式中：S_{ij}、P_j——随测点间距而定的系数；

Z_j'——前一个测点的 Z_j；

Y'——输入的坡度，$Y' = (Y_k - Y_{k-1})/dx$；

K——测点序号。

设第 $k-1$ 个测点的 Z_j 为 Z_j'，代入上式求解得第 k 个测点的 Z_j 值，逐次进行，直到各测点的 Z_j 值全部求解完毕。

(3)计算第 k 个测点的调整坡度 RS_k

$$RS_k = |Z_3 - Z_1|$$

(4)计算该纵断面 IRI 值

$$IRI = \frac{1}{n-1}\sum_{i=2}^{n} RS_k$$

其中：

$dx = 250$mm 时

$$S_{ij} = \begin{Bmatrix} 0.9966071 & 1.091514\times10^{-2} & -2.083274\times10^{-3} & 3.190145\times10^{-4} \\ -0.5563044 & 0.9438768 & -0.8324718 & 5.064701\times10^{-2} \\ 2.153176\times10^{-2} & 2.126763\times10^{-3} & 0.7508714 & 8.22188\times10^{-3} \\ 3.335013 & 0.3376467 & -39.12762 & 0.4347564 \end{Bmatrix},$$

$$P_j = \begin{Bmatrix} 5.476107\times10^{-3} \\ 1.388776 \\ 0.2275968 \\ 35.79262 \end{Bmatrix}$$

$dx = 500$mm 时

$$S_{ij} = \begin{Bmatrix} 0.9881727 & 2.128394\times10^{-2} & -2.520931\times10^{-3} & 9.923165\times10^{-4} \\ -0.928516 & 0.9001616 & -3.391369 & 6.280167\times10^{-2} \\ 6.386326\times10^{-2} & 6.615445\times10^{-3} & 0.2402896 & 9.862685\times10^{-3} \\ 3.743294 & 0.4186779 & -46.67883 & -0.1145251 \end{Bmatrix},$$

$$P_j = \begin{Bmatrix} 3.703847\times10^{-3} \\ 4.319885 \\ 0.6958473 \\ 42.93555 \end{Bmatrix}$$

世界银行提供的测量间距为250mm的basic计算程序如下，如果是500mm的间距，则将程序后数据修改即可。

```
BEM This program demonstrates the IRI computation.
REM A number of recommended modifications are described in
REM the accompanying text.
REM ...................................... Initialize constants
DIM Y(26) ,Z(4) ,zl(4) ,ST(4,4) ,PR( ~ )
```

```
READ DX
K = INT (.25 / DX + .5) + 1
I F K < 2 T m N K = 2
BL = (K - 1) × DX
FOR I = 1 TO 4
FOR J = 1 TO 4
READ ST(1,J)
NEXT J
READ PR(I)
NEXT I
REM ........................................ Initialize variables.
INPUT "profile elevation11 m from start:", Y(K)
INPUT "X = 0. Elevation = ",Y(1)
Zl(1) = (Y(K) - Y(1)) / 11
Zl(2) = 0
Zl(3) = Zl(1)
Zl(4) = 0
RS = 0
IX = 1
REM........................ Loop to input profile and Calculate Roughness
1260 I = I + 1
1270 PRINT "X = " ; IX × DX ,
IX = IX + 1
INPUT "Elev. = "; Y(K)
REM ........................ Compute slope input
IF IX < K THEN Y(IX) = Y(K)
IF IX < K THEN GOTO 1270
YP = (Y(K) - Y(1)) / BL
FOR J = 2 TO K
Y(J-1) = Y(J)
NEXT J
REM................................. Simulate vehicle response
FOR J = 1 TO 4
Z(J) = PR(J) × YP
FOR JJ = 1 TO 4
Z(J) = Z(J) + ST(J,JJ) × ZL(JJ)
NEXT JJ
NEXT J
```

```
FOR J = 1 TO 4
ZL(J) = z(J)
NEXT J
RS = RS + ABS (Z(1) - Z(3))
PRINT "disp = ";RS × DX, "IRI = ";RS / I
GOT0 1260
END
DATA .25
DATA -.9966071 , .01091514, -.002083274 , .0003190145 , .005476107
DATA -.5563044 ,.9438768, -.8324718,.05064701,1.388776
DATA .02153176, .002126763 , .7508713,.008221888 , -.2275968
DATA 3.335013, .3376467 , -39.12762 , .1347564 , 35.79262
```

上述计算方法及程序是进行平整度检测设备纵断面测量标定的最基本方法。国际平整度指数从本质上来说是一响应类路面平整度指标，但 *IRI* 作为道路平整度检测的标准尺度已经被世界各国广泛采用，这主要是缘于 *IRI* 指标具有如下特点：①*IRI* 通过1/4 车模型建立了与车辆性能相关性；②由于模型车的悬挂系统参数为一定常数，因而其计算结果与路面纵断面曲线有稳定的相关性；③*IRI* 可以通过最广泛使用的仪器测量得到（如水准仪或 RTR-RMS 仪），结果具有有效性；④*IRI* 可以在世界范围内进行转换（有标准计算程序），具有可转移性。

但国际平整度指标 *IRI* 并不是与所有的车辆动力响应特征都具有相关性，例如，其与乘客竖向位置和车轴加速度就没有很好的相关性[108-109]。

被检测路段的国际平整度指标 *IRI* 值主要受波长为 1.2 ~ 30m 范围内的路面正弦曲线波影响。图 5-2 为1/4 车模型的波数响应曲线，从图中可以得出该模型对不同波长正弦曲线输入的放大率。将输入正弦曲线的振幅与图中放大率相乘，可得输出正弦曲线的振幅。图中放大率是无量纲量。从图中可以看出，国际平整度指标 *IRI* 滤波器对波数为 0.065 次/m 和 0.42 次/m 附近的正弦曲线的输入最为敏感。上述两种波数对应的波长为 15m 和 2.4m。

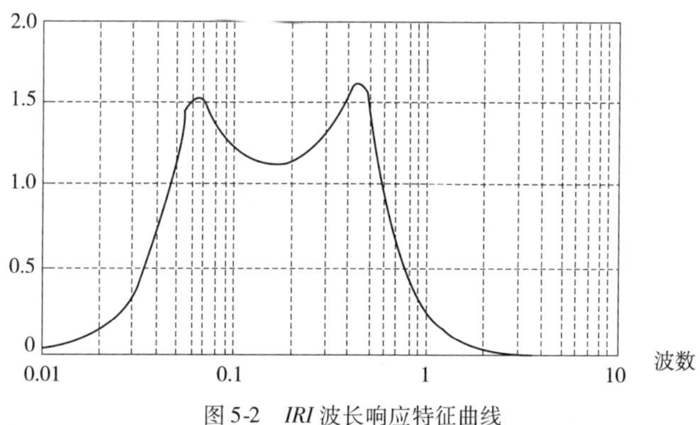

图 5-2 *IRI* 波长响应特征曲线

分析表明，当路面纵断面剖面曲线各点的高程值被同时扩大某一倍数时，其国际平整度指标 *IRI* 也会增长相同的倍数。国际平整度指标 *IRI* 值为 0 代表该路段绝对平整。国际平

整度指标 *IRI* 值没有上限,但一般不会大于 8m/km。

5.4 路面平整度快速检测仪器发展现状

经过几十年的发展,国内外众多研究学者在道路平整度检测技术方面做了大量的工作,同时改造和创新了许多道路平整度检测方法和相关检测仪器,见表 5-2。这些方法和仪器从根本上大致可分为两大类:一类是指测定路面表面凹凸情况的断面类检测仪器,如常用的三米直尺及连续式平整度仪。另一类是测定由于路面凹凸不平引起车辆颠簸的情况,驾驶员和乘客直接感受到的平整度指标的反应类检测设备,如颠簸累积仪 BI[106,109]。

常用道路平整度检测设备 表 5-2

<table>
<tr><th>检测方法</th><th>检测设备</th><th>检测方式</th><th>检测指标</th><th>开发国别(组织)</th></tr>
<tr><td rowspan="3">反应类</td><td>BPR 平整度仪</td><td>动态</td><td rowspan="3">位移累积值</td><td>美国</td></tr>
<tr><td>颠簸累积仪 BI</td><td>动态</td><td>英国</td></tr>
<tr><td>RRDAS 平整度仪</td><td>动态</td><td>澳大利亚</td></tr>
<tr><td rowspan="7">断面类</td><td>水准仪及水准尺</td><td>静态</td><td>路表高程</td><td>世界银行</td></tr>
<tr><td>三米直尺</td><td>静态</td><td>路表间隙</td><td>—</td></tr>
<tr><td>MERLIN 梁</td><td>静态</td><td>位移偏差</td><td>英国 TRL</td></tr>
<tr><td>连续式平整度仪</td><td>动态</td><td>位移标准差</td><td>中国/日本</td></tr>
<tr><td>惯性断面仪 GMR</td><td>动态</td><td rowspan="3">车体位移车体与路面距离</td><td>美国</td></tr>
<tr><td>纵断面分析仪 APL</td><td>动态</td><td>法国 LCPC</td></tr>
<tr><td>非接触式(激光)断面仪</td><td>动态</td><td>丹麦/瑞典/英国/中国</td></tr>
</table>

5.4.1 JG-1 型激光三维平整度检测子系统的技术特点

如前所述,JG-1 型激光三维智能检测系统包括平整度检测子系统,其具有如下特点:

(1)完全按照国际通行的设计体制——加速度传感器修正的激光高程断面检测系统检测,高程测量精度达到 0.035mm。

(2)与其他激光类平整度仪相比较,能全车道连续断面进行检测,精度是其他颠簸类检测仪难以比拟的。

(3)由于是激光实时检测,因此该系统的检测精度与检测速度没有关系,这也是其他设备必须采用标定的速度进行检测无法比拟的。

(4)具备独立的 *IRI* 系统快速输出国际平整度指数 *IRI* 及 *RQI*,如图 5-3 所示。

(5)具备独立的 σ 系统快速输出标准差,如图 5-4 所示,这是本系统所独有的特色。

(6)可按路段的平整度变化曲线,便于直观地对整个路段平整度进行观察,如图 5-5 所示。

图 5-3　JG-1 型激光三维路面状况智能检测系统平整度指数检测模块(A、B)

图 5-4　JG-1 型激光三维路面状况智能检测系统平整度标准差检测模块(B、C)

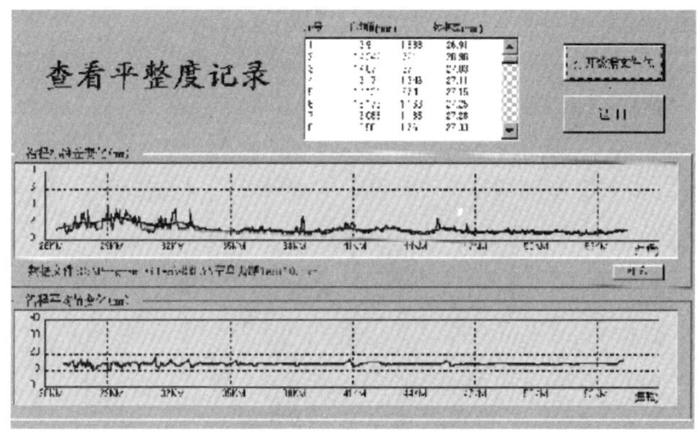

图 5-5　JG-1 型激光三维路面状况智能检测系统平整度路段查看

5.4.2　具体操作

JG-1 型激光三维平整度检测子系统操作流程如下:

(1)测试准备

①检测车辆性能指标检查。检查轮胎压力、变电器输出电压是否满足要求。

②卸下激光发射器金属挡板。打开平整度检测系统两个激光发射器下面的挡板钢片,使检测激光能发射到路面并被激光接收器接收。同时注意保持激光发射器下玻璃片隔板的清洁,防止对激光产生干扰。

③调整激光发射的波形。打开激光发射器的电源开关装置,通过旋转按钮来调整激光高程仪的波形,使显示屏上的波形为相似的两个稳定的倒立长锥形状。

(2)平整度测试

①打开装有平整度检测系统的电脑主机,点击打开平整度检测程序。首先进行初步的设定,选择平整度测试程序设置界面,点击"设置"按钮,电脑可自动设定,设置后点击"确定"退出设置界面。进入虚拟 DOS 界面,这时程序在等待操作指令,按任一键将开始采集数据。

②进行设定后,即可进行平整度检测。到达检测位置后,汽车驾驶员按里程计数器的开关,平整度检测操作人员按任一键可进入平整度自动检测程序,此时电脑自动收集检测回的数据。在检测过程中操作员应注意监视示波器上激光高程仪的波形,及时调节激光输出。

(3)测试结束

到达检测路段终点,平整度检测人员按 SHIFT + PRTSCR 键结束数据采集,汽车驾驶员记录里程读数器的距离读数。

(4)数据处理

①按 SHIFT + PRTSCR 键后程序自动进行数据处理,在处理过程中需输入检测文件名,同时输入检测路段的起点桩号、终点桩号、理论长度、里程读数器计数长度、检测人员和检测日期。平整度检测程序将根据理论长度和里程读数器的计数长度进行自动修正,形成检测数据文件。

②报表输出。选择报表输出命令后,程序要求选择需要转换的数据文件,选择"文件名 c"文件包下为"test5"的文件,程序将其自动转换为 EXCLE 格式的文件,输出 20m 的平整度和公里平整度统计报表。

5.5 平整度快速检测技术工程应用

按照《公路工程技术标准》(JTG B01—2003)的要求,技术状况评定后路面平整度宜采用快速检测设备,可结合路面损坏与车辙一并检测。单独检测路面平整度时,宜采用高精度的断面类检测设备。路面平整度检测设备必须定期标定,每年至少标定一次,标定的相关系数应大于 0.95。条件不具备的三、四级公路,路面平整度可采用三米直尺人工检测,检测结果按表 5-3 评定[87]。

路面平整度人工评定标准 表 5-3

技术等级	优	良	中	次	差
RQI	≥90	≥80,<90	≥70,<80	≥60,<70	<60
三米直尺(mm)	≤10	>10,≤12	>12,≤15	>15,≤18	>18
颠簸程度	无颠簸,行车平稳	有轻微颠簸,行车尚平稳	有明显颠簸,行车不平稳	严重颠簸,行车很不平稳	非常颠簸,行车非常不平稳

按照《公路技术状况评定标准》(JTG H20—2007)的要求,高速公路等各级公路,沥青路面和水泥混凝土路面平整度(RQI)的检测频率应至少一年一次。检测双车道双向分道行驶的上行和下行车道。

利用 JG-1 型激光平整度检测子系统对某高速公路路面平整度进行检测,检测的速度可达到 80km/h,检测两幅行车道,每 20m 形成一个综合平均值。JG-1 型平整度检测子系统在检测完 50km 左右进行数据打包处理,将平整度数据自动处理并生成 EXCEL 表格,对平整度的检测结果进行统计,如图 5-6 所示。

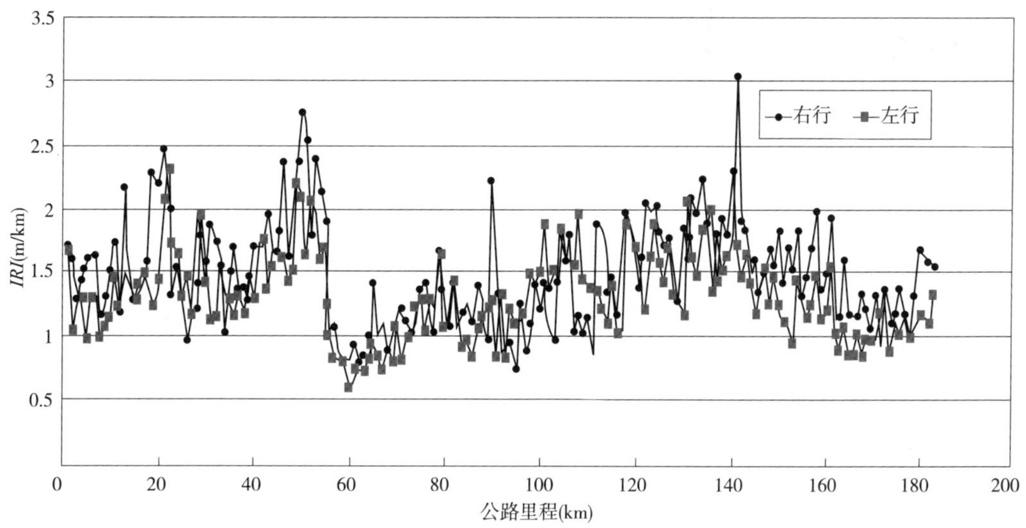

图 5-6 某高速公路两幅行车道国际平整度指数 IRI 随桩号变化曲线图

由图 5-6 可知,左右幅行车道的平整度有较大的路段相似性,可见平整度与施工质量、地质条件等有较大的关系,局部路段相差较大,可能与部分路段单幅车道进行了铣刨加铺施工有关。

第 6 章 路面抗滑性能检测技术

6.1 概述

路面抗滑性能主要反应在轮胎制动时沿路面滑动产生的力，其对道路交通安全有重要影响[110]，要保证车辆在高速行驶过程中能够安全的制动或更改行驶方向，就必须使路面具有良好的抗滑性能。

两个接触面互相作用形成的能量减损和滑动阻力为摩擦。摩擦理论的发展经历了三个阶段，包括早期的机械啮合理论，后来的分子作用理论，近代的机械—分子联合作用的观点，形成了比较完善的摩擦理论。路面与干燥状态下轮胎的摩擦作用可归纳为以下四方面[111-115]：

(1)轮胎与路面间的分子力作用

当两个物体表面之间相距非常近时，物体之间的分子引力作用巨大，物体间的分子引力也就形成了轮胎与路面间的部分摩擦力。显然，这种摩擦力主要取决于轮胎和路面间实际接触面积的大小，且受路面状态，如污染、水膜、灰尘及湿度等影响较大。

(2)轮胎与路面间的黏着作用

与金属间的黏着类似，轮胎与路面间也会发生黏着作用。对轮胎进行磨损试验后，可在轮胎表面找到黏着在其上的路面磨粒。同样，在路面上也可发现黏着在其上的橡胶磨粒。另外，轮胎与路面间发生的静电吸引也是轮胎与路面间发生黏着的一个证明。将轮胎与路面间黏着点剪断所需的摩擦力主要取决于轮胎与路面材料的性能、接触面之间的压力、路面状态以及轮胎与路面间的实际接触面积。

(3)胎面橡胶的弹性变形

与金属材料不同，橡胶是一种弹性非常好的材料。在路面较大尺寸微凸体及胎面花纹等的作用下，胎面橡胶会反复产生较大的弹性变形，这种弹性变形所产生的变形力与弹性变形恢复力的合力也构成了摩擦力的一部分。由于存在弹性滞后的影响，弹性变形恢复力总是要小于弹性变形力。不同胎面花纹的轮胎在纵向或横向荷载作用下将产生完全不同的变形情况，因此它们产生纵向或横向摩擦力的能力也完全不同，这充分说明了橡胶弹性变形对轮胎与路面间摩擦力产生的作用。这种摩擦力主要取决于胎面花纹和路面上较大尺寸微凸体的性能等。

(4)路面上小尺寸微凸体的微切削作用

在荷载作用下，路面上较小尺寸的微凸体会在胎面的局部产生较大的应力。路面的抗滑性能与车辆本身、气候条件和道路状况密切相关，其中路面的抗滑能力由良好的微观构造和宏观构造等构成。

6.2 路面抗滑性能检测指标及其检测方法

6.2.1 制动距离 *SDN*

以一定速度在潮湿路面上行驶的 4 轮小客车或轻货车，当 4 个车轮被制动时，车辆减速滑移到停止的距离，可用以表征非稳态的抗滑能力，制动距离数 *SDN* 为：

$$SDN = \frac{v^2}{225L_s} \tag{6-1}$$

式中：v——制动开始作用时车辆的速度（km/h）；

L_s——滑移到停车的距离（m）。

轮胎需采用标准试验轮胎。车辆总质量不应少于 1 450kg，而前端轴重（包括驾驶员、乘客和仪器等）不应超过总重的 60%。制动时的车速和停车距离可采用第五轮仪量测。

测试路段应选择材料组成均匀、磨耗均匀和龄期相同的平直路段。路表面无明显污染。测试前，路段至少洒水润湿两次，每次的水量至少为 0.5L/m。直到路表面完全被水饱和（表面的孔穴充满水并形成径流）。而在每次测定之间，应重新洒水润湿路面，以保持相同的潮湿状况。

路面潮湿后，车辆以略高于测试速度驶入试验路段，挂上空挡，待车速达到测试速度立即制动，并保持锁轮状态，直到车辆完全停住。记录下制动时的速度和滑移距离，代入式（6-1），即可得到制动距离数 *SDN*。

标准测试速度为 64.4km/h，也可采用其他速度，但不宜低于 32km/h。每个测试路段至少选择 2 个试验段，而在每个试验段上每个车速的每种规定速度至少测定 3 次。以算术平均值代表试验路段和测试路段的制动距离数。

车辆制动距离数可用以表征路面的抗滑能力。当与其他试验结果结合在一起时，它可用以确定路面材料或表面修整技术是否合适，并用以改善养护工作和养护计划。

6.2.2 滑移指数 *SN*

装有标准试验轮胎的单轮拖车，由汽车拖拉，以要求的测定速度在洒水润湿的路面上行驶抱锁测试轮，通过测定牵引力量测在载重和速度不变的状态下拖拉测试轮时，作用在轮胎和路面间的摩阻力。将摩阻力除以作用在轮胎上的垂直力，可以得到滑移指数。滑移指数 *SN* 计算如下式所示：

$$SN = \frac{F}{W} \times 100 \tag{6-2}$$

式中：F——作用在试验轮胎上的摩阻力（N）；

W——作用在轮上的垂直荷载（N）。

轮上的轴重为固定。轮胎制动时的牵引力由力传感器测量，行驶速度则可由第五轮测定。标准测试速度为 64.4km/h。在测试轮胎前方，安装有洒水装置。洒水带的宽度比胎面至少宽出 25mm，洒水量为每毫米带宽 0.6L/min。

测试路段应选择材料组成均匀、磨耗均匀和龄期相同的平直路段。每个测试路段至少测定 5 次,以算术平均值代表该测试路段的抗滑能力。

6.2.3 横向力系数

拖车上安装有两只可自由转动的标准试验轮胎,它们对车辆行驶方向偏转一定的角度(7.5°~20°)。在汽车拖拉下以一定速度在潮湿路面上行驶时,试验轮胎和路面间受到侧向摩阻力的作用[115]。记录下的侧向摩阻力除以作用在试验轮上的载重,可得到横向力系数 *SFC* 表征的路面抗滑能力的公式为:

$$SFC = \frac{F_s}{W} \tag{6-3}$$

式中:F_s——作用在试验轮胎上的侧向摩阻力(N);

W——作用在轮上的垂直荷载(N)。

选择均匀而平直的路段作为测试路段。测试前约 1min 开始用装在试验轮前方的喷嘴洒水。标准行驶速度约为 64.4km/h。测试结束后约 1min 停止洒水。由力传感器连续记录下的侧向摩阻力和第五轮仪记录下行驶速度,可以得到该测试路段的横向系力系数和测试速度。

6.2.4 构造深度

路面的抗滑能力,随行车速度的增大而下降。路表面的粗构造有利于水的排除,因而高速时路面抗滑能力下降较小。通常以构造深度作为度量指标。平均构造深度越大,高速行驶时抗滑能力的下降越小。平均构造深度可以采用砂容量法进行测定[116]。

将已知容量的标准砂摊填在干净而干燥的路表面空隙内,量测其覆盖的面积,平均构造深度为[116]:

$$TD = \frac{4V}{\pi d^2} \tag{6-4}$$

式中:V——砂样容量(mm^3);

d——砂摊填面积的平均直径(mm)。

测试路面,应选择干燥、均匀、不包含裂缝或接缝的表面。先用硬金属刷而后用软刷将表面泥土或松散颗粒扫除干净。用挡风板将测试表面围住。将已知容量或质量的标准砂灌入容量为 $25cm^3$ 以上的金属或塑料容器。标准砂为通过 0.30mm 筛,保留在 0.15mm 筛上的硅砂,须干净而干燥。然后,将砂倒在测试表面,用底面覆以硬橡皮的小圆盘小心地将砂填在表面空隙内,并与集料颗粒顶端齐平。量测砂摊填面积的直径,以沿圆周等分隔量测 4 个以上直径值的平均值表示。每个测试路面随意选择 4 个以上地点,重复上述步骤测定,以算术平均值作为该测试路面的构造深度平均值[116]。

6.2.5 摆式仪摆值

将摆式的摆锤悬起,当摆锤从一定高度自由下摆时,滑块面同试验表面接触。由于两者间的摩擦而损耗部分能量,使摆锤只能回摆到一定高度。表面摩阻力越大,回摆高度越小。通过量测回摆高度,可以评定表面的摩阻力,以摆值 *BPN* 表示[115,117]。

测试表面应没有疏松颗粒，并用水冲洗干净。试验前，用水透湿试验表面，并在每次测试之间再次用水湿润。每一试验地点需测试4次以上，取平均值以代表该试验表面的摩阻性质和细构造[115,117]。

6.2.6 国际摩阻指数 *IFI*

各国的摩阻性能测试方法不同，这导致了路面抗滑性能评价指标与标准不统一的问题，主要表现为：一方面，不同的检测设备具有不同的测试结果和评价指标；另一方面，不同的国家根据本国道路使用情况的实际制定了自己的抗滑标准。世界道路协会（PIARC）于1995年初次提出以国际摩阻指数 *IFI*（International Friction Index）来评价路（道）面的抗滑性能，并很快被许多国家所接受。在我国还没有得到应用，现就国际摩阻指数进行介绍[112,116-121]。

PIARC模型的典型之处在于采用了速度数 S_p 将实测摩擦系数调整为滑移速度为60km/h时对应的摩擦系数 *FR*60。各种设备可以按自己的要求进行正常的检测，即使由于受交通因素影响而以更高或更低的速度进行检测，只要记录了滑移速度 S 就仍然可以使用PIARC模型。

（1）根据路面构造参数计算速度数 S_p 公式为：

$$S_p = a + b \times T_x \tag{6-5}$$

式中：T_x——路表面构造参数，其值由粗构造测试设备检测得到，如采用激光断面仪，T_x 为所测得的平均断面深度 *MPD*；如采用铺砂法或玻璃珠体积法，则 T_x 为所测得的平均构造深度 *MTD*；

a、b——回归系数，亦可理解为路表面构造深度测定装置或方法的标定参数。

（2）将在滑移速度 S 下测得的摩擦系数 *FRS* 转换为在速度为60km/h时的摩擦系数值 *FR*60。

$$FR60 = FRS \cdot \exp[(S - 60)/S_p] \tag{6-6}$$

式中，滑移速度 S 是轮胎与道路路面接触面的相对速度，它依据以下三种情况确定[112,122]。

①对于锁定轮型摩擦系数仪：

$$S = v \tag{6-7}$$

②对于固定滑移率型摩擦系数仪：

$$S = v \cdot k \tag{6-8}$$

③对于偏转轮型（侧向力型）摩擦系数仪：

$$S = v \cdot \sin a \tag{6-9}$$

上述各式中：v——测试车行驶速度；

k——滑移率；

a——偏转轮的偏转角。

（3）速度为60km/h时的摩擦系数值 *FR*60。

计算标准速度的摩阻数 *F*60，测试轮有光滑轮和花纹轮两种，见式（6-10）、式（6-11）：

光滑轮：
$$F60 = A + B \cdot FR60 \tag{6-10}$$

花纹轮：
$$F60 = A + B \cdot FR60 + C \cdot T_x \tag{6-11}$$

式中：　T_x——路表面构造参数，其取值与式(6-5)相同；

A、B(对于花纹轮还有 C)——摩擦系数设备的系统标定参数，在 PIARC 报告中均已给出。

$FR60$ 由式(6-6)计算得到。

综合以上各式，得到

$$F60 = A + B \cdot FRS \cdot \exp[(S - 60)/(a + b \cdot T_x)] + C \cdot T_x \tag{6-12}$$

(4)国际摩阻指数 *IFI* 的表达式

国际摩阻指数 *IFI* 包括两个参数：速度数 S_p 和标准速度的摩阻数 $F60$，其表达格式为：$IFI(F60, S_p)$，并且根据这两个参数可以计算任何速度下的摩擦系数值：

$$F(S) = F60 \cdot \exp[(S - 60)/S_p] \tag{6-13}$$

(5)*IFI* 评价指标的应用

在制定了以 *IFI* 为指标的评价标准 $IFI^*(F60^*, S_p^*)$后就可以利用图 6-1 曲线来判断路面抗滑性能是否满足要求及判定抗滑性能不足的原因。

图 6-1 中，A 区：抗滑性能良好；

B 区：S_p 偏小，需改进路表粗构造；

C 区：$F60$ 偏小，需改进路表细构造；

D 区：S_p 和 $F60$ 均偏小，需改进路表粗构造与细构造。

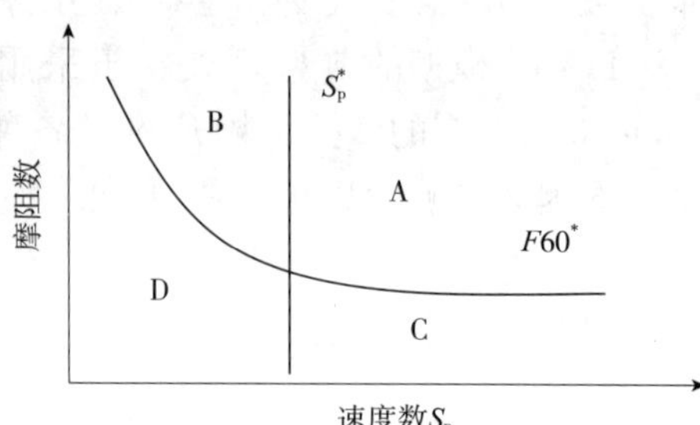

图 6-1　国际摩阻指数 *IFI* 示意图

6.3　摩擦系数测试系统

目前较常用的测试系统有横向力测试系统(检测仪器有英国 TRL 原产的 SCRIM 等)、纵向摩擦系数测试系统(检测仪器有瑞典 ASFT 产的 Safegate，英国 Findlay Irvin 产的 GripTester，丹麦产的 Dynatest1295 Pavement Friction Tester)、构造深度测试仪及摆式仪(英国 TRL 为原型)。

6.3.1　横向摩擦力测试系统

1)基本原理

横向力法(SCRIM 法)是在借助机械方法推动车轮转动的同时，又对其施以附加阻力使车轮在路面滚动时产生一定的滑溜(即轮胎与路面发生滑动摩擦)，通过检测及计算将所施加与车轮前进方向矢量相反的水平阻力和轮的垂直重力的比值作为路面摩擦系数。因施加的附加阻力与车轮前进方向是道路的纵向，所测数值是路面纵向摩擦系数，但在道路行车状态时，由于路拱或横坡的存在，汽车在制动时又因各车轮的制动阻力不可能绝对相等，汽车在路面就常有横向侧滑的倾向，为使所测的摩擦系数更符合汽车在路面行驶时的工作状况，应取车轮产生侧向滑动时产生的横向阻力来测定路面摩擦系数[123]。测试原理图见图 6-2。

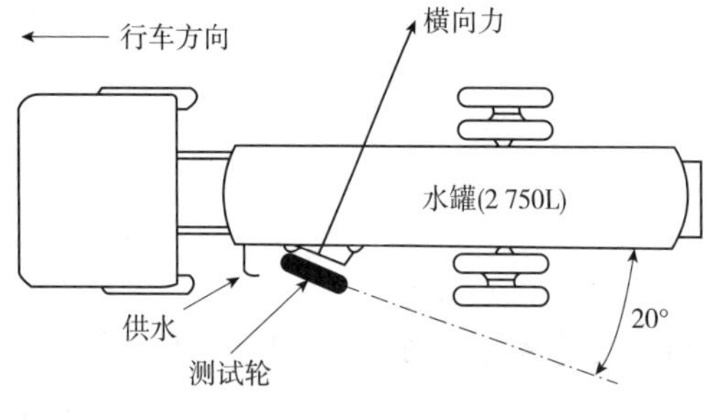

图 6-2　横向力系数测试原理图

2)基本构造

路面横向力系数测定设备的基本构成包括装载车部分、测量机构、供水系统、数据采集处理系统及附属部分。各个部分协调一致,有机配合才能达到完成采集路面抗滑性能数据的功能。下面以 SCRIM 为例介绍其基本构造[123],测试系统外观见图 6-3。

图 6-3 SCRIM 测试系统外观

(1)车身部分:标准的商用车辆,并具有合适的功率—质量比。

(2)水箱:钢材焊制成的矩形水箱,内外均经抗腐蚀处理,容积为 5 500L ± 10%。

(3)测试轮装置:主体支架安装在车身的侧面。在主体支架上,安装有垂直的支撑柱和测试轮的升降装置。后板装置安装在垂直柱上,包括旋转臂、轮毂和测试轮。这一装置的质量形成了一个恒定 2000N 的垂直荷载。

(4)资料记录和控制装置包括:逻辑装置、操作控制板、显示和数字式数据采集系统。逻辑装置用于调整由速度和测试传感器接收到的各种电子信号,进行信号处理,并将信息分发给各种外围设备。

(5)测试和数据采集。

①数据采集:连续测试,在一个预先选定的距离(5m、10m 或 20m)上计算和显示平均摩阻值 *SFC*(SCRIM 读数)。

②速度和距离:采用一个装于车上的精确的辅助传感器得出行驶距离,并显示以 km/h 为单位的速度。

(6)选择装置。

①高速纹理探头:非接触式激光位移传感器,可通过物理接触而测得它与当时路面的距离。

②空气和路面温度探头:两个独立的非接触探头,用于测量空气和路面的温度。

③辅助水泵和连接管。

(7)操作:测试速度的范围为 20 ~ 100km/h。一箱水可测试 50km 以上的路面。在大多数情况下,本设备在交通干线上操作,不需要其他任何特殊措施。测试轮自动降下,置于路面上,获得由操作者选择的 5m、10m 或 20m 长路段的摩擦系数平均值。

横向摩擦力测试系统操作流程详见相关规程。

3）检测方案的制订

对于检测的路段，首先根据路段的长度确定是否需要加水以及加水的次数。在高速公路上检测时检测速度通常低于车辆的正常行驶速度，因此需做好安全提示工作，如检测车辆设置警灯和警报器，还可以配置检测维护车辆，对过往车辆进行警示并对检测车道进行车流疏导。此外的辅助工作包括测试过程中交叉口、转弯等特殊路段及里程桩号的记录。

4）测试数据的分析

（1）对于公路的新建和改建，评定路段的路面横向力系数按 *SFC* 的设计或验收标准值进行评定，*SFC* 代表值为 *SFC* 算术平均值的下置信界限值，如下式所示：

$$SFC_{\gamma} = \overline{SFC} - \frac{t_a}{\sqrt{n}} S \tag{6-14}$$

式中：SFC_{γ}——*SFC* 代表值；

$\overline{SFC}$——*SFC* 平均值；

S——标准差；

n——检测点数；

t_a——t 分布表中随测点数和保证率（或置信度 a）而变的系数，可查询相关的统计列表，采用保证率：高速公路、一级公路为95%，其他公路为90%。

当 *SFC* 代表值不小于设计和验收标准时，按单个 *SFC* 值计算合格率；当 *SFC* 代表值小于设计或标准值时，相应分项工程评为不合格。

（2）对于已有道路的养护管理及公路技术状况和服务水平的评定，根据《公路技术状况评定标准》（JTG H20—2007），由横向力系数计算抗滑性能指数（*SRI*）的公式为：

$$SRI = \frac{100 - SRI_{\min}}{1 + a_0 \exp(a_1 \times SFC)} + SRI_{\min} \tag{6-15}$$

式中：*SFC*——横向力系数；

$SRI_{\min}$——抗滑性能限值，采用35；

a_0——标定系数，采用28.6；

a_1——标定系数，采用 -0.105。

由表6-1确定路面抗滑性能等级。

路面抗滑性能评定标准 表6-1

评定等级	优	良	中	次	差
各分项指标	≥90	≥80，<90	≥70，<80	≥60，<70	<60

6.3.2 纵向摩擦系数测试系统

1）测试车基本原理

纵向摩擦测试车主要工作原理是承受恒定垂直荷载的测试轮与路面紧密接触，并以恒定速度沿着与车辆前进方向平行的方向前进，在测试轮上产生一个纵向滚滑摩擦力。纵向摩擦力由力矩传感器测得，与路面轮胎之间的摩擦系数成正比。纵向摩擦力与由垂直负载传感器测得的测试轮竖向荷载的比值即为纵向摩擦系数值。为使测试状态与实际最不利状态相吻合，利用洒水箱喷头在测试轮前喷洒一定量的水，使路面保持一定厚度的水膜。

2)测试车基本构造[124-125]

纵向摩擦系数测试系统通常包括如下几个部分：

(1)拖车式测试系统

拖车式测试设备具有易于拆卸和维护保养等优点。

(2)测试轮系统

第二部分测轮系由测试轮、垂直负载和力矩传感器、测轮液压缸、变速轮、测轮齿、链条传动、水箱等组成。

(3)计算机系统

第三部分是计算机系统，由数据放大器、处理和打印数据的中央单元、键盘和显示单元组成。图6-4、图6-5分别是GripTester和Safegate测试系统的外观，图6-6是Dynatest1295双轴测试系统的外观。

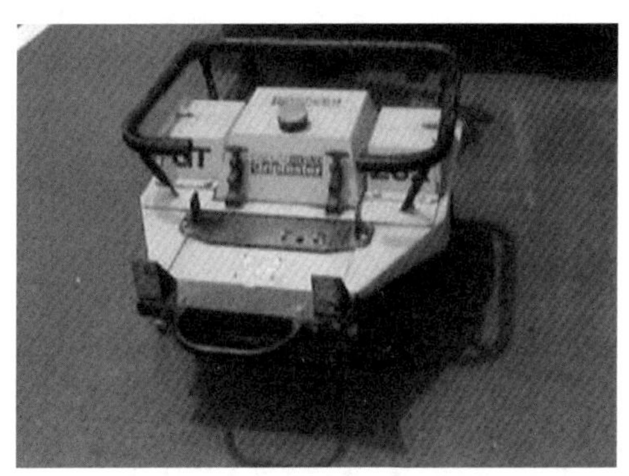

图6-4 GripTester测试系统外观

图6-5 Safegate测试系统外观

图6-6 Dynatest 1295路面摩擦测试系统拖车及测试车外观图

3)其他

检测的步骤和测试数据的分析与横向力测试系统类似，在此不再赘述。

6.3.3 路面摆值测试系统

1)摆式仪的构造

摆式仪的形状及结构如图6-7所示，摆及摆的连接部分总质量为1 500g ± 30g，摆动中心

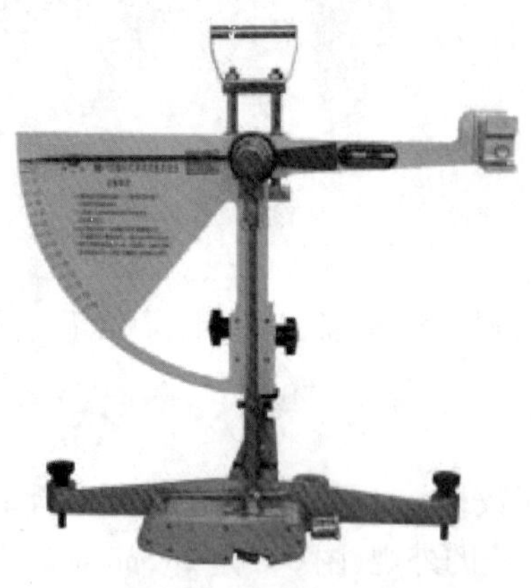
图 6-7　摆式仪结构示意图

至摆的重心距离为 410mm ± 5mm，测定时摆在路面上滑动长度为 126mm ± 1mm，摆上橡胶片端部距摆动中心的距离为 508mm，橡胶片对路面的正向静压力为 22.2N ±0.5N。

2）摆式仪原理

摆式仪的摆锤底面装一橡胶滑块，当摆锤从一定高度自由下摆时，滑块面同试验表面接触。由于两者间的摩擦而损耗部分能量，使摆锤只能回摆到一定高度。表面摩擦阻力越大，回摆高度越小（即摆值越大）[126]。

3）温度修正[126-127]

当路面温度为 t（℃）时，测得的摆值为 BPN_t，必须按照下面公式换算成标准温度 BPN_{20}。

$$BPN_{20} = BPN_t + \Delta BPN$$

式中：BPN_{20}——换算成标准温度 20℃ 的摆值；

BPN_t——路面温度 t 时测得的摆值；

ΔBPN——温度修正值，如表 6-2 所示。

温度修正值　　表 6-2

温度（℃）	0	5	10	15	20	25	30	35	40
温度修正值 ΔBPN	−6	−4	−3	−1	0	2	3	5	7

6.4　JGMC-2 横向力系数检测系统在高速公路上的检测应用

JGMC-2 型路面抗滑性能检测系统（图 6-8）是北京今谷神箭测控技术研究所开发的具有自主知识产权的路面横向力系数测试系统，该设备通过了交通部公路工程检测仪器计量检定站的检定合格认证，能按照《公路技术状况评定标准》（JTG H20—2007）的要求提供检测数据。

图 6-8　JGMC-2 型路面抗滑检测系统

（1）摩擦系数测试系统的仪器设备

①测试拖车：有车辆底盘、测量机构、载荷传感器、位移传感器及标准测试轮胎等。标准测试轮胎要求为光面轮胎，其标准气压为 0.35MPa ± 0.01MPa，当轮胎直径减少达 6mm 时，需要更换轮胎。

②洒水设备：路面水膜厚度不小于 1mm，测量速度为 50km/h。

③电控箱：能够读取载荷传感器、位移传感器的数据，能够监测测试系统的工作状态，同时能够手动操作测试轮的上升与下降，以及控制洒水。

④笔记本电脑和配套软件：笔记本电脑与电控箱之间通过 USB 连接，能够实时显示摩擦系数、车速和里程，能够控制各部分协调运行。

(2)测试过程[127]

①将测试轮安装紧固且保持在升起的位置上，将车开到测试路段起点前约 10m 处停下。

②降下测试轮，打开水泵（或水阀）检查水流情况是否正常或水流是否符合要求，检查仪表各项指数是否正常。

③打开软件，点击“文件确认”，命名新的文件，然后按‘返回’进入测试状态，表明可以开始测试。

④启动汽车，以 50km/h 的速度前进，当车到达测试路段起点时，在软件界面上点击“开始试验”按钮，开始进行测量。这时可以通过软件界面观察测试状态和测量曲线。

⑤到达测量结束点后，点击“结束试验”按钮，测试过程结束。

(3)测试数据处理

本测试软件包括数据处理软件，可以计算和打印出每一个计算区间的摩擦系数值、行程距离、行程速度以及总段路的摩擦系数评估值。测量结果可以转化为 Excel 格式，以供数据分析和打印[128]。

《公路技术状况评定标准》(JTG H20—2007)规定高速、一级公路每两年检测一次，抗滑性能宜采用基于横向力系数的路面抗滑性能检测设备或其他具有可靠数据标定关系的自动化检测设备。检测设备必须定期标定，每年至少标定一次。路面抗滑性能检测数据（横向力系数）应以 20m 为单位长期保存。

对某高速公路进行路面抗滑性能检测，采用 JGMC-2 型路面抗滑检测系统，检测速度为 50km/h。JGMC-2 路面抗滑性能检测系统需要设置拖车，在拖车上设置水箱进行测试路段洒水，受水箱储水量的限制，每检测完 50km 左右就要加水，因此检测时一般安排一台洒水车进行供水。检测时设备按 20m 的间距自行记录测试速度和横向力系数，并能进行公里自动数据汇总。图 6-9 是测试时的工作界面。

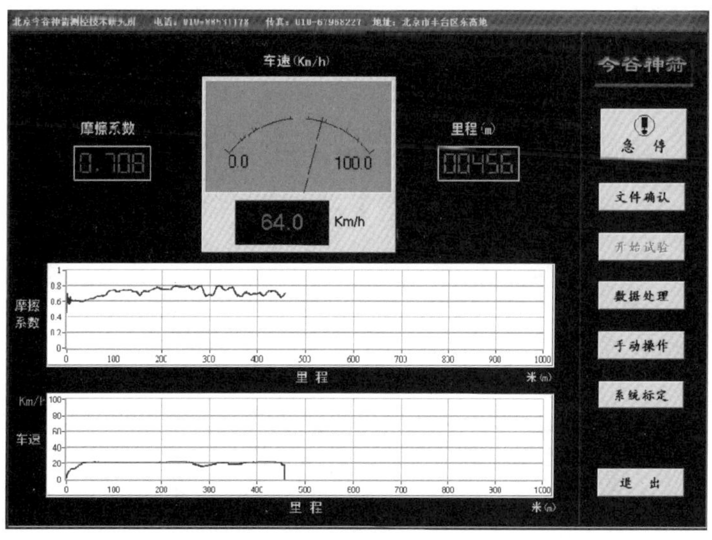

图 6-9　测试时的工作界面

对左右两幅行车道的横向力系数进行统计汇总,其结果如表6-3所示。

某高速公路各行车道不同抗滑性能评价等级路段长度统计表　　表6-3

评价等级	右行		左行	
	长度(km)	比例(%)	长度(km)	比例(%)
优	46	25.1	34	18.6
良	136	74.4	146	79.8
中	1	0.5	3	1.6
次	0	0.0	0	0.0
差	0	0.0	0	0.0

第 7 章　路基病害无损检测技术

7.1　概述

路基是高速公路的承重主体，承受着路基本体自重和路面结构的重力，同时还承受由路面传递下来的行车荷载[129]。作为高速公路的主体工程，路基应具有足够的承载能力、耐久性和稳定性。坚固的路基，可起到提高高速公路使用性能、保障行车安全及延长路面使用寿命的作用。

高速公路路基作为隐蔽性工程，由于其不与车辆荷载直接接触，其重要程度往往受到忽视。在高速公路的建设及养护期间，对路基的重视程度不足，给路基病害的产生与发展留下了足够的空间。另外路基病害的产生与发展不像路面病害那么直观易见，很难通过日常的巡查发现，只有等到路基病害发展到一定程度，反映到路面上来的时候，才会引起人们的重视，而此时的路基病害已发展到相当严重的程度，很难得到根治。

对高速公路路基病害，应遵循早发现、早诊断、早处治的原则。由于路基属于隐蔽工程，传统路基病害检测方法如现场开挖、钻探等是有损检测，对路基路面破坏较大，效率低，不连续，检测精度受人为及外界影响因素大，精度低，且对交通干扰大。高速公路路基病害无损检测方法检测效率高、精度高，且对交通影响小，是一种行之有效的检测方法。

7.2　基于病害产生机理的路基病害分类及状况评价方法

1）路基病害类型划分原则

公路路基病害类型划分应遵循以下原则：

（1）病害类型的划分以路基病害特征和成因为主要依据；

（2）病害类型的命名以表观现象和通俗易通，并照顾现场的需要为依据；

（3）路基病害均与路基状态有关，包括路基本身状态不良造成路基不稳定、安全受到威胁，与路基状态无关者则不作为路基病害；

（4）针对狭义路基，对路基工作区内路基病害进行划分，而上边坡、下边坡、支挡结构等不在划分范围之内。

2）路基病害类型划分

在对国内外研究文献查阅的基础上，并结合湖南省几条典型高速公路路基病害的调研、现场勘察及室内试验，依据高等级公路路基病害类型划分原则，将高等级公路路基病害划分为 10 大类。

(1)翻浆唧泥

①翻浆

路基由于冻融循环,土体强度显著降低,以致承载能力丧失,在行车荷载的反复作用下发生"弹簧"、开裂、鼓包,严重时泥浆外冒的现象。翻浆多发生在气温回升,路基路面开始化冻的春季以及雨后,其主要特征是:翻浆基本上沿路基路面裂缝处上冒溅出,且雨后会延续一段时间,浆液一般较稠,颜色一般与路基填料颜色一致或稍深,浆液会在路面上留下呈带状或片状的污渍。翻浆在沥青路面路段发生得比较多。

②唧泥

唧泥一般发生在水泥混凝土路面路段,面板在重型轴载作用下,向下运动,使得水和路基土通过接缝裂缝,或沿着路面边缘向外挤出。水泥路面唧泥多发生在存在板底脱空的水泥面板处,在重型轴载作用下,路基土伴随水溅出,严重时浆液会溅至路边防撞护栏。浆液一般较稠,颜色与路基填料颜色一致或稍深,浆液会在发生唧泥面板处留下大片泥渍。

(2)路基开裂

路基开裂可以分为两种,一种是由于路堤与地基的不均匀沉降引起,称为不均匀沉降裂缝;一种是由于路堤滑动引起的,称为滑动裂缝。

由于路基填料不均或地基不均匀沉降导致路基产生横向或纵向的裂缝。路基横向开裂常见于填挖交界处或地质条件、填料发生突变的地方。横向开裂主要由路基差异沉降引起,严重时裂缝会通过基层反射到路面,造成沥青路面横向开裂或水泥路面断板[129]。路基不均匀沉降产生的路基纵向开裂多见于半填半挖路基、新老路基拼接处及高填方路基,长度一般几米至几十米不等,严重时会通过基层反射到路面。

滑动裂缝是由路基失稳,形成滑动面引起的,一般为纵向裂缝,严重时会形成错台,甚至会导致整个路基破坏。

(3)路基沉陷

由于填料选择不当、填筑方法不合理、压实度不足或地基承载力不足等,在行车荷载、水及温度的综合作用下,路基发生局部沉降的现象称为路基沉陷[130]。路基沉陷多见于山区高速公路高填方路段。

①路基沉降

路基沉降是指路基表面在垂直方向产生较大的落差。路基沉降包括两种,一种是路基体本身的沉降,另一种是由于路基下部天然地面承载力不足,在路基自重的作用下引起沉降或两侧挤出。

路基沉降多见于山区高速公路高填方路段。

②路基沉缩

因路基填料选择不当、填筑方法不合理、压实度不足,在路基内部形成过湿夹层,在荷载和水共同作用下引起的路基本体沉缩,称为路基沉缩。

路基沉缩多见于具有湿陷性的黄土路基及不易压实的高液限黏土及膨胀土路基。

③地基沉陷

由于地基承载力不足,在路基本体自重及行车荷载的反复作用下,地基发生沉陷,进而造成路基沉陷,并导致路面出现裂缝。地基沉陷一般多见于山区高速公路高填方路段及山涧洼地软土分布路段。

④桥头跳车

桥头跳车,即桥涵两端一定范围内路基顶面相对桥面整体变形下沉,车辆行驶至此引起车辆振动导致人体不适或必须减速行驶[131]。桥头跳车一般是由于地基基础下沉和路基变形引起。

⑤隧道口跳车

在隧道口位置,由于洞内与洞外路基的不均匀沉降,在隧道口产生错台,行车经过时发生振动的现象[129-131]。

(4)路基冻胀

路基水在冬季受低温影响将引起路基冻胀,水自温度较高的土层向温度较低的土层方向移动,在温差聚水作用影响下,水分将迅速聚集进而形成聚冰层。结冰后土体发生膨胀,形成冻胀[132-135]。考虑冻胀产生原因的不同,可将其分为以下三种。

①高寒地区路基冻胀

我国多年冻土分布很广,较集中的地区是东北大小兴安岭和青藏高原。在高寒地区,由于土中的水在冻结过程中能向冷冻峰面迁移,并不断冻结析出冰层,水结成冰,体积增大9%,使土颗粒相对位移而发生冻胀,路基被抬起,融化后则使路基土剧烈沉陷。

②盐渍地区路基冻胀

盐渍土是不同程度盐碱化土的总称。在公路工程中,盐渍土系指地表下1.0m内易溶盐含量平均大于0.3%的土。一定含量的硫酸物盐或氯化物盐在适宜的含水率和温度条件下表现出盐-冻胀变形特性,导致路基产生冻胀和融化下沉现象。

③南方地区路基冰雪冻胀

南方地区地表冬季冻结而在春季又全部融化。路基土开始冻结时,水分向冻结峰面集聚。由于路面导温性较两侧路肩强得多,路面下路基土冻结速度快,冻结深度也大,冻结线在路面下呈凹曲线,路基下部和路肩土体中水分向路面下的路基部分聚集,形成较厚的聚冰层,从而产生冻胀,造成路面不平或产生裂缝。春季路基开始融化,路面下的土较路肩融化快,使路基形成凹形残留冻土核。冻土核为一不透水层,使其上部已融化的土中水分不能排除,从而形成翻浆。

(5)排水系统不良

路基路面排水系统包括暗沟、渗沟、渗井、路面表面排水系统和路面内部排水系统。当这些排水系统设置不足、积水或者破坏时,会导致路基路面排水不良,地表水和地下水不能及时、充分的排出,对路基土产生侵蚀和冲刷,导致路基土含水率过高而产生一系列的破坏。

(6)路基空洞

在路基工作区内,由于路基填土土质、路基施工时碾压不足、地下水冲刷或下降、地下管道破损、地下溶洞塌陷、行车荷载振动等原因,可能形成路基空洞现象,如果不及时处理,将引起路基沉陷、开裂等更多的路基病害,严重时可能导致整个路基破坏。

(7)路基疏松

路基疏松,即路基土不够致密或路基土体不连续。疏松是由于施工期间压实度不足或路基在行车荷载作用下软化造成压实度降低引起的。路基疏松造成路基填料孔隙率增大,承载力降低,同时雨水更容易侵入,进一步降低路基承载能力。

(8)路堤边坡冲刷

路堤边坡冲刷是指路堤土质边坡、滨河(水库、水塘)路堤边坡或严重风化的软质岩石路堤边坡受到水流的冲蚀、冲刷作用而形成的冲沟或冲坑的现象。根据边坡冲刷成因及表现形式的不同,边坡冲刷又可分为边坡掏刷和水毁冲沟。

①边坡掏刷

边坡掏刷是指路堤边坡或岸坡受地表径流冲刷而形成的局部冲蚀,危及边坡稳定性。边坡掏刷在雨季时比较严重,严重时可造成边坡溜塌。

②水毁冲沟

水毁冲沟是指填方路段的边坡受水流的冲刷作用出现冲沟、缺口、沉陷等病害,水毁冲沟严重时会影响到路基的稳定性[136]。

(9)路堤边坡滑塌

路堤边坡滑塌是指路堤边坡发生的岩石塌落、缺口、冲沟、沉陷、塌方等。边坡设计坡度过大、切坡过多、岩石风化、洪水冲刷、春融等是引起边坡滑塌的主要原因[136]。根据边坡滑塌的成因及表现形式,可将边坡滑塌分为以下三种:

①边坡溜坍

边坡溜坍是指土质边坡表层受地表水下渗或地下水影响,使表层土含水饱和失去稳定而形成边坡浅层溜滑和坍塌。

②边坡滑坡

边坡滑坡是指边坡土体或岩体,受地表水冲刷、地下水活动、地震及人工扰动等因素的影响,在重力的作用下,沿一定的软弱面或软弱带,整体地或分散地顺坡向下滑动的现象。

③边坡崩塌

边坡崩塌是指边坡上被直立裂缝分割的岩土体,因根部空虚,折断压碎或局部滑移,失去稳定,突然脱离母体向下倾倒、翻滚的现象。

(10)外挤变形

路基内含水率过高,路基填土经常处于软塑状态,在自身重力及行车荷载反复作用下,路基发生剪切破坏,发生外挤变形[136]。外挤变形是因路基强度不足引起的,在路基内的影响深度较大。外挤变形可分为以下三种。

①路肩拱起

路床土处于软塑状态,路床发生剪切破坏,在路肩单侧或双侧向上拱起的变形为路肩拱起。

②路肩外挤

路肩外挤是指路床内的土经常处于软塑状态,而路床下部某一深度处存在刚卧层或密实土层,沿交界面发生路肩侧向挤出的变形。

③边坡外鼓

在黏性土或粉土路堤上,受水和行车荷载的影响,路基局部变形向边坡方向发展,而使边坡中下部向外鼓出的现象称为边坡外鼓。

3）路基状况评价方法

（1）路基状况评价指标

依据我国目前公路设计、施工控制指标，并结合路基病害表征指标及对运营高速公路的广泛调研，基于指标的相对独立性和可检测性，提出以路基平整度、含水率、回弹模量和压实度作为路基状况评价指标。

（2）高等级公路路基状况评价方法

①以路基状况分项指标值对路面结构力学性能影响规律为基础进行路基内部各分项状况指标的分级。

以路基病害模拟现场试验（试验方案另述）、既有路基试验路段，结合路基病害和状况有限元模型，确定路基各分项状况指标对路面结构力学性能的影响规律。根据各指标变化值对路面结构力学性能的影响，将各状况指标分为不同的等级。

②各路基状况分项指标按百分制评分，按各评价等级对应的各指标值域进行线性插值，最终确定路基状况各分项指标评分。

③拟采用层次分析法和专家主观赋权法相结合的方法，确定各指标权重。通过层次分析法分析得到的权重向量即为各层次各指标权重。专家主观赋权法依赖于专家经验和知识确定各指标权重。通过两种方法的结合综合确定各分项指标的权重，构成路基状况综合评价指标。

$$SCI=\sum_{i=1}^{4}w_i p_i \tag{7-1}$$

式中：w_i——第 i 类路基指标的权重，按表 7-1 取值；

p_i——第 i 类路基指标项得分，按表 7-1 取值。

路基损坏评分标准　　表 7-1

类型 i	指标	允许偏差	得分	权重 w_i
1	路基平整度	实测值≤25mm	100	0.2
		60mm＞实测值＞25mm	$100\ \frac{实测值-25}{60-25}\times 100$	
		实测值≥60mm	0	
2	含水率	|实测值－标准值|≤2%	100	0.2
		5%＞|实测值－标准值|＞2%	$100-\frac{\lvert 实测值-标准值\rvert-2\%}{3\%}\times 100$	
		|实测值－标准值|≥5%	0	
3	回弹模量	符合实际要求	100	0.3
		不符合设计要求	0	
4	压实度	实测值≥标准值	100	0.3
		标准值＞实测值＞标准值－5%	$60+\frac{实测值-(标准值-5\%)}{5\%}\times(100-60)$	
		实测值≒标准值－5%	60	
		实测值＜标准值－5%	0	

根据《公路技术状况评定标准》(JTG H20—2007)的规定,路基技术状况可分为优、良、中、次、差五个等级,具体评价标准如表7-2所示。

路基技术状况评价标准 表7-2

评价等级	优	良	中	次	差
路基技术状况 *SCI*	≥90	≥80,<90	≥70,<80	≥60,<70	<60

目前,我国《公路技术状况评定标准》(JTJ H20—2007)对路基的检测评价指标体系与模型仍然只停留在外观损坏的层面,对于既有公路路基病害发展程度由哪些指标来表征、不同发展程度各表征指标的阈值、路基病害的检测频率、检测指标、检测方案等关键性问题的研究仍处于初级阶段。

7.3 路基病害无损检测技术介绍

7.3.1 探地雷达路基病害无损检测技术

探地雷达(探地雷达)是一种快速、无损的检测方法,适用的领域非常广泛。本节针对探地雷达在路基病害无损检测技术中的应用进行阐述。

探地雷达是指利用电磁波在媒质电磁特性不连续处产生的反射以及散射实现非金属覆盖区域中目标的成像、定位,进而定性或者定量地辨识探测区域中的电磁特性变化,实现对探测区域中目标参数的探测[137]。探地雷达设备主要由发射和接收两部分组成,如图7-1所示。

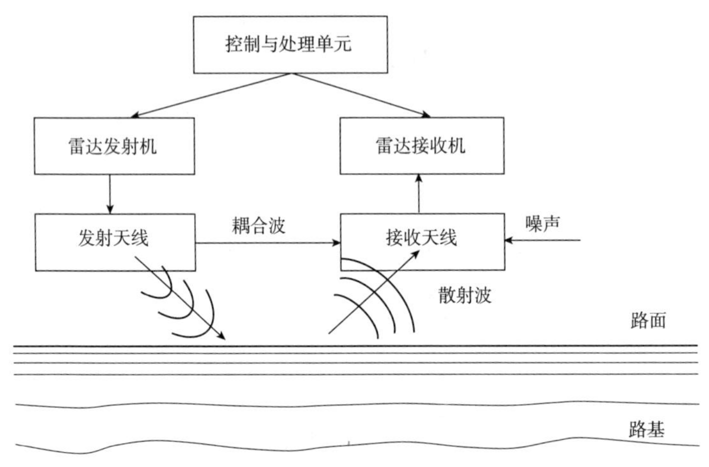

图7-1 探地雷达对路基状况探测示意图

发射部分通过发射天线向下发射超高频宽频带短脉冲电磁波,接收部分通过接收天线接收经地下界面反射折向地表的反射波时间序列。通过图像处理和分析,可确定地下界面或地下介质的空间分布与结构。

图7-2即为探地雷达接收回波的典型示例,第一个回波是空气—土壤的界面引起的,这也是最强的回波,其后出现的其他回波则为目标回波以及浅地层杂波[138-141]。该散射回波是由当前发射和接收天线采集的单道数据,称为A-scan。

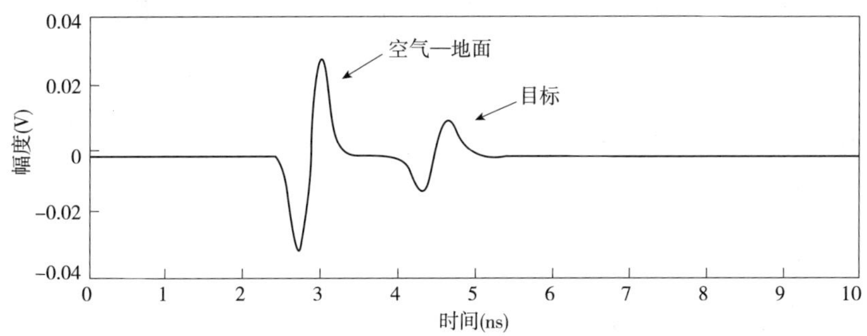

图7-2 探地雷达 A-scan 单道数据示意图

通过在地面移动天线的位置,可以得到二维 B-scan 或三维 C-scan 的图像。B-scan 和 C-scan的扫描方式示意图如图7-3 所示。

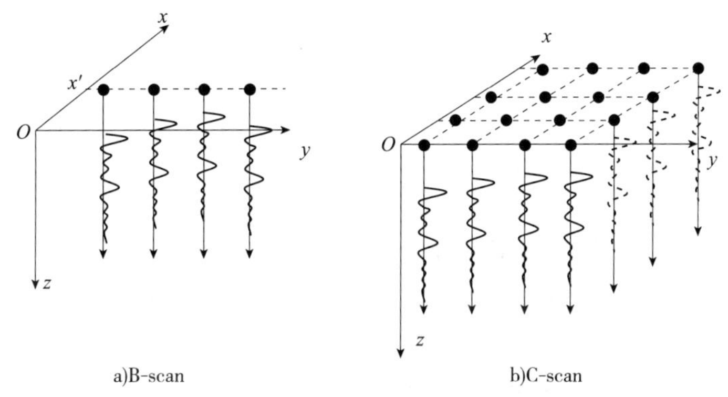

图7-3 探地雷达 B-scan 和 C-scan 示意图

探地雷达对路基病害进行探测时,常用的方法是孔径成像,即:根据预估的病害深度和平面位置,在路面上设计扫描网格,依次进行精细扫描,获得一/二维的扫描剖面图,然后对剖面图进行聚焦成像处理,进而获得路基病害的二/三维成像结果。适合于路基病害成像的算法主要包括:后向投影(Back Projection,简称 BP)成像算法、分层媒质中目标的衍射层析(Diffraction Tomography,简称 DT)成像算法等。成像处理前,需要进行合理的建模,包括路面层、路基层的各层材料构成和介电特性,并设计相应的成像算法。

7.3.1.1 探地雷达数据处理技术

探地雷达数据处理是指根据具体的探测场景以及需求,在所搜集到的散射数据中提取信息的过程。一般包括探地雷达数据预处理、媒质参数估计和地下被测区域的高分辨成像这几部分[142]。

1)探地雷达数据预处理

探地雷达探测目标后所获取的接收信号中存在一定噪声、干扰,但自目标返回的反射回波通常相对较弱,将之与干扰以及噪声中区别出来有一定困难,这就给数据的处理、解译造成一定阻碍。在这种情况下,为获得高质量(精度、分辨率)数据处理、解译结果,有必要对所获取的数据进行预处理,从而降低干扰、噪声影响,提升数据质量。当前,天线耦合波和直达波抑制、噪声抑制、波形修正、射频干扰抑制等即为主要的探地雷达预处理算法[143-146]。

探地雷达对非金属媒质内目标进行探测时，从系统角度出发，探地雷达的接收信号可采用线性模型来近似：

$$w(t)=o(t)+d(t)+s(t)+n(t) \tag{7-2}$$

式中：$o(t)$——收发天线间的直接耦合波分量，$o(t)=f_s(t)*f_{a1}(t)*f_c(t)*f_{a2}(t)$，简称直耦波；

$f_s(t)$——加在发射天线的激励信号；

$f_{a1}(t)$——发射天线的冲激响应；

$f_{a2}(t)$——接收天线冲激响应；

$f_c(t)$——天线间的互耦响应；

$d(t)$——地层或其他环境媒质表面的直接反射波分量，简称直达波，$d(t)=f_s(t)*f_{a1}(t)*f_d(t)*f_{a2}(t)$；

$f_d(t)$——媒质表面的冲激响应，当天线与媒质表面间距较小时，$f_d(t)$也包含了天线与媒质的互耦影响；在探地雷达的应用中，环境媒质表面的粗糙度、材料、密度等并不相同，使得各种材质的互耦响应也各不相同，这就加大了应用中直达波分量的变化性及其不可预测性[147]；

$s(t)$——媒质内目标反射回波分量，$s(t)=f_s(t)*f_{a1}(t)*f_g(t)*f_t(t)*f_g(t)*f_{a2}(t)$；

$f_g(t)$——地层或其他环境媒质的冲激响应；

$f_t(t)$——媒质内目标的冲激响应；目标反射回波受地层或其他环境媒质的影响，在波形上会有所变化，与天线的辐射波形有所区别[137,148]；

$n(t)$——噪声与干扰，主要包括各种随机噪声（外界的随机噪声、系统的热噪声等），空间其他物体的反射波构成的背景杂波，以及外界电磁波辐射引起的射频干扰（RFI）等。

由于收发天线及天线与地层的互耦影响较大，在接收信号中较早地到达时间段中，将引发较强的直达波以及直耦波，并通常具有拖尾振荡，这将对目标回波 $s(t)$ 接收信号造成很大干扰，对如 $n(t)$ 的其他信号成分也将带来影响。综合这些分析，探测时所搜集到的回波实质上是波形畸变、弱信噪比的信号，针对这一点，预处理主要就是降低、去除干扰信号成分，使数据信噪比提高，同时修正接收回波[137,144-146,148-152]。

2）*媒质参数估计与分层技术*

在探地雷达探测中，为实现高分辨高精度的数据处理与解译，在广泛参考各种信号处理理论和算法的基础上，结合具体的探地雷达探测特点，系统地研究了各种数据处理与解译方法，包括目标回波幅度和时延的估计问题、媒质中电磁波传播速度和介电常数的估计方法，以及普查数据中的 ROI 提取和目标的粗分类。

（1）幅度与时延估计

反射回波的幅度和时延（TOD）包含了目标的位置及电磁特性等信息，精确的幅度和时延估计可为数据解译提供准确信息，能为目标分类识别、成像、波速以及介电常数估计等处理提供基础，所以幅度与时延估计是探地雷达信号处理中一个重要而基本的问题[153]。

采用反射回波的叠加模型，测量位置 x 处的回波信号可表示为：

$$w(x,t) = \sum_k A_k(x)s[t - t_k(x)] + n(x,t) \tag{7-3}$$

式中：$n(x, t)$——零均值的噪声和干扰；

$A_k(x)$、$t_k(x)$——不同目标回波的衰减系数和时延；

k——目标回波的序号；

$s(t)$——幅度归一化的回波参考信号，其能量为 $E_s = \int_t s^2(t)\mathrm{d}t$，可知第 k 个回波的能量为 $E_k(x) = A_k^2(x)E_s$。

在 $n(x, t)$ 是高斯白噪声的情况下，匹配滤波器或相关检测器是最优的检测器，基于匹配滤波或相关处理的参数估计具有很好的性能，可将其运用于幅度和时延估计：

$$R_{\mathrm{ws}}(x,t) = \int w(x,t+\zeta)s(\zeta)\mathrm{d}\zeta \tag{7-4}$$

在 $R_{\mathrm{ws}}(x, t)$ 上搜索局部的最大相关值，计算峰值的幅度和时延，可获得 $A_k(x)$ 和 $t_k(x)$ 的估计值。如果各目标回波在时间上不重叠，则在一个目标回波的时间宽度 T 内的匹配滤波输出 $R_{\mathrm{ws}}(x,t_k(x)) \cong A_k(x)/E_s$，可保证幅度估计的准确性。如果回波部分重叠，即使在时间上能分辨出相关峰，也不能获得准确的幅度估计。

在不同位置 x 测量时，接收信号中的随机噪声和杂波是不相关的，因此，通过时空域内的加窗平均可提高匹配滤波的信噪比：

$$R_{\mathrm{ws}}(x,t) = \frac{1}{L_x}\int\int_{-L_x/2}^{L_x/2} w(x-v,t+\zeta)s(\zeta)\mathrm{d}v\mathrm{d}\zeta \tag{7-5}$$

式中采用了水平 x 向的矩形窗，所选窗宽度 L_x 应比杂波的相关长度更大，但 L_x 的最大取值受限于回波时延的平稳性及分辨率的要求。值得注意的是加窗平均一般会引起分辨率的降低。

为提高加窗平均的匹配滤波的效率与性能，可结合时延剖面跟踪技术，分两步实现幅度与时延估计：首先，在连续扫描的回波数据（B-scan）内，跟踪横向回波时延获得时延剖面 $t_k(x)$；随后进行加窗的匹配滤波[153]。因为已获得了粗略的时延剖面 $t_k(x)$，所以只需在 $t_k(x)$ 处进行匹配滤波，则式(7-5)变为：

$$R_{\mathrm{ws}}^{(k)}(x,t) = \frac{1}{L_x}\int\int_{-L_x/2}^{L_x/2} w(x-v,t_k(x)+\zeta)s(\zeta)\mathrm{d}v\mathrm{d}\zeta \tag{7-6}$$

上式相比于式(7-5)计算量有了一定程度的减小。通过采用 TOD 横向跟踪，在 $R_{\mathrm{ws}}(x, t)$ 上搜索局部的最大相关值时，通过匹配滤波对回波时延的横向连续性的有效利用，从而使错误回波峰处理或出现时延奇异值的概率降低，进一步提升时延估计的精度。此外，TOD 跟踪结合加窗平均处理，也能够提高低信噪比情况下的幅度估计精度[153]。

(2)电磁波传播速度与介电常数估计

物体内部不同部分的媒质和目标体存在电磁特性差异，通过处理、分析收集到的电磁波信号，能够获得物体内部结构以及目标体的相应几何参数，同时还能够获得如含水率等的物理参数估计值。传播速度 v 与介电常数 ε 即为电磁波在媒质中的两个重要参数，这两项数据是估计目标深度、媒质层厚度的基础，也是成像、识别等处理所必需的数据[153-156]。

实际的媒质一般是多层结构，如公路、路基、河堤、土壤等，媒质中各层的介电常数、波速等电磁特性均不统一,实地探测中对多层媒质进行测量时,入射波在媒质表面还存在折射与反射现象,具体形式如图7-4所示。图中右边波形为接收信号,为便于分析,此处忽略二次以上的多次反射波,A_l和Δt_l分别表示第l个媒质面的反射回波幅度和到达时间差[153,156]。

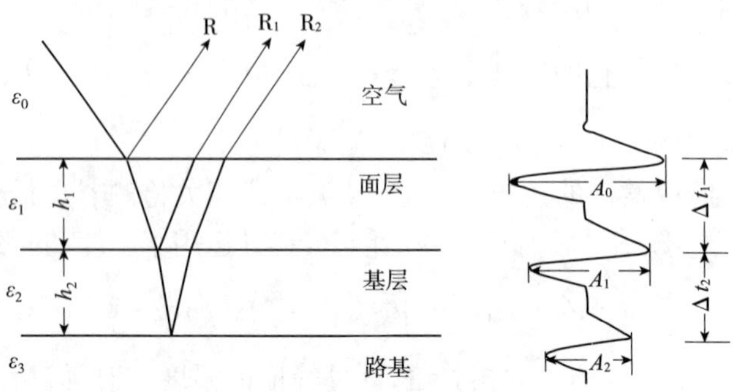

图7-4 多层媒质构成的公路测量示意图

探地雷达在位置x处发射信号$s(t)$,所接收信号可认为是各媒质层面回波的综合与叠加[155-158]:

$$w(x,t)=\sum_{l=0}^{L-1}a_l(x)s[t-\tau_l(x)] \tag{7-7}$$

式中:L——多层媒质的层数;

$a_l(x)$——各层面回波的幅度;

$\tau_l(x)$——各层面回波的时延。

信号模型中包括了一些前提条件:各层媒质需均匀且无色散,无其他目标体存在于媒质层中,预处理阶段已完成噪声、干扰的抑制或去除。

只考虑一次反射波情况下,基于平面波的折射以及反射原理,能够获得介电常数与层面回波幅度的关系式[155-156,158]:

$$a_l(x)=r_l\frac{\sqrt{\varepsilon(x,z_l)}-\sqrt{\varepsilon(x,z_{l+1})}}{\sqrt{\varepsilon(x,z_l)}+\sqrt{\varepsilon(x,z_{l+1})}}\prod_{k=0}^{l-1}\frac{4\sqrt{\varepsilon(x,z_k)}\sqrt{\varepsilon(x,z_{k+1})}}{[\sqrt{\varepsilon(x,z_k)}+\sqrt{\varepsilon(x,z_{k+1})}]^2} \tag{7-8}$$

式中:$a_l(x)$——各层面回波的幅度;

$\varepsilon(x,z_k)$——第k个媒质层的介电常数;

r_l——第l个层面回波的平均衰减。

基于上述关系式,推知介电常数的递推公式[155-158]:

$$\sqrt{\varepsilon(x,z_{l+1})}=\sqrt{\varepsilon(x,z_l)}\cdot\frac{K_1(x,l)-K_2(x,l)}{K_1(x,l)+K_2(x,l)} \tag{7-9}$$

式中,$K_1(x,l)=\dfrac{4\sqrt{\varepsilon(x,z_{l-1})\varepsilon(x,z_l)}}{\varepsilon(x,z_{l-1})-\varepsilon(x,z_l)}$,$K_2(x,l)=\dfrac{a_l(x)}{a_{l-1}(x)}$。

各层的介电常数能够通过迭代逐层计算出,此步骤需要初始参数,且必须注意的是,初始参数的精度对各层递推精度将造成直接影响,通过校准能够获取准确的初始参数[156-158],这将在后面的校准测量方法中进一步介绍。

相应媒质层面的深度递推公式为:

$$z_{l+1}(x)=z_l(x)+[\tau_{l+1}(x)-\tau_l(x)]c/(2\sqrt{\varepsilon(x,z_{l+1})}) \tag{7-10}$$

式中：$z_l(x)$——测量天线距离媒质表面的高度；

c——真空中电磁波的波速[157]。

采用层剥反演法计算扫描线上各个测点的扫描数据，能够算出不同位置的介电常数，多层媒质剖面的二维介电常数亦可通过适当的内插计算得到[156-158]。

(3)媒质中目标的检测与分类

探地雷达探测过程中，地下媒质可能存在不均匀以及色散情况，同时潜在的干扰与杂波噪声，都将对媒质中目标的检测及其属性的判别带来阻碍及困难，这也正是困扰当前探地雷达技术领域的重大难题[159-160]。在探地雷达应用中，媒质中的固体目标包括金属和非金属物体，以及空洞、裂缝、疏散区等异常都可能是我们感兴趣的目标(ROI)，从探地雷达的海量数据中快速找到这些目标并提取出目标区数据，以及对提取出的目标进行准确判别，都是需要解决的富有挑战性的问题。

采用探地雷达系统对媒质中目标体进行探测，扫描回波的剖面图像具有双曲线形态。受媒质的不均匀和色散、电磁波的衰减、干扰等诸多因素的影响，实际探测所得剖面图像可能模糊不清，形状与理想情况存在差异，但是一般仍接近于双曲线。此外，由于回波的拖尾振荡，剖面图会出现相接近的平行多个双曲线，如图 7-5 所示。基于目标回波的这种双曲线特征，可将神经网络、霍夫变换、能量统计等一些方法应用于 ROI 检测与提取。

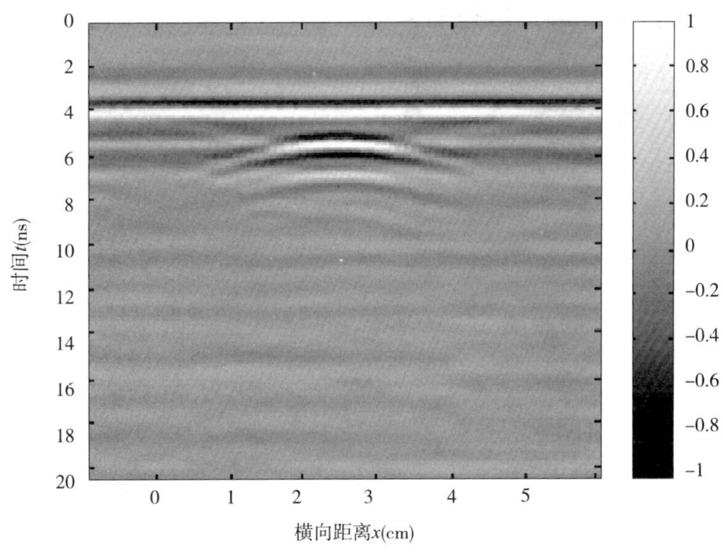

图 7-5 地下金属管的扫描图像

人工神经网络(ANN)具备一些适于 ROI 检测的特性：首先，经过充分训练的结构良好的 ANN 能够模仿操作员的正确操作，即使对探测区域参数所知不多，通过 ANN 处理也能够获得有效的检测结果；其次，神经网络具有并行处理计算结构，同时算法简洁，能够适应现场检测大批量数据的应用。基于上述特性，结合探地雷达所得目标图像的双曲线特点，通过数字图像处理方法进行预处理，继而采用改进的三层 ANN 进行目标检测与标定[159]。所提出的处理算法流程如图 7-6 所示。

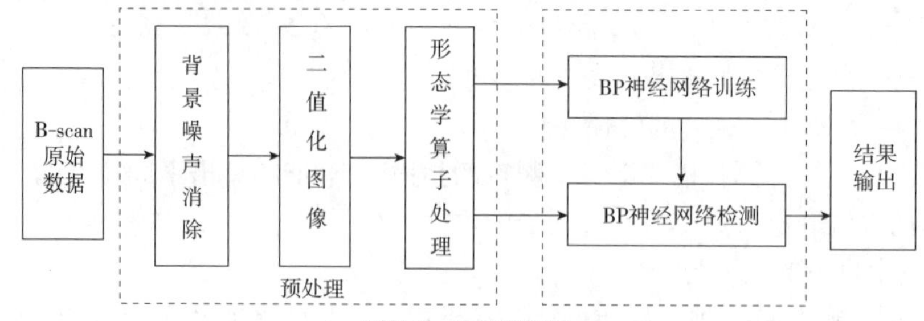

图 7-6　处理流程图

预处理主要是对原始雷达扫描图像进行处理以增强目标特征，包括二值化处理、形态细化、滤波等。为便于检测，可选取灰度直方图的峰值为阈值或采用类似于 SAR 雷达中的多视灰度 K 分布取阈值法进行灰度图图像的二值化。细化处理可以去掉点噪声和细小的干扰，以便于提取双曲线骨架和 ANN 识别。形态滤波可以将明显的形状不符的图形滤掉，如长条、方形等。基于形态学的图像分析原理，采用感兴趣的几何结构作为结构元素对图像进行形态学运算，从而突出所需要的信息[159-160]。图 7-7 是对沙坑中多个非金属目标的实测数据进行预处理的结果。

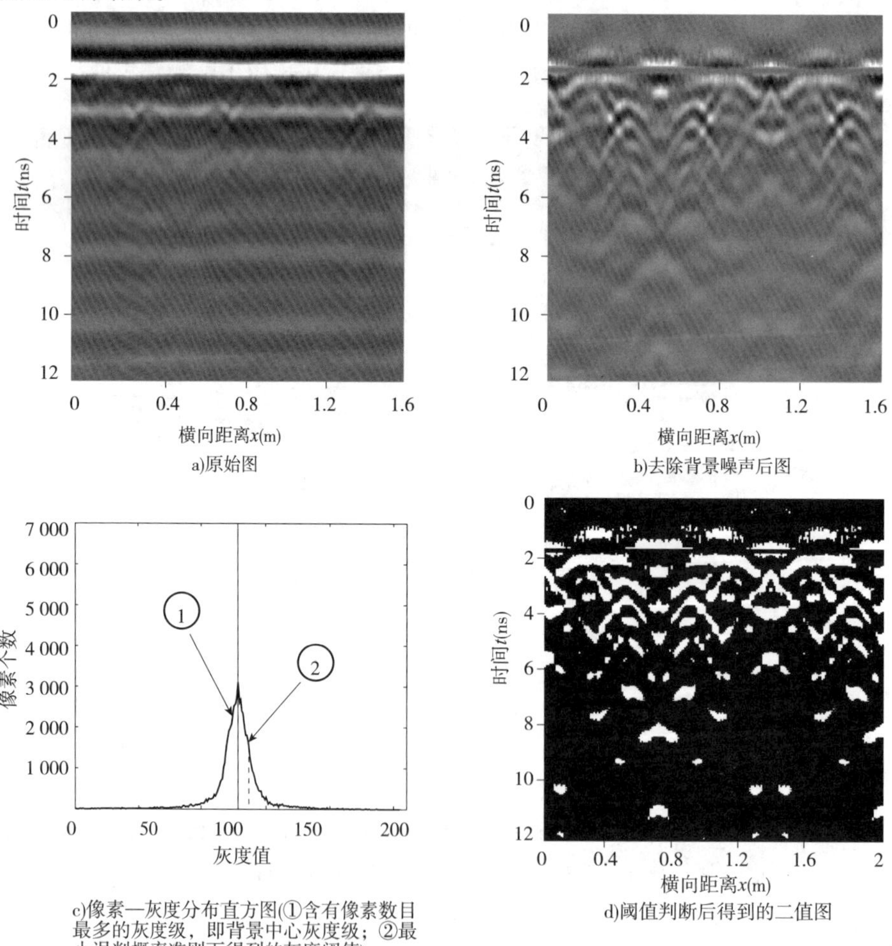

a)原始图

b)去除背景噪声后图

c)像素—灰度分布直方图(①含有像素数目最多的灰度级，即背景中心灰度级；②最小误判概率准则下得到的灰度阈值)

d)阈值判断后得到的二值图

图　7-7

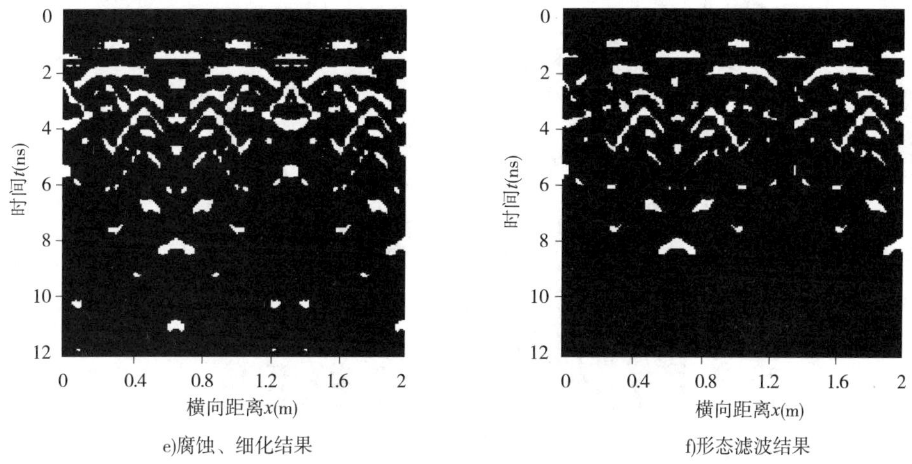

e)腐蚀、细化结果　　f)形态滤波结果

图 7-7　预处理结果

为降低虚警概率,减少学习收敛时间,提高全局最优的收敛概率,可采用改进的前馈网络。图 7-8 是三层前馈网络对图 7-7 的预处理结果进行检测的输出结果,神经网络训练是在二值图像上选取 20×30 的正、反两种训练样本,即有无明显双曲线形状的样本,期望输出分别为 1 和 0。测试是任意选取一个剖面,按 20×30 的窗口对整个剖面进行检测。

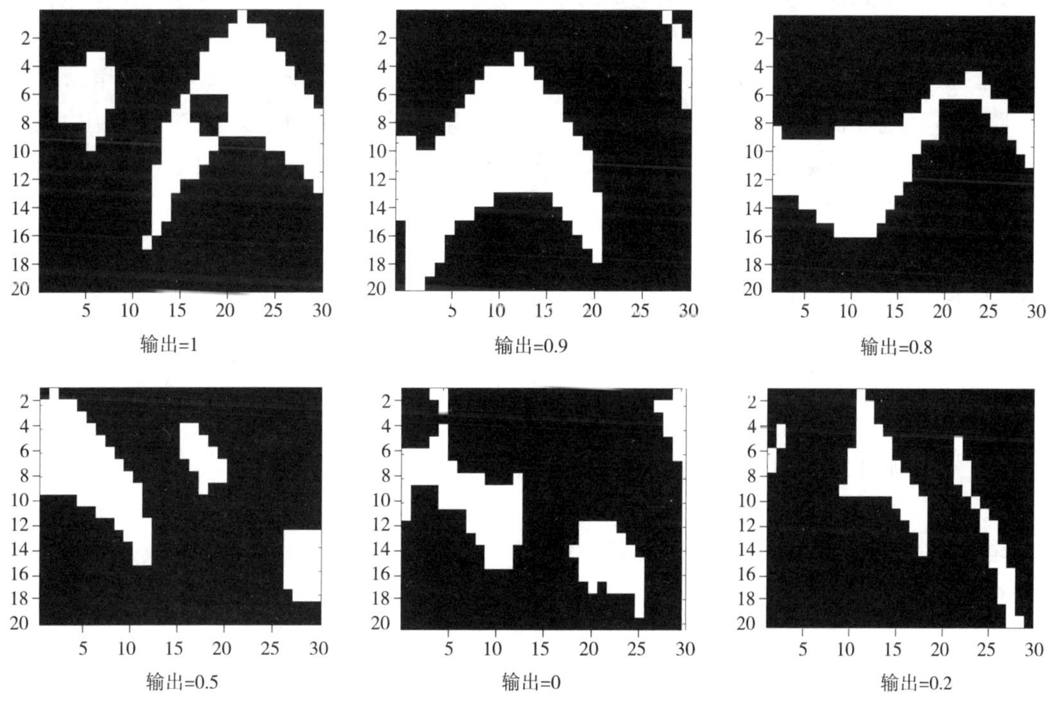

图 7-8　神经网络输出结果

图 7-9 是最终的 ROI 提取结果,虽然地下的复杂情况造成雷达扫描图像较混乱,但训练好的神经网络仍有效地检测并提取出了多个非金属目标。

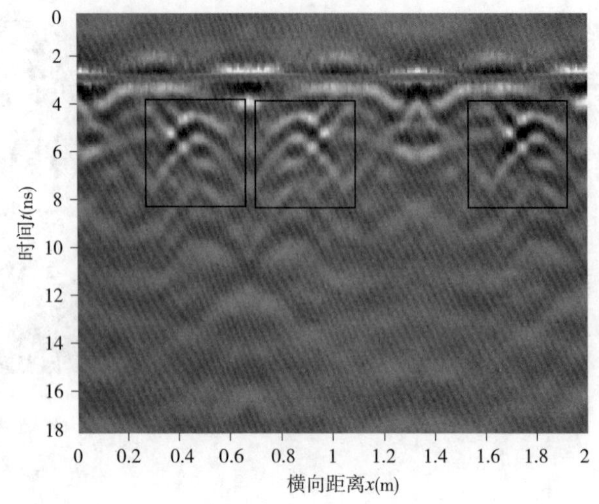

图 7-9　ROI 提取结果

7.3.1.2　探地雷达参数分析

1)路基工作区物质构成分析

探地雷达对路基状况进行探测时,可将路基视为由土壤颗粒、空气和水混合而成的多相混合物。该多相混合物介电参数在空间的不均匀分布,通过电磁散射效应体现在探地雷达的散射回波中。通过电磁逆散射理论即可获得路基这种多相混合物的介电参数。实际应用中,通常不考虑路基多相混合物的磁导率,以介电常数和电导率这两个介电参数为主。

路基多相混合物的介电常数可以通过混合物的组成成分加以确定。通常是采用三成分模型,ε_w、ε_g和ε_m分别表示水、气体(空气)和基体材料的测量有效介电常数值。混合物模型的介电常数可表示为

$$\varepsilon_{mix}^{e} = [\phi S_w \sqrt{\varepsilon_w} + (1-\phi)\sqrt{\varepsilon_m} + \phi(1-S_w)\sqrt{\varepsilon_g}]^2 \tag{7-11}$$

式中:ε_{mix}^{e}——混合物的有效介电常数值;

ϕ——孔隙度;

S_w——水饱和度(孔隙空间充满液体的百分比);

ε_w——水的介电常数值;

ε_m——基体材料的介电常数值;

ε_g——气体的介电常数值。

电磁波在地下传播时,遇到有介电参数不均匀之处,就会产生散射,部分散射波传播至地表被接收天线接收。散射回波信息包含地下区域电磁特性不均匀处的反射系数信息,可以用来进行反射系数的反演。设探地雷达接收天线接收的散射回波为$s_r(t)$,则$s_r(t)$可以表示为入射波$s_i(t)$和探测区域传递函数的卷积形式,如下所示:

$$s_r(t) = s_i(t) \otimes h(t) \tag{7-12}$$

式中:$h(t)$——探测区域的传递函数,包含了区域中电磁参数不均匀处的反射系数信息。对路基状况探测而言,$h(t)$可表示为多个δ函数的线性叠加形式,每个δ函数表示了一个层面的反射。

基于前述的路基多相混合物的介电参数模型和探地雷达的探测原理，下面就探地雷达对路基状况的压实度、含水率和回弹模量进行检测的可行性加以分析。

2）探地雷达对压实度的检测

施工现场材料实测干密度与室内标准击实试验测得的最大干密度的比值即为压实度[161-163]，以百分率表示，是路基施工质量控制的关键指标之一，计算公式如下式所示：

$$\delta = \frac{\gamma_{d}}{\gamma_{dmax}} \times 100\% \tag{7-13}$$

式中：δ——压实度；

γ_{d}——实测干密度；

γ_{dmax}——室内标准击实试验最大干密度。

压实度作为表征路基路面施工质量的重要指标之一，也是检测工作中的关键之处，能够表征施工现场经过压实后的密度状态，可理解为压实度越高，则密度越大，相应的施工质量更佳，且材料整体性能更好[162-163]。压实度是典型的路基状况物性参数，因此从路基的物质构成上加以分析。

从物质构成上讲，路基土是由土、水和空气组成的三相体系，土为骨架，颗粒之间的空隙由水和空气所占据。路基的压实是土体颗粒重新组合，彼此挤密，空隙缩小，土的单位重量提高，形成密实体，最终使其稳定性提高，强度增加的过程。

当路基工作区中的压实度与其上区域层状结构的压实度不同时，就会在雷达的散射回波上体现出反射。举例来说，探地雷达发射的脉冲电磁波在95区和98区的分界面处就会产生反射波，根本原因就是这两个区介电常数不同。通过对该反射波进行层剥反演，即可获得该压实度处的反射系数，进而通过校准处理即可获得压实度。

3）探地雷达对含水率的检测

路基含水率是路基中水的质量同路基干重度的比值。根据土质的不同而不同，一般的路基填筑士要进行击实试验，以确定最大干密度和最佳含水率。含水率过大或过小都将会造成路基承载力的下降，严重时导致路基疏松、塌方等路基病害。

纯水的介电常数在探地雷达工作频段约为81。结合前述的路基多相混合物的介电参数模型，含水率对路基介电常数的影响很大，因此，探地雷达对路基含水率这一参数很敏感。通过对探地雷达散射回波的处理，可以获得含水率异常区域的反射系数，进而估算其含水率。

4）探地雷达对回弹模量的检测

路基、路面及相关材料在荷载作用下应力与相应产生的回弹应变之比即为回弹模量，土基回弹模量能够表征在弹性变形阶段内垂直荷载作用下土基抵抗竖向变形的能力。当垂直荷载固定时，土基材料发生的垂直位移值越小，则说明其回弹模量值越大；当竖向位移为定值时，所测回弹模量值越大，则说明土基抵抗外力荷载作用的能力越强。回弹模量在路基路面设计中作为土基抗压强度的指标[162-169]。

该参数从根本意义上讲，也可归结为路基本体的物质构成。但该参数并未与路基多相混合物的介电参数有直接关联，因此无法用探地雷达进行检测。

7.3.1.3 探地雷达对路基病害参数检测的技术实现

1)GPR 工作参数

GPR 可以以车载的方式对路基状况进行快速检测,也可以以操作人员拖动天线的方式进行现场的精细扫描成像。其无损快速探测的优点使得 GPR 成为路基状况普查探测和详查必备的一种探测方法。

根据前述的路基状况检测需求,GPR 用于高等级公路路基状况检测时,拟从测线布置、测量方式选择、GPR 数据采集参数配置几个方面综合考虑其适应性。

2)测线走向

运用 GPR 对高等级公路路基状况进行检测,可采用单发单收天线或单发多收阵列天线,如图 7-10 所示。

a) 单发单收天线配置

b) 阵列天线配置

图 7-10 GPR 天线配置

采用单发单收天线时,天线的覆盖范围位于当前车道的中间位置。在条件许可的情况下,可以分别沿着一个行车道的左侧和右侧进行两次测量,以获得更宽范围内的地下反射数据。运用阵列天线的形式时,单个发射天线向下辐射电磁波,地下区域的散射回波向上传播,可以被多个接收天线所接收。这种扫描方式,通过增加系统的复杂度,获得了单个车道路幅范围内的多道散射数据。

GPR 用于高等级公路路基状况的快速普查时,行车速度不低于 60km/h。当用于路基状况详查时,可以采用车载慢速行驶或人工拖动天线的形式对感兴趣区域进行横、纵向的交叉测线扫描,如图 7-11 所示。

通过对检测仪器组的复杂度、成本和易用性的综合考虑,选用单发单收天线作为 GPR 的天线组件,用于高等级公路路基工作区的状况检测。

3)数据采集方式

GPR 对路基工作区状况进行检测,有连续扫描、单点记录扫描、触发记录扫描多种方式。连续扫描,即:GPR 开机工作后,就以一定的 PRF 向被测区域发射脉冲电磁波并接收散射回波,工作于全自动模式。单点记录扫描,即:通过人工的方式记录当前位置处的散射回波,工作于全手动模式。触发记录扫描,即:通过触发装置进行半自动的数据记录,工作于半自动模式。

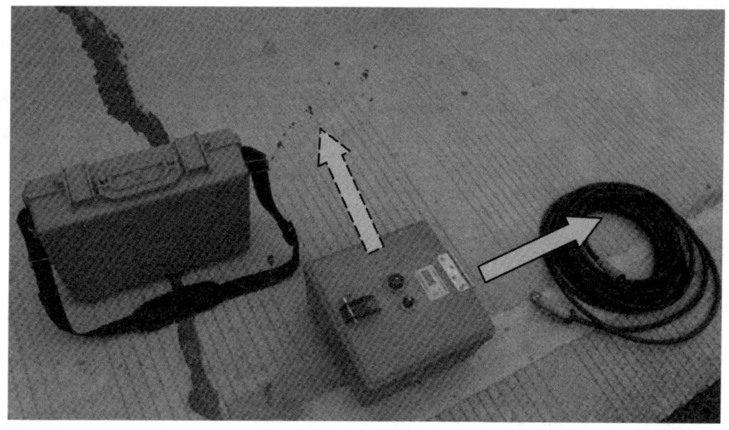

图 7-11　GPR 地表拖动扫描探测

对高等级公路路基状况探测而言,运用 GPR 进行快速普查探测时,要保证一定的行车速度,因此,需采用连续扫描的方式。同时,为了使得所测的 GPR 数据与真实的公路里程相对应,需要进行必要的沿测线方向的标注,可以通过轮式编码器加以实现,如图 7-12 所示。

图 7-12　车载 GPR 的轮式编码器

GPR 进行数据采集时,可以设置轮式编码器的触发间隔。例如,编码器每转一圈,进行一次触发,即采集一道的 GPR 散射数据。或者,GPR 工作于连续扫描状态,编码器每转一圈,在 GPR 数据记录剖面上进行标注。实际探测时,一般采用后一种工作方式。

GPR 的检测速度主要受脉冲重复频率的限制。GPR 对路基状况进行检测时,天线在地表进行移动探测。任意两道数据间需满足对路基状况检测的精度要求。GPR 系统中,每秒钟发射的脉冲数目越多,则天线的移动速度就可以越快。以 LTD2000 型 GPR 系统为例,脉冲重复频率为 20kHz,以两次扫描间隔为 1cm 计算,以平均 10 次处理计算,则天线的最快移动速度可达 20m/s,即 72km/h,已满足高速公路上进行不间断行车的检测需求。

4)数据采集参数

GPR 系统的探测能力首先依赖于硬件性能。影响系统性能的主要因素包括系统参数和目标环境。系统参数包括发射信号的频率和带宽、信号形式、发射功率、天线形式、工作方式等;目标环境因素包括目标的大小和形状、目标材料的电磁特性、传播介质等。针对高等级公路路基工作区状况检测的需求,需要对 GPR 应用于路基工作区检测的适应性加以分析评估。

(1)GPR 主频

GPR 的主频应根据具体的探测深度要求加以确定。GPR 的检测深度主要取决于 GPR 硬件系统工作参数和土壤的吸收衰减特性。工作参数主要包括发射功率和灵敏度,土壤的吸收衰减特性主要受土壤的含水率影响。电磁波在表层下传播将出现能量损失,所选择的频率越高则使得可有效测试的深度越小,这就对雷达探测深度形成了限制。若背景媒质均匀,考虑天线的传输特性[170],总功率损耗 L_{total}(dB)可近似表示为波束扩散损耗 L_s和吸收损耗 L_a之和,其中

$$L_s = 10\lg \frac{G_t A_{eff}}{(4\pi)^2 R_{total}^4} \tag{7-14}$$

$$L_a = 8.686\alpha R_{total} \tag{7-15}$$

式中:G_t——发射天线的有效增益;

A_{eff}——接收天线的有效孔径;

R_{total}——总的传播路径长度;

α——有耗媒质材料的衰减系数。

由于电磁波的衰减随着频率的增加而增加,也即信号谱的高频部分穿透能力低,这反映在 GPR 数据中就是浅目标较之深目标具有更好的分辨率。有耗媒质中的雷达方程为:

$$\frac{P_r}{P_t} = \frac{G_r G_t \xi_r \xi_t \lambda \sigma}{(4\pi)^3 R^4} e^{-4\alpha R} \tag{7-16}$$

式中:G_r——接收天线的增益;

ξ_r、ξ_t——通过地表的传播损失。

式(7-16)是一个近似公式,因为衰减常数 α、天线增益 G、目标雷达散射截面(RCS)σ 和地表损耗ζ都是波长的函数,有些量甚至随频率变化很大。这里给出一个例子,以说明接收功率对频率、探测深度的依赖关系。假设雷达发射功率为 1W,收发天线增益在整个频带内为 5dB,目标 $\sigma = 0.005\text{m}^2$,土壤的衰减系数 α 在频带 1G ~ 2GHz 之间从 30dB/m 增长到 70dB/m。图 7-13 给出了接收功率以深度为参数随频率的变化关系。当深度大于 1m 时,接

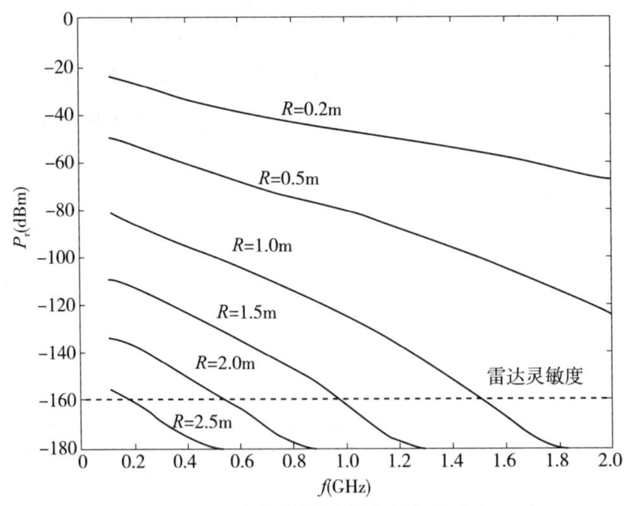

图 7-13 不同探测深度的接收信号功率

注:R 表示探测深度。

收信号中只有频率低于1.5GHz部分的功率超过接收机灵敏度。因此为了实现深度探测的最佳接收,数据预处理应采用低通滤波,否则高频部分只有噪声。

GPR应用于不同的地质结构和表层探测时,由于材料属性的不同,电磁波在其中传播的功率损耗也都不一样。在实际应用中,探测深度的严格计算是没有解析方法的,只能依赖于试验数据曲线分析得到。GPR的发射功率决定了其有效探测深度范围。在弱吸收衰减媒质中,发射功率越大,可探测的深度范围就越深,如式(7-16)所示,但发射功率越大,系统的成本就越高。

以LTD型GPR系统为例,该系统的中心频率为0.4GHz,在灵敏度阈值门限处,可探测的深度范围为0~2.2m。该范围已包括了上路床范围,即该型雷达可以实现上路床范围内路基工作区的检测。

(2)GPR带宽

GPR的带宽选择,主要取决于探测分辨力的要求。简单来说,带宽越大,纵向维的分辨力就越高,对被测区域细节部分的探测能力就越强。

理想条件下,对于一非色散传播媒质,距离/深度的分辨率是

$$\delta_{R}=\frac{v}{2B}=\frac{c}{2B\sqrt{\varepsilon_{r}}} \tag{7-17}$$

实际的探地雷达系统中,B是难以计算的。B主要由地表介质特性(能够模型化为低通滤波)、发射信号(对于冲激脉冲信号可以模型化为低通频谱)、收发天线(能够模型化为高通滤波)所决定。由于不同频率在同一介质中的衰减并不相同(具有选择衰落性),接收信号的频谱与发射信号的频谱相比向低端偏移,同时其带宽也将变窄。所以,当系统硬件不变时,GPR的深度分辨率与深度具有一定相关性,深度越深则带宽越小,同时分辨率越低[170]。利用上式计算距离分辨率时,B取为相应深度回波信号的频带宽度更加精确。由上式可知,相对介电常数越大,分辨率越高。此外,采用信号处理方法能够外推对接收信号频谱,从而实现距离向分辨率的提高[170]。

5)综合分析

GPR是高等级公路路基状况检测仪器组中最实用有效的无损检测仪器,可以以不低于60km/h的速度对路基状况进行快速普查。作为一种电磁法无损检测方法,GPR用于高等级公路路基病害检测,具有如下优势:

(1)快速

配置空气耦合天线时,车载式检测系统可以以不低于60km/h的速度对路基病害进行实时探测扫描和数据采集。

(2)无损

GPR可以运用于任何非金属遮蔽区域的探测和数据采集,无需任何的破损探测。

(3)分辨力高

通过合理设置GPR的数据采集参数和扫描探测参数,可以获得厘米量级的横向空间维分辨力和深度维分辨力,有力支持了对路基工作区潜在病害的探测和识别。

针对高等级公路路基工作区状况的无损探测,GPR也存在一定程度的局限性,表现如下:

(1)探测深度有限

GPR 天线在地表向下发射电磁波,大部分能量被地表面所反射,仅有部分能量折射入地下的路基工作区。路基工作区的复杂结构对电磁波存在散射效应。路基工作区中病害区域的弱散射回波上行传播至地表接收天线时,同样存在路基工作区的散射和地表的反射损耗。同时 GPR 的探测深度受路基工作区的含水率影响很大。在富水区域,探测深度大幅降低。通过大量的外场实地探测试验,在典型的路基工作区结构上,探测深度一般为 5m。

(2)数据解译复杂

GPR 所接收的散射回波是经过路基病害反射、路基工作区多层折射后传播至接收天线的,包含了传播路径上所有介质异常体的散射信息。要从中提取路基病害的相关信息,需要进行系统的数据解译,包括数据预处理、层状介质的层厚度和相对介电常数预估、高分辨二维成像和目标识别,以及必要的基于钻孔和边坡取土的数据校准。整个数据处理流程相对复杂,且需要根据实际的探测场景调节数据处理参数,也就是说,需要“人在回路”的数据解译。

(3)无法严格区分某些类型的路基病害

GPR 能够实现路基工作区反射系数的反演,但受制于路基工作区复杂的层状结构和路基病害的多样性,并不能进一步地进行大概率的路基病害识别。对诸如含水率异常体、空洞等典型路基病害,由于含噪散射回波的相位特征难以提取,也就不能进行完全的分类识别。

基于上述的分析,为实现路基病害的有效探测和高分辨识别,需从提高探测深度和数据解译水平入手。仅运用 GPR 一种探测仪器并不能完全解决高等级公路路基病害的有效探测。运用多传感器互补探测,分别利用各自传感器的优势探测能力,则有望提高高等级公路路基病害的探测能力。

总体来说,GPR 用于高等级公路路基病害探测,数据处理方法需根据具体的探测场景和应用需求加以设计。一般而言,数据处理包括预处理、分层信息提取/导入、高分辨二/三维成像和可视化这几个步骤。高分辨成像是 GPR 最为有效和实用的数据处理方法。

GPR 应用于路基病害无损检测,天线的形式决定了探测速度。采用空气耦合天线时,探测速度的瓶颈在于 GPR 系统的脉冲重复频率和采样速率。目前商用 GPR 系统的这两个指标,都可以满足 60km/h 的探测速度。而采用地表耦合天线时,探测速度则主要受限于地表耦合天线的移动速度。因此,针对高等级公路路基病害的普查,宜选用空气耦合天线。

GPR 的发射功率和系统动态范围决定了 GPR 的探测深度和精度。发射功率越大,电磁信号在相同介质环境中的穿透能力就越强。系统动态范围越大,GPR 系统接收散射回波的范围就越大,也就是说,可以接收到更强和更弱的散射回波。GPR 系统对路基病害进行探测时,一方面要保证一定的探测深度,另一方面还要保证一定的探测精度,因此,宜选用大功率和大动态范围的 GPR 系统。

针对 GPR 用于高等级公路路基探测的适用性问题,我们进行了大量的外场探测实验,据此确定了 GPR 公路路基探测参数设置的基本准则。应用 GPR 进行路基病害检测时,应采用低频天线,天线的中心频率不高于 400MHz。当采用收发一体天线进行探测时,应分别沿着病害的横向和纵向方向设置测线。在条件允许的情况下,应在路面测区画上网格线,单个网格尺寸不大于 50cm×50cm,分别沿着网格线进行水平极化和垂直极化的测量。测线的长度应按照如下准则确定:$L \geqslant 2d\tan\frac{\theta}{2}$,其中 L 表示测线长度,d 表示路基病害的预估深度,

θ表示低频天线的波束宽度。每米测线的扫描道数不低于300道，单道数据的采样点数不低于512点。

7.3.2 高密度电法

7.3.2.1 高密度电法探测原理

高密度电阻率法也称高密度电法，是由常规电阻率法发展而来的，是以探测目标的电性差异为基础，通过人工向探测目标施加直流电流，通过电法仪器探测内部的电场分布，通过观测、分析地下稳定电场的分布规律来研究目标体的空间分布情况。地层地质导电性的表征使用电阻率这一指标。理论上通常使用解析法来进行高密度电阻率法地电条件电场分布的求解，即根据确定的边界条件，求解下列偏微分方程[171-175]：

$$\nabla^2 U = -\frac{1}{\sigma}\delta(x-x_0)\delta(y-y_0)\delta(z-z_0) \tag{7-18}$$

式中：x_0、y_0、z_0——源点坐标；

x、y、z——场点坐标。

当只考虑无源空间时，即$x\neq x_0, y\neq y_0, z\neq z_0$时，式(7-18)变为拉氏方程，解关于电压$U$的拉普拉斯方程：

$$\nabla^2 U = 0 \tag{7-19}$$

假设大地电阻率在待测区域内是均匀的。对均匀大地电阻率值进行测量时，原则上可以采用任意形式的电极排列来进行，根据式(7-20)、式(7-21)便可求出M、N两点的电位。

$$U_M = \frac{I\rho}{2\pi}\left(\frac{1}{AM}-\frac{1}{BM}\right) \tag{7-20}$$

$$U_N = \frac{I\rho}{2\pi}\left(\frac{1}{AN}-\frac{1}{BN}\right) \tag{7-21}$$

则AB在MN间所产生的电位差为：

$$\Delta U_{MN} = \frac{I\rho}{2\pi}\left(\frac{1}{AM}-\frac{1}{AN}-\frac{1}{BM}+\frac{1}{BN}\right) \tag{7-22}$$

由此可得均匀大地电阻率的计算公式为：

$$\rho = K\frac{\Delta U_{MN}}{I} \tag{7-23}$$

其中K为装置系数，只与电极间距位置有关，满足下列关系式：

$$K = \frac{2\pi}{\frac{1}{AM}-\frac{1}{AN}-\frac{1}{BM}+\frac{1}{BN}} \tag{7-24}$$

上述式中：U——电位；

ΔU——电位差；

I——电流；

ρ——地层介质电阻；

AM、AN、BM、BN——相应电极之间距离。

高密度电法工作原理示意图如图7-14所示。

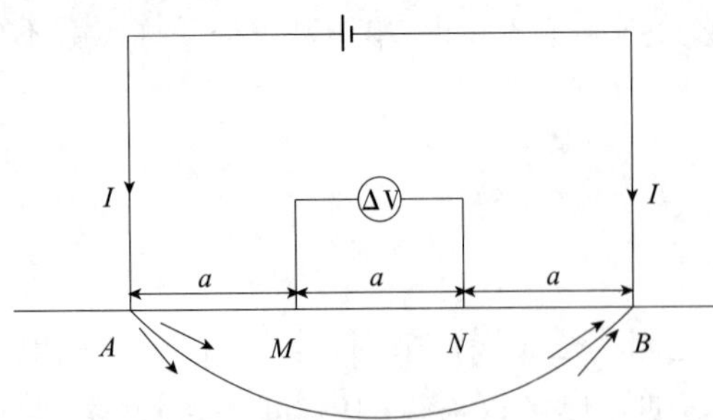

图 7-14　高密度电法测量原理(α 排列)

在电阻率法的实际工作中,一般所测地点断面介质在电性上是不均匀体,而且较为复杂,所以测得的结果并不是介质真正的电阻率,而是各种介质电性综合影响的结果,称之为视电阻率 ρ_s:

$$\rho_s = K\frac{\Delta U_{MN}}{I} \tag{7-25}$$

当 $MN \ll AB$ 时,可以认为 MN 之间的电场是均匀的,计算其间的电位差时只考虑相应位置的电性参数,即

$$\Delta U_{MN} = E_{MN} \cdot \overline{MN} = j_{MN} \cdot \rho_{MN} \cdot \overline{MN} \tag{7-26}$$

式中:$\overline{MN}$——M、N 间的距离,即测量电极间距;

j_{MN}——MN 处的电流密度;

ρ_{MN}——MN 之间介质的真实电阻率值。

将式(7-26)代入式(7-25)得到:

$$\rho_s = K\frac{j_{MN} \cdot \rho_{MN} \cdot \overline{MN}}{I} \tag{7-27}$$

同样,当地点断面介质为均匀状况时,则可用假设地下为均匀介质时正常场电流密度 j_0、ρ_0 代替 j_{MN}、ρ_{MN},则有:

$$\rho_0 = K\frac{j_0 \cdot \rho_0 \cdot MN}{I} \tag{7-28}$$

整理后有:

$$\frac{1}{j_0} = K\frac{\overline{MN}}{I} \tag{7-29}$$

将式(7-29)代入式(7-27),得到:

$$\rho_s = \frac{j_{MN}}{j_0}\rho_{MN} \tag{7-30}$$

这就是实际测试测得的视电阻率和电流密度的关系式。可以看出实际所测得的某区域视电阻率与真实电阻率成正比关系,比例系数则为实际电流密度与均匀介质正常电流密度的比值。而实际电流密度是地点断面介质定性差异的综合影响结果。当所测区域有低电阻不均匀介质存在,正常电流线则会被低电阻介质吸引,这样导致实际电流密度减小,从而 $\rho_s < \rho_{MN}$;相反,遇到高电阻介质,电流线就会被排斥,使得电流密度增大,即 $\rho_s > \rho_{MN}$,如图7-15、图 7-16 所示。

高密度电法获得了地下探测区域整体意义上的电阻率分布,称之为视电阻率分布。可以通过反演计算获得地下探测区域的真电阻率分布,这是一个典型的逆问题。求解该逆问题的过程,即是二维电阻率反演的过程,最终可以获得被测区域的电阻率 $\rho(\check{r})$,其中 $\check{r}$ 表示被测区域中某点的空间位置坐标。

该逆问题的求解,可以采用解析法或数值计算迭代法。但是在复杂地电结构条件下,使用解析法能够处理的地电模型很少,使用解析法对电场分布异常进行求解,无法求得拉普拉斯方程的解析解[173],此时主要借助如边界单元法、有限单元法、α 中心法以及有限差分法、积分方程法等各类数值模拟方法[176]。其中的边界单元法在计算纯地形和地下异常地电体数目不多的问题时是十分方便的。因为边界单元法使用了边界积分方程,从而使问题的维数下降,代数方程组的元素大大减少,使得输入数据变得简单,剖分后的边界与实际边界拟合良好,计算成本低,精度高。

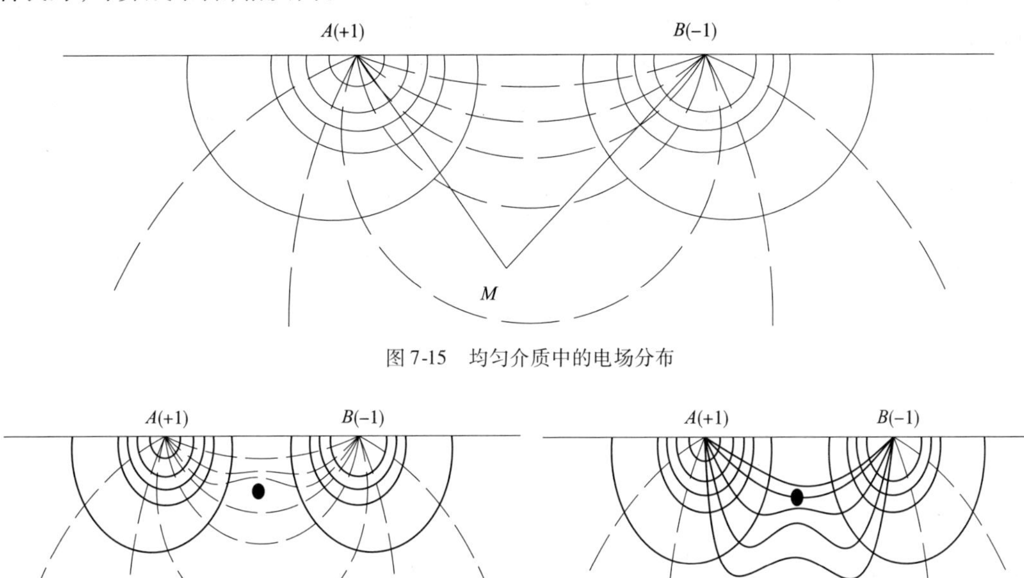

图 7-15 均匀介质中的电场分布

a)高阻介质中的电场分布

b)低阻介质中的电场分布

图 7-16 高低阻存在的介质电场分布

7.3.2.2 高密度电法探测系统组成

高密度电法系统由数据采集部分和数据处理部分组成。其中测量主机、分布式开关适配器(多路电极转换器)、分布式开关电缆、电极四部分组成数据采集部分。数据处理部分由计算机、数据格式转化软件、数据预处理、反演、解释成图五部分组成,如图 7-17 所示。

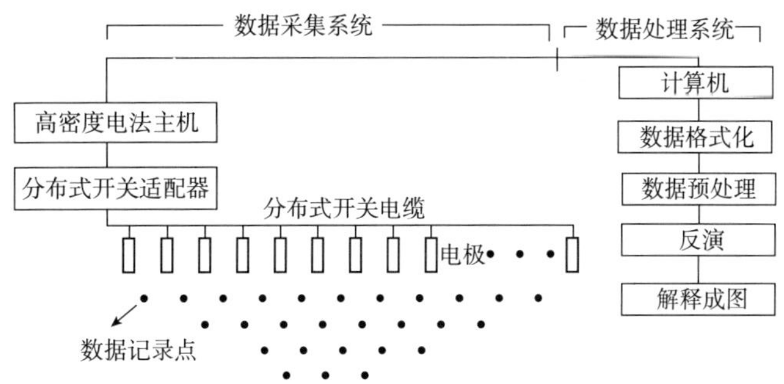

图 7-17 高密度电法系统组成示意图

使用高密度电法系统测量土壤电阻率时,先设定好测量的参数,然后由主机通过通信接口控制多路电极转换器进行测量,采集的数据自动存入主机。数据导入计算机后,对数据进行格式化和预处理,然后利用反演软件进行反演分析,得到测量断面的电阻率等值线图。

7.3.2.3 电阻率正演计算

1)有限元法

有限元法是以变分原理为基础,从电场所满足的微分方程出发,将微分方程的求解问题通过插值、剖分等数值计算方法,变化成求解相应的泛函极值问题。利用有限元法求解稳定电流场分布情况的步骤为:

(1)根据电场所满足的微分方程以及边界条件,找出相应的泛函形式。

在二维高密度电法探测中,电位的傅氏变换 $V(x,z)$ 在探测范围 Φ 内,满足椭圆形微分方程,如下式:

$$\frac{\partial}{\partial x}\left(\alpha\frac{\partial V}{\partial x}\right)+\frac{\partial}{\partial z}\left(\alpha\frac{\partial V}{\partial z}\right)-\beta V=f \tag{7-31}$$

在 Φ 的边界 Γ 上,$V(x,z)$ 满足边界条件(7-32)和条件(7-33):

$$\left.\frac{\partial V}{\partial n}\right|_{\Gamma}=0 \quad (\text{第二类边界条件}) \tag{7-32}$$

$$\left.\left(\frac{\partial V}{\partial n}+\gamma V\right)\right|_{\Gamma}=0 \quad (\text{第三类边界条件}) \tag{7-33}$$

式中:α、β、γ、f——x、z 的已知函数。

相应的泛函形式为:

$$J(V)=\iint_{\Omega}\left\{\alpha\left[\left(\frac{\partial V}{\partial x}\right)^2\right]+\left(\frac{\partial V}{\partial z}\right)^2+\beta V^2-2f\cdot V\right\}\mathrm{d}x\mathrm{d}y+\oint_{\Gamma}\alpha\beta V^2 ds \tag{7-34}$$

(2)将连续的求解区域 Φ 进行网格剖分,将其离散成有限的规则相同的许多小单元,并且这些小单元互补重叠、节点相互连接。当离散后的小单元足够小,则认为每个小单元体内电性为常数,电位是线性变化的。

(3)对各个节点函数值在每个小单元体内进行线性插值后,将泛函(7-34)分解为每个单元的泛函 J_e,再对所有单元的泛函求和,则将泛函(7-34)转换成各节点泛函之和,如式(7-35)所示:

$$J(V)=\sum_e J_e(V) \tag{7-35}$$

(4)根据 $\delta J=0$ 这一求极值的必要条件,推导出以各节点傅氏电位 $V(x,y,z)$ 为未知量的高阶线性方程组:

$$\boldsymbol{L}V(x,y,z)=f \tag{7-36}$$

式中: $\boldsymbol{L}$——系数矩阵;

$V(x,y,z)$——各节点傅氏电位组成的解向量:

f——与供电点有关的列矢量。

(5)解线性方程组(7-36)求得各节点的傅氏电位,根据式(7-37)进行傅氏逆变换即可求得各节点的电位值。

$$U(x,y,z)=\frac{2}{\pi}\int_0^{\infty}V(\lambda,x,z)\cos(\lambda y)\mathrm{d}\lambda \tag{7-37}$$

(6)利用测量电极 M、N 所在节点的电位 U_M、U_N,通过下式计算视电阻率。

$$\rho_s=K\frac{U_M-U_N}{I} \tag{7-38}$$

式中:K——装置系数。

2)有限差分法

有限差分法是基于电场所满足的微分方程和边界条件,将微分方程转化为差分方程,从而解得方程结果的数值算法。其主要计算思想是将求解区域离散成多个长方形或正方形网格,然后用关于相邻四个节点电场值的线性函数表示这些网格节点的电场值,从而形成一个高阶线性方程组,该方程组的阶数就为网格节点数,通过求解此高阶方程组,可以得到求解区域相应的电场分布情况。利用有限差分法解二维稳定电流场的步骤有:

(1)将求解区域采用很多平行于 x 轴及 z 轴的直线离散成很多个长方形小单元,称长方形的顶点为节点。

设 x 轴方向节点为 $i=1,2,3,\cdots,N$,z 轴方向节点为 $j=1,2,3,\cdots,M$。ΔA_{ij} 为节点(i,j)附近的网格区域。节点(i,j)上的转换电位 ϕ 在面积离散或节点离散下均满足式(7-39)所示的差分方程。

$$C_{\mathrm{L}}^{IJ}\phi_{i-1,j}+C_{\mathrm{R}}^{ij}\phi_{i+1,j}+C_{\mathrm{T}}^{IJ}\phi_{I,J-1}+C_{\mathrm{B}}^{ij}\phi_{i,j+1}+C_{\mathrm{P}}^{ij}\phi_{i,j}=\frac{1}{2}\iint_{\Delta A_{ij}}\delta(x-x_0)\delta(z-z_0)\mathrm{d}x\mathrm{d}z \tag{7-39}$$

式中,C 为仅与岩石地电特性和网格划分大小有关的联结系数。面积离散和节点离散两种方式的差异在于 C 的计算不同。可见节点(i,j)上的转换电位 ϕ 值仅与其相邻节点的 ϕ 值有关。

(2)同时对于区域边界节点和内部网格节点,都满足式(7-39),但是相应的联结系数 C 不同,由此可以建立 $M\times N$ 个联立的线性方程组,其组成矩阵如下:

$$C\Phi=S \tag{7-40}$$

式中,$C=\begin{bmatrix} C_{11} & C_{12} & \cdots & C_{1,MN} \\ C_{21} & C_{22} & \cdots & C_{2,MN} \\ \vdots & \vdots & \vdots & \vdots \\ C_{MN,1} & C_{MN,2} & C_{MN,3} & C_{MN,MN} \end{bmatrix}$。

C 是一个对角占优的稀疏带状正定矩阵。由式(7-40)可知,矩阵 C 中每行每列最多有五个不为零的元素,并且都分布在对角线两边带宽为 $2M+1$ 的带中。为求各节点的 ϕ 值,组成 MN 维列向量 $\Phi=[\phi_1\ \ \phi_2\ \ \cdots\ \ \phi_{MN}]^{\mathrm{T}}$。式(7-40)右边项为与供电电流有关的 MN 维列向量 $S=[0\ \cdots\ 0\ \ s_1\ \ 0\ \cdots\ 0]^{\mathrm{T}}$,可见只有在供电节点处有值 $S_1=I/2$ 或 I,其他元素都为 0。

(3)解线性方程组(7-40),即可求得各节点的变换电位 ϕ,然后经过傅氏反变换得到空间域电位 U。

(4)通过计算得到测量电极所在节点的电位,再计算视电阻率。

7.3.2.4 电阻率反演计算

岩石、土壤在导电性这一性质上的差异是高密度电法的基础,高密度电法是研究人工施加稳定电流场的作用下地中传导电流分布规律的一种电探方法[172-173,175-178]。它的理论基础与常规电法相同,所不同的是方法技术。高密度电法的反演是根据正演理论,对实测曲线进行分析,从而获得所研究的地质对象分布状况的有关信息。

1)佐迪反演法

佐迪反演法是以温纳测深装置及施龙贝格装置为基础提出的反演方法。地层层数和测

深曲线上点数相同的假设条件是其计算前提。利用佐迪反演法进行二维视电阻率反演计算时,其迭代公式为:

$$\frac{\rho_{i+1}(l,n)}{\rho_i(l,n)}=\frac{\rho_0(l,n)}{\rho_{ci}(l,n)} \tag{7-41}$$

式中:(l,n)——第 l 行、n 列的计算小单元;

ρ_i、ρ_{i+1}——第 i、$i+1$ 次迭代所得的电阻率值;

ρ_0——观测电阻率值;

ρ_{ci}——计算所得电阻率值。

计算时将观测值视为初始模型,并划分为很多小单元,对初始模型进行有限元法的正演模拟计算,计算得到断面的理论视电阻率。在用式(7-41)调整后的视电阻率值作为模型的基础上再次正演,比较理论与实际观测视电阻率值进行,根据式(7-42)计算均方根差,至实测值与理论值的均方根差达到最小或预设的误差,则停止迭代,否则继续调整,继续取均方根差。

$$rms\%=\lg\sqrt{\frac{\sum_{j=1}^{N}\left[\frac{\rho_0(j)-\rho_{ci}(j)}{\rho_0(j)}\right]^2}{N}}\times 100 \tag{7-42}$$

式中:N——测点总数。

当迭代计算至计算结果与观测结果相近,就认为此结果与真实地电断面相近。高密度电法探测层状地质异常的数据,适合用佐迪反演法反演,其最佳反演次数为 5 ~7 次。

2)最小二乘法

最小二乘反演法已经发展到主要以平滑限定为基础的快速最小二乘反演法。1996 年,*Lobe*、*Barker* 使用以准牛顿最优化为基础的非线性最小二乘法,将大数据量计算情况下的计算速度较常规最小二乘法提高了近 10 倍[179-181]。在使用最小二乘法进行反演计算的过程中,以假设的某一均匀介质地电模型作为首次迭代的初始模型,利用解析法计算初始模型的视电阻率偏导数值。计算过程中避免偏导数矩阵的直接计算,进而使用了拟牛顿法在后续的迭代过程中,修改每一次迭代的偏导数矩阵,加快了计算速度,也节省了计算储存空间。这种快速最小二乘法具有简单、快速、有效等优点。

假设高密度电法数据反演的地电模型是由大量电阻率值为常数的矩形单元块组成,利用平滑限定条件下的最小二乘法[182],可直接计算出每个最小单元块的电阻率值,并且计算出的电阻率值与实际测量的视电阻率值之差很小。平滑约束的最小二乘方法基本方程如下:

$$(\boldsymbol{J}^{\mathrm{T}}\boldsymbol{J}+uF)\boldsymbol{d}=\boldsymbol{J}^{\mathrm{T}}\boldsymbol{g} \tag{7-43}$$

$$F=\boldsymbol{f}_x\boldsymbol{f}_x^{\mathrm{T}}+\boldsymbol{f}_z\boldsymbol{f}_z^{\mathrm{T}}$$

式中:$\boldsymbol{J}$——雅可比偏微分矩阵;

$\boldsymbol{f}_x$——水平平滑滤波系数矩阵;

u——阻尼因子;

$\boldsymbol{f}_z$——垂直平滑滤波系数矩阵;

$\boldsymbol{g}$——电阻率对数差的差异矢量;

$\boldsymbol{d}$——模型参数的修正矢量。

阻尼系数与平滑滤波器可以调节是这种算法的优点之一，在不同类型下都适用。利用最小二乘反演，第一步需确定反演最大迭代次数、最小阻尼因子 λ_m 和最初阻尼因子 λ_0。计算中收敛标准一般为均方根误差，但是，由于野外现场收集的数据中实际噪声级别并不是已知的[182]，这时使用残差 e_i 更为合理，有 $e_i = \frac{\varepsilon_i - \varepsilon_{i+1}}{\varepsilon_i}$，其中 ε_i、ε_{i+1} 分别为第 i 次、第 $i+1$ 次迭代残差。当某次迭代残差小于 0.05 的时候，反演程序停止反演。首次迭代时初始模型的电阻率为实际测量的视电阻率对数值的平均值。使用已计算出的偏导数来计算实际所用测量装置的雅可比矩阵，然后通过解最小二乘法基本方程，可得到地电模型变化矢量，模型单元的电阻率则为首次迭代计算的电阻率值和模型变化矢量之和。后续的迭代计算过程，由拟牛顿法计算雅可比矩阵，对基本方程进行求解得到相应的变化矢量，可以获取模型电阻率值，当收敛次数达到预先设置的最大迭代次数时，计算终止[180-182]。

7.3.2.5 高密度电法路基无损检测方案

（1）测线布设：测线横切公路布设，在存在裂缝的里程段平行布设 2 条测线，同时在没有裂缝的里程段布设 1 条测线，作为背景值比对病害区域的测试结果。测线横跨裂缝，测点极距 1m，布置图见图 7-18。

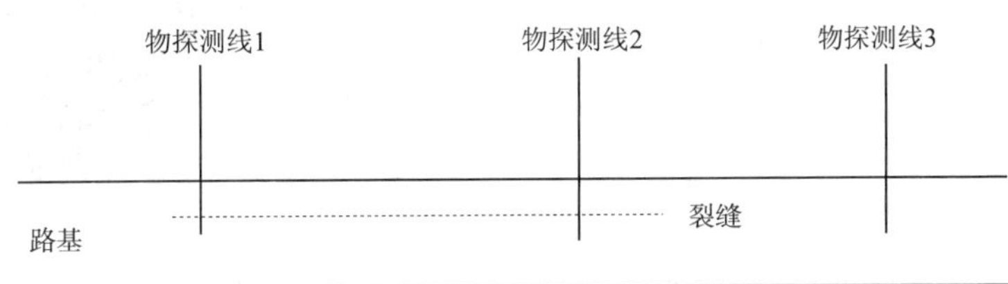

图 7-18　现场工作布置图

（2）高密度电法勘察采用温纳剖面、施伦贝尔测深、施伦贝尔剖面和偶极-偶极四种装置进行探测，30 道电极测量，供电时间 2s。为降低接地电阻，每个电极通过含食盐的泥土砂袋与混凝土路面连接。

7.3.2.6 高密度电法参数分析

高密度电阻率法探测的基本原理是由于地层介质存在着电性差异，根据在施加电场作用下，传导电流在均匀地层介质及有高度阻体的地层介质中的分布规律，通过视电阻率可以推断地层中地质体的分布情况。

如前所述，路基可视为由土壤颗粒、空气和水混合而成的多相混合物。该多相混合物的电阻率在空间的不均匀分布，通过高密度电法的激电效应体现在测量数据中。通过电阻率反演计算即可获得路基这种多相混合物的电阻率分布。下面对路基含水率这一主要影响因素加以分析。

1）含水率对路基病害的影响

电阻率同样也是路基土体本身一种物质特性，依靠土颗粒中存在的阳离子导电。而土颗粒之间的孔隙中有水分的存在，会使得土壤的导电性大大增强。介质中水的存在对其电阻率的变化影响很大，介质中水分越多，其电阻率就会越低。而富含离子的水溶液是很好的导电体，路基土含水率的大小影响着其电阻率的大小分布，尤其是当一段路的路基填料较为均匀的时候,水的存在是影响路基电阻率大小分布的最重要影响因素。根据高密度电阻率法的探测理论,其对地层中的水表现得很敏感,由于含水率的分布不均,电阻率法能够很快探测出介质内部电阻率的区别,从而实现推测介质含水状态的目的[179-183]。路基中是存在着水分的,并且水分在路基土体中存在形式是多样的,当路基出现某种病害的时候,水分在路基中的分布表现出不均匀状况,形成湿度场,从而当应用高密度电法检测时,其探测结果视电阻率断面图会显示电阻率分布不均的现象。下面结合路基病害点的现场开挖,对含水率与路基特性参数的关系加以分析。

(1)耒宜高速路基湿度状况调查

对耒宜高速路基病害进行调查,选取几处已有典型路基病害处作为试验点,进行路基湿度调查。当试验点开挖至路基顶面时,通过现场含水率测试及取土进行液塑限室内试验的方法进行湿度调查。试验过程如图7-19、图7-20所示,调查结果如表7-3所示。

图7-19　路基含水率现场调查

图7-20　耒宜高速路基土液塑限试验

耒宜高速各试验点路基土液塑限、稠度情况　　表7-3

桩号	土质	路基病害类型	w_L(%)	w_P(%)	I_P	含水率(%)	稠度	干湿类型
K1713+575	红砂岩	唧泥	33.6	18.4	15.2	23.70	0.65	过湿
K1739+155	高液限黏土	无病害	63.0	26.1	26.9	18.78	1.64	干燥
K1740+715	全风化灰岩	路基沉陷	36.4	17.6	18.8	24.10	0.65	过湿
K1741+630	全风化灰岩	严重唧泥	43.5	14.1	27.4	24.80	0.63	过湿
K1840+870	全风化灰岩	严重路基沉陷	44.3	13.4	30.9	24.02	0.66	过湿
K1803+625	全风化灰岩	唧泥	45.8	12.4	33.4	23.12	0.68	过湿
K1787+115	亚黏土	路基反射裂缝	35.2	19.8	15.4	20.39	0.96	中湿

由表7-3可以看出,耒宜高速原路基的含水率较大。含水率最低试验点为K1739+155挖方无病害区,为18.78%;含水率最高试验点为K1741+630填方严重唧泥区,达到24.80%,无病害区与路基病害区路基含水率差异明显,唧泥路段路基含水率普遍较高;不同路基结构形式的含水率也有差异,路基结构形式为挖方地段含水率大于填方地段含水率,这与线路上地下水丰富且地下水位偏高的影响因素有着直接的联系。耒宜高速公路路基填土土质的液塑限值有较明显的差异,高液限黏土的液限含水率最高,红砂岩的液限含水率最低。塑限的变化和液限呈现相同的规律。由塑性指数可以看出,大部分试验点的路基土塑性指数均大于17,说明耒宜高速的路基土大部分为黏土土质。塑性指数越大则意味着黏土处于塑性状态(可塑状态,尚处于固态)条件下的含水率变化范围大,加上考虑黏土自身的特性,在含水率变化范围较大的情况下会引发土体体积的显著变化,从而导致路基的刚度、强度及稳定性受到严重影响。由路基土的干湿类型判别条件得出各试验点路基土所处干湿类型,只有K1739+155(无病害)和K1787+115(路基反射裂缝)路基土处于干燥和中湿状态,达到路基土设计要求(干燥或中湿),其余各试验点均处于过湿状态。相关试验证明,路基的稠度越小,回弹模量越小,路面的弯沉值就越大,更容易形成板底脱空现象。所以,路基土的湿度状况对路基病害的产生有很大的影响,是耒宜高速路基病害形成的一个重要原因。

(2)湿度对路基病害的影响分析

路基病害的产生与发展和路基中水分有密切的关系。路基内部含水率过大,则会引起翻浆唧泥等一系列病害,路基土体的干湿、冻融循环对路基结构的危害极大,导致土体密实度变化,从而改变路基力学性能及承载能力。水分经过降雨、渗流等途径进入路基内部,路基土含水率随着增大,导致路基强度与稳定性降低,从而可能引起路基病害的产生。在雨水较多的湿热地区,由于气候的因素会出现长时间降雨,而雨水将成为路基边坡的重大负担,坡面径流强度增大,路基边坡发生冲刷,导致边坡发生水毁,边坡稳定性破坏。路基土体强度由于大量水分的渗入造成弱化,路基强度也由于水分的不均匀分布而呈现不均匀状态,在长期的交通荷载,尤其重型荷载作用下,路基土体往往会发生开裂、沉陷等病害。河流、湖泊附近或是地下水位较高的公路路基,由于地下水的迁移作用,导致路基土体湿度增大,同样引起路基强度和稳定性的减小,及强度的不均匀分布,导致路基病害的产生。在有冰冻的地区,由于路基土体水分发生冻结、融化等作用,水分的形式发生改变,从而导致路基湿度的变化,同样会导致路基产生唧泥、沉陷等病害。

2)含水率与路基回弹模量的关系

土基回弹模量是我国现行规范用以评价土基质量的重要指标,表示土基在弹性变形阶段内,在垂直荷载作用下,抵抗竖向变形的能力。道路工程设计中采用回弹模量作为土基抗压强度的指标。路基外部环境因素一定程度上影响路基回弹模量,其中湿度是最重要的因素,如果土质类型与压实度相同,含水率对路基回弹模量起着决定性作用,当路基土含水率为最佳含水率时,其回弹模量最大,即强度最好。一般路基土的回弹模量在公路路基设计规范中都有规定值,而这个值是可以衡量路基土的强度与稳定性的。超出规定值,则路基土强度与稳定性很好;相反小于这个规定值,则路基土的强度与稳定性较低,这使得路基极易产生病害,从而导致路面病害随即产生,显性病害一旦产生,则会对道路使用造成危害。1998年西班牙研究人员WAI等人通过干湿循环的方法模拟路基土湿度的周期变化,得出路基湿度增大,其回弹模量减小的结论,验证了路基回弹模量是受路基土湿度变化影响的。调查发现,开始运营的公路,随着时间推移,路基回弹模量逐年减小,大部分都会衰减至小于30MPa,这就使得路基承载能力降低,不足以支撑基层及面层。而路基土体含水率增大是导致路基承载能力下降的重要原因。

路基土的实际受力情况是不能完全在室内或室外承载板试验中模拟的,所以,路基设计回弹模量的选择,需考虑路基含水率及实际压实度等因素,路基土的回弹模量与其含水率及压实度有密切关系。对于同一种土质,在密实度一定情况下,则土的强度及回弹模量主要受含水率的影响。通常在建立此类相关关系时,采用稠度来表示土的含水率。研究表明土基回弹模量与稠度及压实度的相关关系为:

$$E_0 = AK^M w_c^N \tag{7-44}$$

式中:E_0——土基回弹模量;

A——相关系数;

K——压实度;

w_c——稠度;

M、N——分别为压实度和稠度相关幂指数。

例如:王俊梅(2004 年)研究得出了某种土质室内试验条件下,回弹模量与压实度及稠度的回归关系式:

$$E_0 = 28.2K^{1.23} w_c^{4.56} \tag{7-45}$$

为实际得到回弹模量与稠度变化之间的线性回归关系,从而反映路基土回弹模量与其含水率的关联,在长沙绕城高速选取 12 处试验点,在路基顶面进行相应土工试验。其中土基回弹模量数据采用现场承载板测试方法得到,压实度采用灌砂法测得,路基土稠度根据现场酒精燃烧法测量得到的含水率以及室内液塑限试验计算结果计算得到。试验数据见表 7-4。

试验点路基顶面试验结果 表 7-4

试验点号	回弹模量(MPa)	压实度(%)	稠度
1	37.15327	94	0.91
2	76.9099	95.3	1.08
3	51.25204	95	0.97
4	43.5904	94.8	0.93
5	73.99601	96.2	1.06
6	47.6264	95.1	0.95
7	109.8612	92.6	1.22
8	68.93952	93.1	1.07
9	83.36716	94.7	1.11
10	15.0437	91.3	0.72
11	25.25789	89.9	0.84
12	33.57516	88.5	0.92

根据测量计算所得的回弹模量、压实度及稠度，经回归分析可以得到相关关系式：

$$E_0 = 67.625K^{3.217}w_c^{3.684} \tag{7-46}$$

3）高密度电法对路基状况参数检测的分析

高密度电阻率法探测的基本原理是由于地层介质存在着电性差异，根据在施加电场作用下，传导电流在均匀地层介质及有高度阻体的地层介质中的分布规律，通过视电阻率可以推断地层中地质体的赋存情况。电阻率同样也是路基土体本身一种物质特性，依靠土颗粒中存在的阳离子导电，而土颗粒之间的孔隙中有水分的存在，会使得土壤的导电性大大增强。介质中水的存在对其电阻率的变化影响很大，介质中水分越多，其电阻率就会越低。而富含离子的水溶液是很好的导电体，路基土含水率的大小影响着其电阻率的大小分布，尤其是当一段路路基填料较为均匀的时候，水的存在是影响路基电阻率大小分布的最重要影响因素。根据高密度电阻率法的探测理论，其对地层中的水表现得很敏感，由于含水率的分布不均，电阻率法很容易探测到介质电阻率的差异，从而达到推测介质含水率情况。路基中存在着水分，并且水分在路基土体中存在形式是多样的，当路基出现某种病害的时候，水分在路基中的分布表现出不均匀状况，形成湿度场，从而当应用高密度电法检测时，其探测结果视电阻率断面图会显示电阻率分布不均的现象。

（1）对压实度的检测

如前所述，压实度是表征现场压实后密度状况的一个参数。该参数是与路基本体的孔隙率和含水率有关的一个参量，但压实度并不直接与电阻率有关联，因此，高密度电法不能对压实度进行有效探测。

（2）对含水率的检测

由于电阻率很大程度上受含水率的影响，所以路基内部含水率的变化将引起探测区域内大范围的电变阻率变动。针对这种情况，高密度电法对电阻率的高精度测量功能恰好能实现对路基本体含水率的测量[179-183]。

在长沙绕城高速路基上进行了大量的现场试验，在一定的最大干密度条件下进行不同含水率的路基上的电阻率测量，得出路基的含水率和电阻率具有良好的乘幂关系。试验数据如表7-5所示。

含水率与电阻率的现场测试结果 表7-5

含水率(%)	干密度(g·cm^{-3})	电阻率(Ω·m)	含水率(%)	干密度(g·cm^{-3})	电阻率(Ω·m)
4.1	1.860	3 440	13.6	1.860	1 126
5.3	1.860	3 255	16.7	1.860	706
7.8	1.860	2 006	18.2	1.860	667
7.5	1.860	1 702	20.8	1.860	408
11.3	1.860	1 225	23.0	1.860	264

对表7-5中的数据进行最小均方误差拟合，结果如图7-21所示。

从图7-21可见，电阻率与路基含水率有良好的单调乘幂函数关系，因此，可以运用高密度电法仪实现对路基含水率的测量。

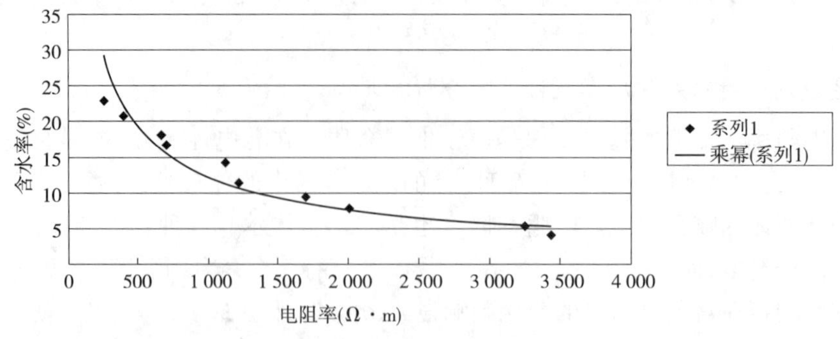

图 7-21　电阻率与含水率的拟合曲线

(3)对回弹模量的检测

如前所述,回弹模量从根本意义上讲,也可归结为路基本体的物质构成。基于式(7-46)的回归关系,可以运用高密度电法进行回弹模量的检测。

综上所述,高密度电法满足路基状况检测的基本需求,基于路基含水率与回弹模量、压实度之间的多维关联关系,可以通过对视电阻率的反演进行路基工作区状况参数的检测。检测深度范围由电极间距及电极数决定。

7.3.2.7　高密度电法对路基病害参数检测的技术实现

如前文所述,高密度电阻率法通过采用电极阵列排列的形式实现地下电性异常体的检测和反演[179-184]。进行现场探测时,仅需将全部电极按一定间距布设于测点上方,即可开展观测工作。因为能够实现多电极的使用,同时电极之间能够自由组合,高密度电法能够提供更为丰富的地电信息,让电法勘探能够如同地震勘探一般实现覆盖式测量[185-188]。

根据前述的路基状况检测需求,高密度电法用于高等级公路路基状况检测时,拟从测线布置、测量模式、电极间距和测向长度几个方面综合考虑其适应性。

1)测线走向

对高等级公路路基状况进行检测,在不考虑对行车状况的影响和条件许可的情况下,可以采用交叉测线阵列电极布置的平面二维电极扫描探测方式。通过平面二维电极扫描,可以通过约束反演获得地下路基本体异常体或被测区域视电阻率的三维分布结果,有效应用于路基状况的评价和分析,如图 7-22a)所示。这种情况下,由于交叉测线横跨整个路面的多个车道,为保证安全,需要进行道路封闭。

为了兼顾路基工作区状况检测和高等级公路的不间断通车需求,推荐采用沿单一车道方向进行电极的阵列布置。在条件许可的情况下,可以沿着行车道的方向进行左右多次一维测线扫描,如图 7-22b)所示。

在研究过程中,采用图 7-22b)的测线布置方法,即电极阵列沿着行车道的纵向方向。

2)测线装置

高密度电法常用的电极排列形式有温纳(Wenner)、二极(pole-pole)、三极(pole-dipole)、施伦贝格(Schlumberger)、偶极(dipole-dipole)排列等。进行公路路基状况探测时,高密度电法需结合现场情况与相应的检测需求设定最优的电极布置方式。因此,对不同的电极排列在不同结构上的勘探深度和分辨力进行研究很有必要。研究可以采用数值模拟以及反演成像等手段,关于不同的地质问题如何选取合适排列形式以实现最佳成像效果,其结果能够起到实际帮助作用。为探究上述排列方式在勘探深度、分辨力和异常响应方面的特征,研究人员曾通过建立纵向水平产状组合模型,采用点源二维有限差分法进行正演模拟,所设电极数为30,单位电极距0.5m,排列长度15m。正演模拟的响应视电阻率用做反演的输入数据,建立的正演模型具有电阻率突变界面的性质,采用的反演方法为块反演方法[180,189-190]。

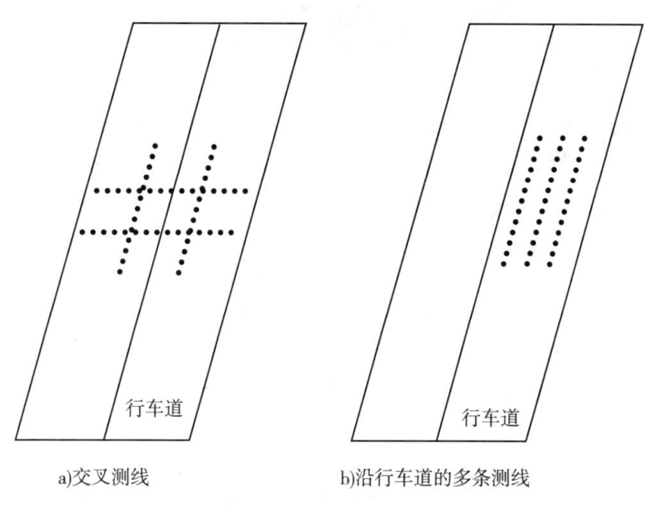

图7-22 高密度电法的测线示意图

根据路基工作区状况的实际情况,在路面载荷的长期作用下,路基工作区中会产生疏松、含水率异常等现象,分别对应于高阻和低阻区。因此,设置了两种情况的纵向水平异常体组合模型,分别为:上为低阻下为高阻以及上为高阻下为低阻两种情况,如图7-23a)所示,模拟目标区长1.5m,深0.6m,从地表到模拟目标区底部为背景介质,电阻率为100Ω·m。垂直方向位于0.2~0.3m深度范围,厚0.1m,电阻率1 000Ω·m,下部低阻体位于0.7~0.9m深度范围,厚0.2m,电阻率10Ω·m,水平方向均位于9~10.5m范围,宽1.5m,上部高阻体的底板和下部低阻体的顶板间隔0.4m。

通过有限差分正演计算纵向水平异常体组合模型的视电阻率断面图如图7-23b)~g)所示,视电阻率断面总体表现左侧有明显的低阻异常,右侧有明显的高阻异常,对高、低阻体耦合引起的电阻率异常有所体现,但是分辨力受限。仅通过视电阻率的反演剖面,无法确定高阻体和低阻体的深度维特征[180,189]。

采用最小二乘约束反演的方法,可以根据实测的电阻率剖面获得视电阻率剖面的二维反演结果。图7-24分别为温纳、施伦贝格、偶极、三极和二极装置在纵向水平异常体组合模型上的块反演电阻率断面图[180,189]。

从图7-24可见:温纳装置的反演结果[图7-24a)]对模型3的上部低阻体有明显体现,对下部高阻体则反应不明显;对模型4的上部高阻体和下部低阻体均反应明显。

施伦贝格装置的反演结果[图7-24b)]对模型3的上部低阻体有明显反应,对下部高阻体有反应;对模型4的上部高阻体和下部低阻体均反应明显[180,189]。

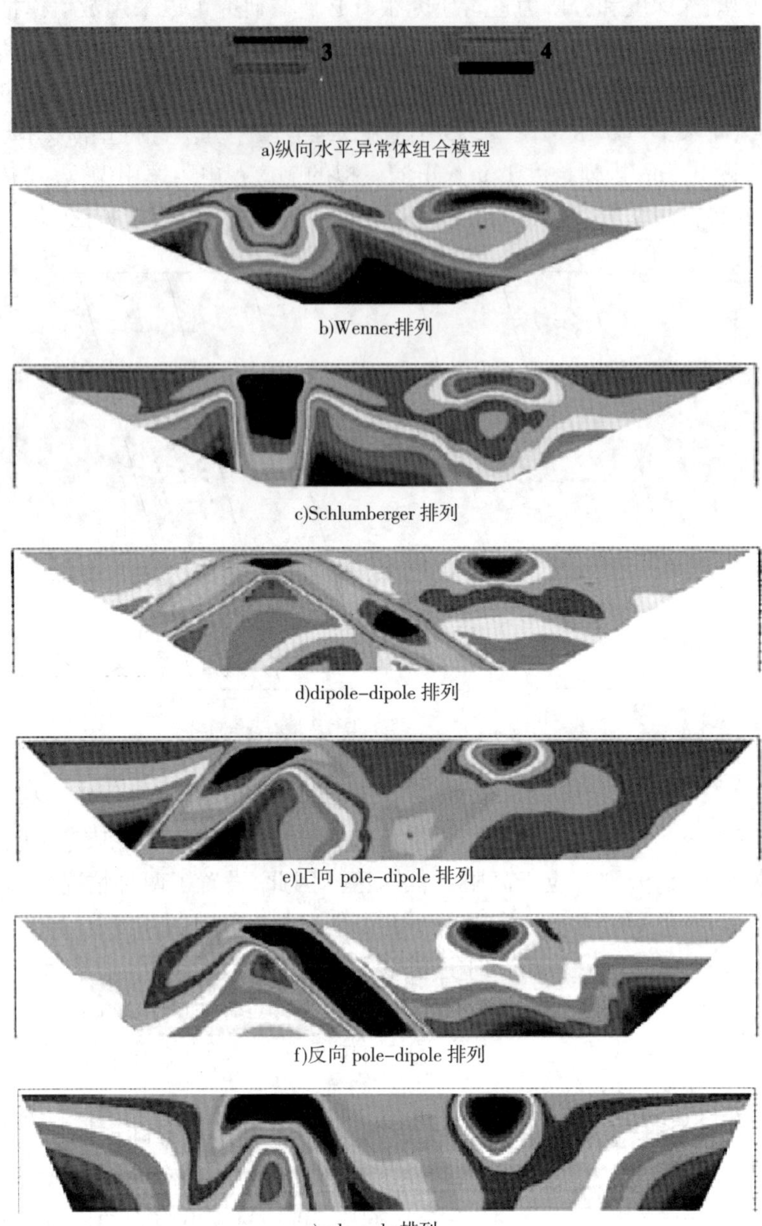

a)纵向水平异常体组合模型

b)Wenner排列

c)Schlumberger 排列

d)dipole-dipole 排列

e)正向 pole-dipole 排列

f)反向 pole-dipole 排列

g)pole-pole 排列

图 7-23　纵向水平异常体组合模型及不同装置的视电阻率断面图

偶极装置的反演结果[图 7-24c)]对模型 3 的上部低阻体和下部高阻体反应明显；对模型 4 的上部高阻体和下部低阻体亦均反应明显，但对模型 4 下部低阻体的反应较温纳和施伦贝格装置效果欠佳。

三极装置的反演结果[图 7-24d)]对模型 3 的上部低阻体反应明显，对下部高阻体反应不明显，但优于温纳装置；对模型 4 的上部高阻体和下部低阻体均反应明显。

二极装置的反演结果[图 7-24e)]对模型 3 的上部低阻体和下部高阻体均有明显反应，

对下部高阻体的反应效果优于偶极装置以外的其他装置;对模型4的上部高阻体反应明显,对下部低阻体的反应在五种装置中效果最差[180,189]。

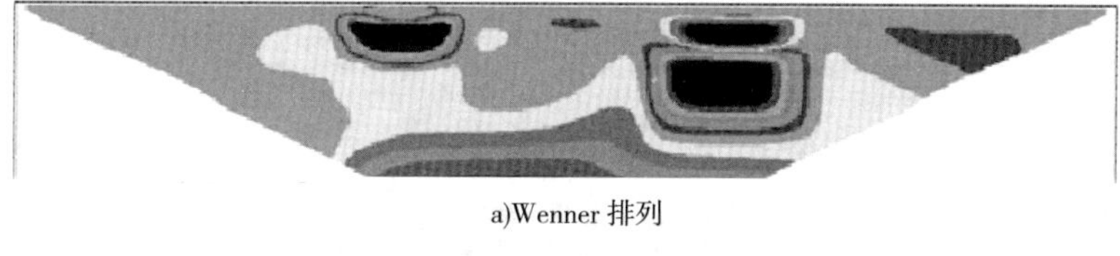

a)Wenner 排列

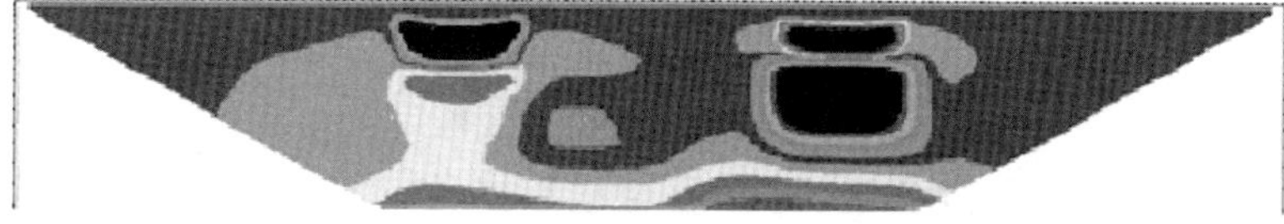

b)Schlumberger 排列

c)dipole-dipole 排列

d)pole-dipole 排列

e)pole-pole 排列

图 7-24 纵向水平异常体组合模型不同装置的反演电阻率断面图

综合上述的仿真计算和分析,五种装置均能够对地下地质目标体的位置、形态实现探测,同时也各有优劣。虽然二极装置的探测深度较大,但对模型起伏形态的表征效果不佳。另外,就探测深度而言,温纳装置相对其他装置能够实现更深的探测距离,同时对判断地下目标体的分布形态、位置也具有一定优势[187]。

3)测线参数

温纳剖面的电极排列规律 $AM = MN = NB$ 为一个电极间距,随着间隔系数 n 由最大逐渐降低到最小,四个电极之间的距离也将均匀减小。该装置适用于固定断面探测,所测量的断面形式为倒梯形,如图 7-25 所示[191-196]。

仪器工作时各个电极间的极距相同,且各电极依次作为供电或测量电极。高密度电法的探测深度主要取决于电极间距以及电极间的隔离系数,若隔离系数加大,探测深度也将相应提高。最深的测点位于勘探线中心,本方法所测得地电断面等值线图的形状为梯形[196-197]。

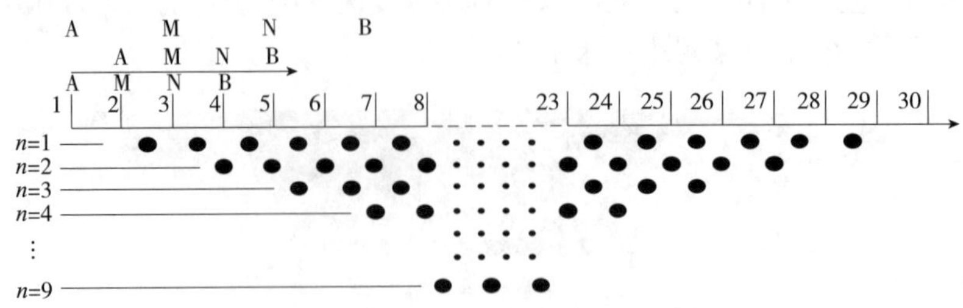

图 7-25　高密度电法温纳剖面电极排列和测量顺序

高密度电阻率法实际勘察工作中,电极间距及测线长度是一次性布设的,所以需要事先设定。电极间距的大小直接影响测线的长度,电极数相同,电极间距越大,测线长度则越长。电极间距的大小可以任意选择,但是不能超出电缆线相邻电极间的间隔距离。电极间距及测线长度的大小主要是对测量结果的分辨率产生影响。一般根据探测目标体的规模及埋深来确定电极间距及测线长度,例如:如果探测目标体表现为大规模、浅埋深的特点,则电极间距可以稍大;相反,探测目标体表现为小规模、大埋深的特点,则选择较小的电极间距,测线的长度可以通过增加电极数来增大。根据经验采用温纳装置时选异常体尺寸与测试范围深度比为 1∶4 时为最佳合适点。另外,电极间距还影响装置系数 K 的大小,例如温纳装置有 $K=2\pi a$(a 为电极间距),而装置系数 K 值将直接影响所测视电阻率值,一般情况下高密度电阻率法温纳装置的有效探测深度约为最大电极距的 1/6 ~ 1/8。但无论电极间距与测线长度确定为多大,均需保证至少 3 个电极横向上通过探测目标体。在实际探测工作中,可以现场试验不同电极间距的效果,以选择确定适合地质任务的电极间距。电极间距的设定实际上是为确定供电电极 A、B 之间的距离,和测量电极 M、N 之间的距离,供电电极 A、B 的距离要满足不小于 3 倍的探测深度。极距的设定即供电电极距 AB 和测量电极距 MN 的确定。供电电极 M、N 的距离一般根据目标体的区域大小而确定。一般测量电极间距 MN 越小,测量分辨率越大。

影响高密度电法探测深度的因素较多,如隔离系数、勘探线长度、电极间距等均可对探测深度造成影响,而电极数量以及电极间距则对勘探线的长度造成影响。目前,高密度电法中关于深度的解释主要依靠经验公式进行判断,一般经验值为[196]:

$$k \cdot \frac{AB}{2}, k \text{ 取} \frac{1}{3} \sim \frac{1}{2} \tag{7-47}$$

式中:AB——电法测线长度。

根据上式进行探测深度的推算时,若上部地层电阻率较低,系数取较小值,反之取较大值。

对高等级公路路基工作区状况探测而言,是以针对填方路基工作区的检测为主,对测量深度要求不高,对分辨率要求严格。以温纳装置为例,试验对比在相同电极数情况下,1m 电极间距与 2m 电极间距所探测深度如图 7-26 所示,单位电极间距为 1m 的时候,测深为 4.8m;单位电极间距为 2m 的时候,测深 9.6m。

如前所述,对高等级公路路基工作区的探测,探测深度范围为路基顶面以下 0.8m 的深度范围内。据此,可以确定温纳排列的测线长度为 15m。

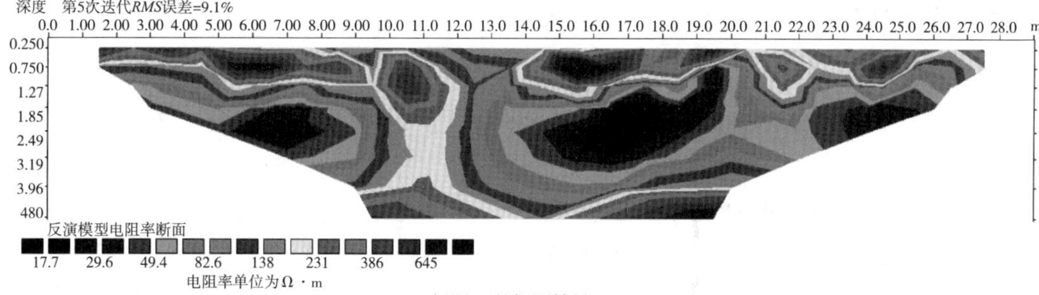

a)间距1m的探测结果

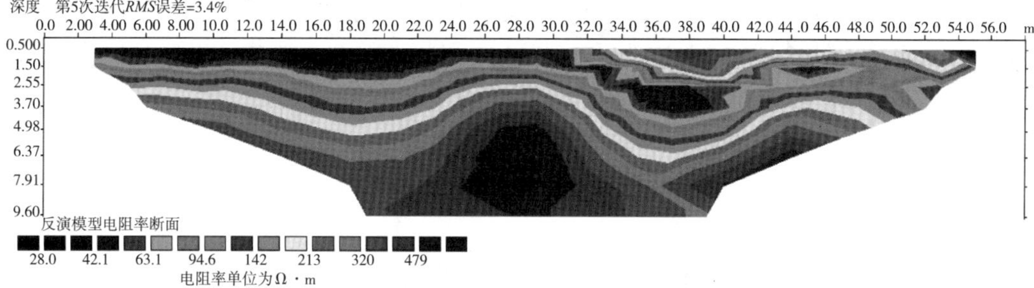

b)间距2m的探测结果

图7-26 不同电极间距测深对比图

测线间距的选择需要在分辨力要求和系统复杂度上进行折中考虑。电极配置过密，则测线的收放会很耗时，且整个测量过程时间成倍递增。电极配置过疏，则不能保证所需的分辨力。综合考虑上述因素，确定高密度电法电极间距为0.5～1m。

4）综合分析

高密度电法通过密集电极配置实现地下探测区域的视电阻率反演结果，可以有效应用于高等级公路路基的状况检测，进而用于路基病害的分类与识别。表7-6是对其探测特点的总结分析。

高密度电法用于路基状况检测的分析一览表 表7-6

优势	劣势
（1）能够对路基工作区的视电阻率进行无损探测； （2）对路基工作区中的含水率异常低阻体、疏松等高阻体敏感； （3）数据处理能力强，解译的分辨力高	（1）电极阵列的布置和移动耗时，测量过程耗时； （2）电极不能直接插入地表，需配置额外的电流传导装置； （3）仅对水泥路面有效，对沥青路面失效

高密度电法仪的扫描方式较多，需根据路基病害的具体情况选用合适的激发方式。具体的配置参数包括：阵元间距、阵元数目和激发形式。通过大量的外场实地探测实验，提出了适用的参数设置准则。

应用高密度电法针对路基病害无损检测，采用温纳排列方式探测，固定断面测量，电极间距设置在0.5～1m之间，测线长度最少为30m，电极与路面接触方式采用将电极插入放置在路面的小土堆中并浇水的方式，或者采用先进的改造电极形式。

7.3.3 瑞雷波法

7.3.3.1 瑞雷波法探测基本原理

由于瑞雷波的能量相对其他波较强,更容易采集到;瑞雷波速度较其他波慢,在波的筛选中方便去除干扰波;瑞雷波速频率较低,能探测相对较深的地质情况;瑞雷波的分辨率较高,相对其他波的探测有更加高的准确度。正因为瑞雷波有如此多的优越性,所以在岩土工程的勘探方面存在很大的优势。瑞雷波探测方法的关键步骤是对记录的地震波数据进行整理和换算,分析出各频率所对应的相速度,也就是频散曲线。地下介质的不同性质会决定频散曲线的变化规律,从而从所得的频散曲线就可以反演出地下介质的结构性质,从而达到对岩土工程进行勘测的目的。由于频率越低,探测深度越深,所以当频率一定时,瑞雷波速的变化可以反演某一深度水平方向的地质变化,而不同频率的瑞雷波速可以反演地质情况在深度方向上的变化。

1)时间差法

设瑞雷波传播的客观条件是最理想的,瑞雷波传播的形式为单频波,频率为f,则距离震源x位置的质点z轴方向的位移为:

$$U_z = A_0\sin(\omega t - \varphi) = A_0\sin\left[\omega\left(t - \frac{x}{V_R}\right)\right] \tag{7-48}$$

式中:φ——相位;

ω——角频率,$\omega = 2\pi f$。

在地面上以道间距Δx布置两个检波器,将两个检波器和震源布置在同一条直线上,当瑞雷波的某一相位从一个检波器传播到第二个检波器所用的时间为Δt,则根据同相的定义可知:

$$\omega\left[(t+\Delta t) - \frac{x+\Delta x}{v_R}\right] = \omega\left(t - \frac{x}{v_R}\right) \tag{7-49}$$

把上式进行化简得:

$$v_R = \frac{\Delta x}{\Delta t} \tag{7-50}$$

如果Δx大于波长,两个检波器测得的波峰可能是同一个相位,也可以相差整数倍波长,因此,为了避免这类误差的发生,必须在检波器布置时保证道间距Δx小于波长。从式(7-50)可以看出,只要测出瑞雷波经过两检波器的时间Δt,又已知道间距Δx,就可以算出瑞雷波的波速v_R,这种方法就称为探测瑞雷波传播速度的时间差法。

2)相位差法

同样设瑞雷波传播的客观条件是理想的,瑞雷波传播的形式为单频波,频率为f,相速度为v_R,如果t时刻在两检波器位置观察到的相位差为$\Delta\varphi$,根据简谐波位移公式可得:

$$\Delta\varphi = \omega\left(t - \frac{x}{v_R}\right) - \omega\left(t - \frac{x+\Delta x}{v_R}\right) = \omega\frac{\Delta x}{v_R} \tag{7-51}$$

化简得:

$$v_R = \frac{\omega\Delta x}{\Delta\varphi} = \frac{2\pi f\Delta x}{\Delta\varphi} \tag{7-52}$$

在同一地点测得不同频率 f 的瑞雷波速 v_R，就可以绘制一条频率 f 与瑞雷波速 v_R 的关系曲线，这条 $v_R - f$ 关系曲线就是瑞雷波的频散曲线。因为 $v_R = \lambda_R f$，所以也可以把 $v_R - f$ 关系曲线变换为 $v_R - \lambda_R$ 关系曲线。

为了保证瑞雷波探测的精度，采集的瑞雷波数据必须具有足够的相位差，为了满足相位差的要求，检波器间的道间距离必须满足以下公式：

$$\frac{\lambda_R}{3} < \Delta x < \lambda_R \tag{7-53}$$

则相位差必须满足：

$$\frac{2\pi}{3} < \Delta\varphi < 2\pi \tag{7-54}$$

如果不对瑞雷波的相位差作以上限定，则我们算出的相位差可能与实际值相差整数倍 2π。设相位差的主值为 $\Delta\varphi_z$，对相位差作以上限定，就是为了使 $\Delta\varphi = \Delta\varphi_z$，即保证相位差在主值范围内。在进行稳态瑞雷波法探测中，由于激发的振动频率是一定的，我们可以很好地把相位差限制在主值范围内。但进行瞬态瑞雷波法探测时，要使检波器道间距 Δx 的设置既满足式(7-53)又满足式(7-54)是非常困难的。因此为了避免算出的相位差与实际值相差整数倍 2π，就要在数据处理环节采取有效的优化措施。

瞬态瑞雷波法激振时产生的波频率范围很广，频率越高，波长越短，所以对于一些高频波，会出现 $\lambda_R < \Delta x$ 的现象，这种情况下，

$$\Delta\varphi = \Delta\varphi_z + n \cdot 2\pi \tag{7-55}$$

此时如果利用傅里叶变换算相位差，$\Delta\varphi = \Delta\varphi_z$，肯定会造成很大误差，为了避免这种误差的出现，需要把相邻检波器的群速度时差 Δt 考虑进来，则式(7-55)可变化为：

$$\Delta\varphi = \Delta\varphi_z + n \cdot 2\pi = \Delta\varphi_z + \left[\frac{\Delta t}{T}\right] \cdot 2\pi \tag{7-56}$$

在地震波数据的处理过程中，先通过傅里叶变换算出各频率对应的 $\Delta\varphi_z$，然后对 $\frac{\Delta t}{T}$ 取整，再按照公式(7-56)计算出 $\Delta\varphi$。在现实情况中，要控制 $\frac{\lambda_R}{3} < \Delta x < \lambda_R$ 是很难做到的，因此在地震波信号处理过程中加以处理的方法给瑞雷波法探测带来了极大的便利。

3）稳态瑞雷波法和瞬态瑞雷波法

瑞雷波的探测方法分为稳态瑞雷波法和瞬态瑞雷波法两种，瑞雷波法刚兴起的时候，采用的是稳态瑞雷波的方法。所谓稳态瑞雷波法，就是震源激发的频率是固定的，每一次激发振动，瑞雷波都以某一单一的频率沿自由表面传播，每激发一个频率的瑞雷波，就可以测得相应的瑞雷波速，不断地改变震源的频率，就可以测得一系列频率与对应面波的速度值，从而得到 $V_R - f$ 关系曲线。当瑞雷波速度变动很小时，激发高频振动，波长很小，就可以探测较浅地层的地质情况；激发低频振动，波长较长，探测的范围就较深。稳态瑞雷波法也存在一些弊端：对震源激发设备要求较高，仪器笨重，且要激振一系列不同频率的地震波，探测过程比较复杂，探测效率不高。因此一些学者在稳态瑞雷波法的基础上发明了瞬态瑞雷波法。

瞬态瑞雷波法就是通过分析瞬态激振激发的多频率面波来探测地质状况的瑞雷波探测方法，因此稳态瑞雷波法和瞬态瑞雷波法最主要的不同就在于其震源形式。稳态瑞雷波法

激发的是单频地震波,每次只能探测某一频率瑞雷波的传播速度。瞬态瑞雷波法则是激发瞬时的地震波,瞬态的地震波中丰富频率的面波混杂在一起,以脉冲的形式传播,由于瑞雷波的衰减速度比纵波和横波要慢得多,所以当传播到距离震源较远的位置时,瑞雷波的能量占了绝大多数,纵波和横波引起的振幅可以忽略不计,检波器中采集到的波动数据几乎都是瑞雷波数据。因为瞬态地震波中包含了不同频率的面波,因此在数据处理时必须把波动数据进行频谱分析和相位谱分析,分离出各种频率的瑞雷波以及相应的瑞雷波速,才能求得完整的 V_R-f 频散曲线。瞬态瑞雷波法的探测原理如图 7-27 所示。

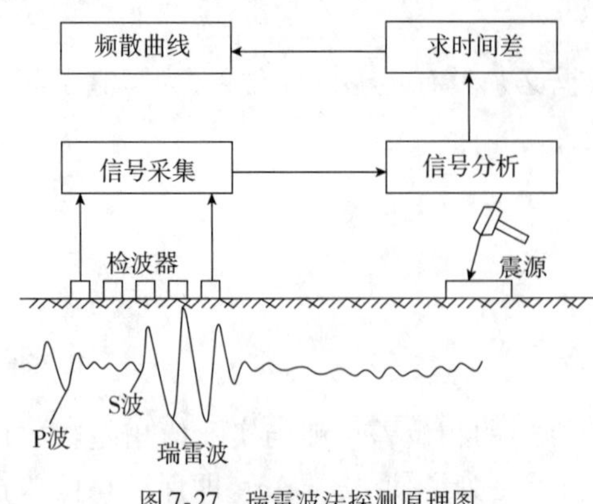

图 7-27 瑞雷波法探测原理图

7.3.3.2 瑞雷波法探测系统组成

一般瑞雷波仪主要由主机、检波器、连接电缆、触发电缆、触发检波器及振板等组成。目前瑞雷波法探测仪器众多,但归结起来其探测系统基本由六部分组成[197-200]:

(1)滤波放大部分;

(2)多路电子转换部分;

(3)A/D 转换部分;

(4)逻辑控制器;

(5)微机控制系统及屏幕显示部分;

(6)内部自检系统部分。

探测系统的工作过程如下:在地面敲击振板,由此生成沿地层传播的瑞雷波,通过检波器接收地层中的瑞雷波信号并转换为电信号,然后传输到仪器的前置放大和滤波部分,先进行可变增益的放大以提高至足够的信噪比,然后开展各种滤波处理(高低通、谐波抑制等),并通过多路电子转换开关将两道并行的已放大的模拟信号进行采样保持,变为一路串行的离散脉冲信号。此脉冲信号被放大到模/数转换器要求的幅度范围内,经高速逐次逼近式A/D转换器进行量化(数字化),转换为相应的数字信号。这些信号由微机统一控制,经逻辑控制电路实现各种功能的选择与控制,将数字化后的数据按规定格式存入微机硬盘内,同时原始波形曲线以及分析和处理后的结果在微机显示屏上显示,结果也可用打印机打印出来[197-204],其组成关系流程如图 7-28 所示。

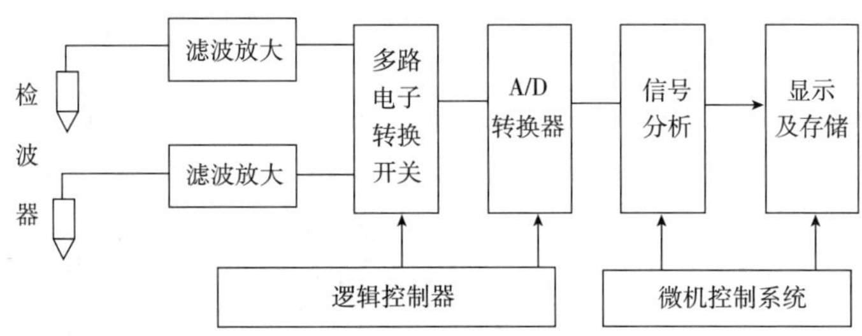

图 7-28 瑞雷波系统组成

7.3.3.3 瑞雷波法反演解译方法

瑞雷波频散曲线的反演是瑞雷波勘探最重要的环节之一，为此，经过地球物理学家开展了很多研究，提出了很多方法，同时实现了较好的应用效果。最初的反演解释方法主要有半波长法、拐点法、渐进线法和近似计算法，此类方法普遍存在过于简单、粗糙且主观性强等问题，并且用到的仅有 V_S与 V_R计算关系，一定程度上来说，它们并非真正意义上的反演，可想而知，其解释结果误差较大。由于瑞雷波频散曲线的反演是一个典型的高度非线性、多参数、多极值的地球物理反演问题和最优化控制问题，因此大多数先进的地球物理反演技术在此得到了集中体现和充分利用。概括起来，可以将现有的瑞雷波反演方法划分为局部线性化方法和非线性全局优化算法两类。

(1)局部线性化反演方法

局部线性化反演方法主要包括：①最小二乘法；②Levenberg-Marquardt(L-M)法；③OCCAM算法。

(2)非线性全局优化算法

非线性全局优化算法主要包括：①遗传算法；②模拟退火法；③人工神经网络；④小波分析；⑤粒子群优化算法；⑥蚁群算法；⑦蒙特卡洛算法；⑧邻近点算法；⑨矩形分割算法；⑩模式识别算法；⑪微分演化算法；⑫同伦反演算法；⑬模拟原子跃迁反演算法；⑭人工免疫算法；⑮人工鱼群算法。

当然，对瑞雷波频散曲线非线性反演作出重要贡献的学者远远不止这些，限于篇幅，本书不能一一述评。

7.3.3.4 瑞雷波法参数分析

瑞雷波沿介质表面传播，其能量主要集中在介质表面大约一个波长的深度范围，因此通过改变频率可以获得不同深度的瑞雷波速，而瑞雷波速与介质的密实状况有一定关系，从而可以探测出不同深度的地质情况。依据瑞雷波探测原理，在地面上布置一条直线测线，在测线上以道间距 Δx 布置 $N+1$ 个检波器，根据偏移距 L 在测线上设置震源点，在震源点激发一瞬时冲击波，生成一定频率的瑞雷波沿介质表面传播，检波器接收到瑞雷波信号并传输到浅层地震仪进行保存和初步处理。利用瑞雷波处理软件对振动信号进行处理，分离出不同频率的瑞雷波，求出不同频率瑞雷波的波速，获取瑞雷波频散曲线。根据频散曲线求得相应深度，得到不同深度介质的瑞雷波速值。建立瑞雷面波波速与路基土干密度之间的相关关系式，从而实现利用实测的瑞雷面波波速获得路基土压实度的检测结果。

国内已经有许多学者通过瑞雷波法试验建立了瑞雷波速与干密度的关系，如孙继增等在十三陵坝基填筑工程压实度测试中建立了 v_R 与 ρ 之间的函数关系：$\rho = Av_R + B$。学者们通过在测点现场采用灌砂法或者环刀法实测路基压实度，把实测的压实度与瑞雷波法反演的压实度进行对比，得出两者具有较好的一致性，从而认为瑞雷波法检测路基压实度具有较好的准确性，该方法用于路基压实度的检测是完全可行的。

通过上述的瑞雷波原理分析，可以看出，既有高速公路瑞雷波法检测的特点有：

(1)路面已经修筑完成，必须透过路面对路基状况进行检测；

(2)运营期间交通量较大,行车速度较快,在运营高速公路上进行检测必须提高速率,注意安全。

既有高速公路的这些特点必然给传统的瑞雷波法探测造成诸多的不适用。

传统的瑞雷波法探测步骤为:

(1)设置参数

在探测之前先设置好探测参数,应设置的参数包括:采样间隔、采样点数、记录长度、检波器频率、接收道数、道间距、偏移距等。

(2)布置测线

先根据需要探测点的位置布置测线,所有检波器和激振点在同一条直线上,测点为检波器列阵的中央位置,根据道间距、偏移距、接收道数设置测线的长度。

(3)布设检波器

把检波器布设在相应的位置,用检波器的尾锥紧密插入路基土中,把检波器和探测仪器用数据线缆连接。

(4)激振震源

在激振器上安装触发开关,并用数据线接入探测仪,探测程序准备就绪,激振震源,接收地震波数据。

(5)数据分析

在计算机上应用瑞雷波法处理软件对现场采集的地震波数据进行分析,最终得到测点地质分层波速曲线。

传统的瑞雷波法探测应用于既有高速公路上的不适用性表现在以下几个方面。

(1)道间距

在瑞雷波测试过程中,检波器道间距 Δx 对检测深度和分辨率具有重要的影响。相邻检波器收到的数据应具有足够的相位差,因此 Δx 必须符合式(7-57)要求:

$$\frac{\lambda_R}{3} < \Delta x < \lambda_R \tag{7-57}$$

则两信号的相位差 $\Delta\varphi$ 应满足:

$$\frac{2\pi}{3} < \Delta\varphi < 2\pi \tag{7-58}$$

因此,要使探测深度加大,即瑞雷波波长 λ_R 增大,就要增大道间距 Δx。按照“半波长”法则,所探测的瑞雷波平均波速 v_R 可看作为 $\lambda_R/2$ 深度处介质的平均弹性性质,所以瑞雷波能探测的最小深度 H_{min} 为 1/2 瑞雷波最小波长,最大测深 H_{max} 为 1/2 最大波长,因此测线的布置应该符合式(7-59)要求。

$$\begin{aligned} H_{min} &= \frac{1}{2}\lambda_{min} \geqslant \Delta x \\ H_{max} &= \frac{1}{2}\lambda_{max} \leqslant \frac{1}{2}(M-1)\Delta x \end{aligned} \tag{7-59}$$

式中:M——检波器道数。

根据测深要求,且同时满足上述设置原则,具体设置方法应满足以下表达式:

$$
\left.\begin{aligned}
&H_{min}=\frac{1}{2}\lambda_{min}\geqslant\Delta x\\
&H_{max}\leqslant\frac{1}{2}(M-1)\Delta x, \qquad 当3(M-1)\Delta x\geqslant L\geqslant\frac{1}{2}(M-1)\Delta x\\
&H_{max}\leqslant\frac{1}{3}[(M-1)\Delta x+L],\ 当L<\frac{1}{2}(M-1)\Delta x
\end{aligned}\right\} \tag{7-60}
$$

式中:L——偏移距。

当道间距和偏移距取不同值时,测深范围不同。运用瑞雷波检测路基病害时,可以先用雷达进行路基状况快速普查,了解路基病害的大概位置和深度,然后通过瑞雷波法进行精确探测,根据病害的大概深度设置相应的道间距和偏移距值。

(2)偏移距

瑞雷波不是震源激振的瞬间就产生的,而是要地震波传播一定距离后由体波叠加、相干而生成,而且波长越长,生成瑞雷波所需的距离就越大,所以检波器的位置必须要离激振点有一定距离才能接收到瑞雷波,这就要求瑞雷波探测需要一定的偏移距 L,L 的设置与所要探测的最大波长 λ_{max} 有关,必须满足以下公式:

$$
0.5\lambda_{max}\leqslant L\leqslant 3\lambda_{max} \tag{7-61}
$$

当震源能量很大时,就要尽量增大偏移距 L 以接收所要探测的最大波长瑞雷波。当偏移距较大时,地震波从震源点传播到检波器时体波就与瑞雷波分离开来,因此增大偏移距也利于排除体波的干扰。但如果想要探测浅部地层结构时,就要相应减小偏移距值。实际测试时偏移距可选择 3m、5m、7m、9m 等。

7.3.3.5 瑞雷波法对路基病害参数检测的技术实现

为了找到适合在既有公路上检测的道间距和偏移距,在长沙绕城高速公路的埋设路基空洞路段,采用不同道间距和偏移距进行了多组瑞雷波法试验,现场测试情况如图 7-29所示。试验采用 GoePen Miniseis 24 浅层地震仪,采集参数设置如下:采样间隔为 0.5ms;采样点数为 1024 点;记录长度为 512ms;接收道数为 24 道;采用滚动测量经过路基空洞位置,每次滚动距离为 0.2m。本次试验共进行了 12 组,根据道间距和偏移距取值要求及考虑需探测的深度,每组试验选择的偏移距和道间距如表 7-7 所示。

图 7-29 检测参数对比试验

各组试验参数设置 表 7-7

试验组数	偏移距(m)	道间距(m)
1	3	0.5
2	3	1.0
3	3	1.5

续上表

试验组数	偏移距(m)	道间距(m)
4	5	0.5
5	5	1.0
6	5	1.5
7	7	0.5
8	7	1.0
9	7	1.5
10	9	0.5
11	9	1.0
12	9	1.5

通过对12组试验采集的面波数据进行处理,最后得到各组试验的瑞雷波速剖面图,本文列出了第1组、4组、7组、8组、9组试验的瑞雷波速剖面图,如图7-30所示。试验所探测的埋设路基空洞病害为一个尺寸为0.9m×0.9m×0.9m的空木箱,木箱顶面距离路面1.1m,滚动测量时记录了空洞的位置在测线的0.6~1.5m处。

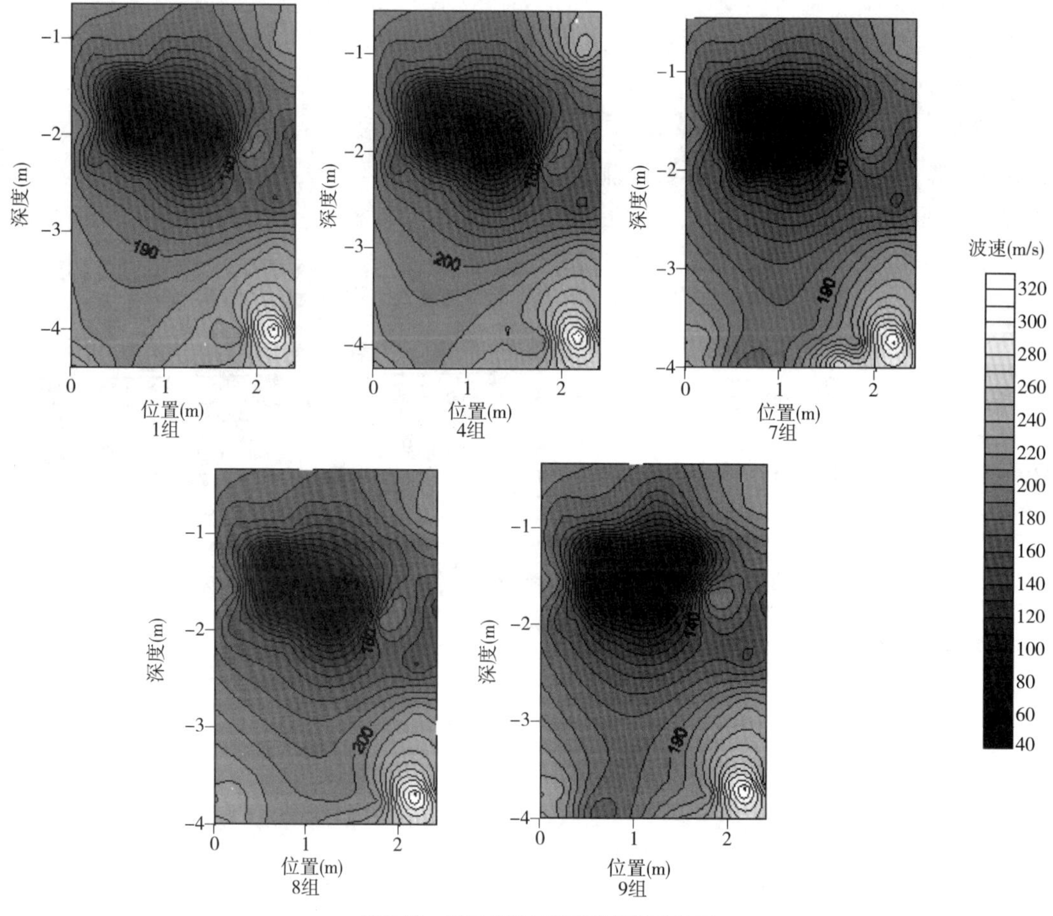

图7-30　不同检测参数试验结果对比图

由图7-30可以看出，第7组试验（偏移距为7m、道间距为0.5m）所得结果的瑞雷波低波速范围与路基空洞病害实际情况最相符，所以可以认为在同等条件的瑞雷波法试验中，要探测路基工作区的状况，最佳偏移距应取7m，最佳道间距应取0.5m。

(1)检波器

传统的检波器主要由尾锥、磁钢、线圈、引线弹簧等组成，如图7-31所示。检波器的主要原理是：地面振动引起尾锥连同磁钢上下移动，由于惯性作用，线圈与磁钢运动不同步，引起线圈切割磁力线形成与振动频率对应的感应电流，通过分析该电流信号就可以获取引起振动的地震波信号。

由于传统瑞雷波法探测一般都在土质地面上进行，所以检波器接地都是采用尾锥插入地面的方式。在检测过程中，经常需要连续滚动测量，检波器需要频繁地插入和拔出，这严重降低了瑞雷波法检测的速度，使检测过程变得非常繁琐。更重要的是，在既有高等级公路上，由于铺设了一定厚度的水泥混凝土路面或者沥青混凝土路面，使得采用尾锥插入地面的接地方式在既有高速公路上无法使用。瑞雷波法传统检波器接地方式如图7-32所示。

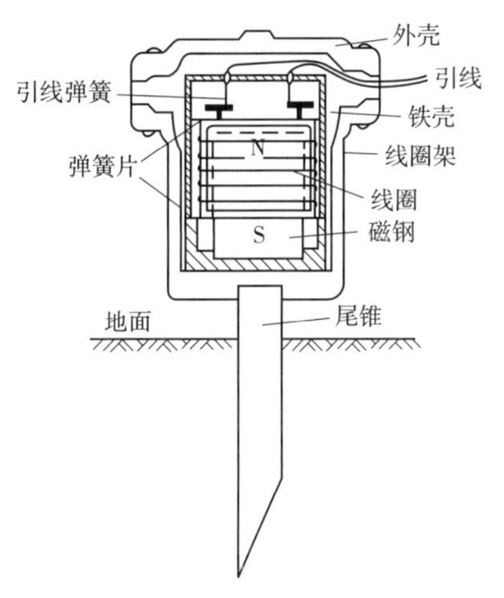

图7-31 传统瑞雷波法检波器结构示意图

图7-32 瑞雷波法检波器传统接地方式

(2)激振器

瞬态瑞雷波法探测时需要在地面激发地震波，激振的方式有锤击法和爆炸法，爆炸法只在特殊情况下使用，通常都是采用锤击激振法，即使用一定质量的铁锤或重锤砸击地面，如图7-33、图7-34所示。

在现实检测中，锤击的过程都是人工操作的，操作者难免会对铁锤产生主动应力，因此铁锤不是完全自由下落；在人工提升铁锤的过程中，铁锤的提升高度也是难以控制的因素；铁锤着地的一瞬间，铁锤底接地的面积也是不定的。因此，人工锤击方式作为震源很难控制震源的能量和产生的地震波的主频f_0，不能通过震源调节检测的深度。而且，人工激振效率很低，锤击产生的杂波多、质量不高。由于锤击过程比较费力，需要多人轮流操作，所以传统的激发震源方式费时、费力，急需得到改进。

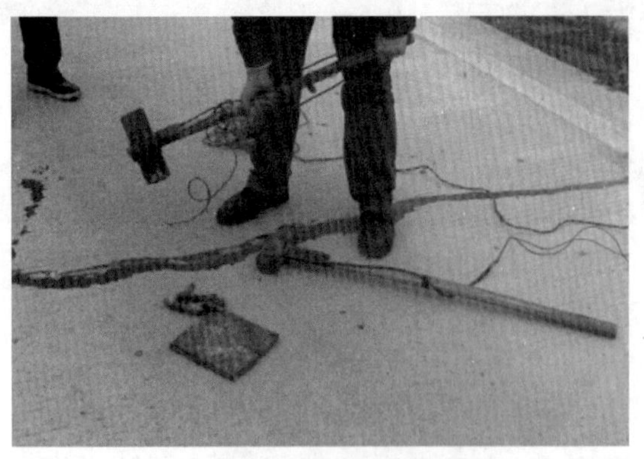
图 7-33　铁锤激发瑞雷波震源

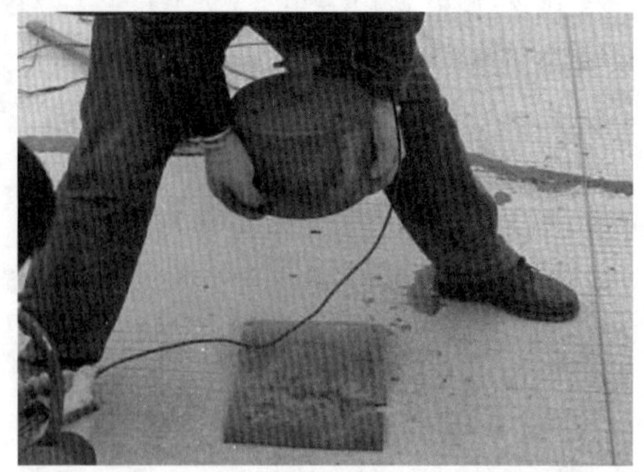
图 7-34　重锤激发瑞雷波震源

(3)检测流程

瑞雷波法检测流程为:布置测线,布设检波器,激振震源,接收数据。布设测线需要通过测量设定每个检波器和震源的位置,人工布设费时费力。布置检波器时要人工把每个检波器放置到设定的位置,检查安置是否稳定,通过数据线把检波器与主机相连。由于数据线很长,检波器数量较多,人工整理起来非常繁琐。一次检测工作如果要对一个地质剖面进行探测,还需要进行连续测点滚动测量。每测完一个点,要把所有检波器拔出来整体在剖面方向上移动一定距离,再插入地面进行探测。探测一个剖面往往需要探测很多个测点,这样每探测一个剖面需要耗费很多的人力和时间。在运营高速公路上,车流量较大,行车速度较快,采用传统的瑞雷波法检测流程不仅会影响高速公路的运营,而且潜在很大的安全隐患。

7.3.3.6　瑞雷波法路基病害无损检测

运用瑞雷波方法检测路基病害时,测线应沿设计路线的中线布设,并进行连续观测。具体要求如下:

第一,测线呈直线形式,确保所有检波器均位于同一直线之上;

第二,逐点实测各检波器的位置,以确保各检波器间的距离相同;

第三,各检波器的埋设均需保证稳、直、深;

第四,当测线通过道路或其他障碍物时,应设法安置检波器,不能空缺;

第五,可通过锤击或炸药等形式产生震源,但其位置必须位于测线之上,并保证其与检波器间的距离与设定吻合;

第六,保证良好的仪器工作状态,准确选取参数,认真记好仪器板报,确保每种异常情况回到室内都能准确无误地恢复[205]。

7.3.3.7　瑞雷波法路基病害检测实例

检测选择在长沙绕城高速公路在建的一段典型路基进行,该路段路基已经铺设完成,路面尚未铺设,在路基顶面下方 3m 处有一涵洞,涵洞高约 4m,宽 4m,检测实例将涵洞视为路基下一处空洞,以此验证瑞雷波法的适用性和准确性。

(1)探测参数设置

瑞雷波法采用 Goe Pen Miniseis 24 浅层地震仪,采集参数设置如下:采样间隔:0.5ms;采样点数:1024 点;记录长度:512ms;接收道数:24 道;道间距:1.0m;激发方式:40 磅大锤;偏移距:7m。面波检波器的布设采用仪器自带的钢锥,将检波器固定到钢锥上,然后将钢锥插入路基土。

(2)试验数据处理及解译

本次检测为检验面波对于涵洞的反应特征及反应位置的准确性,在涵洞上方的路基顶面沿路线方向采集了14组数据,从距离涵洞一端10m左右的地方开始采集第一组数据,之后将检波器往涵洞方向移动,每向前移动3m采集一组数据,生成了14组面波记录图。图7-35为涵洞两端以外没有异常处的面波记录。图7-36为涵洞上方面波记录。

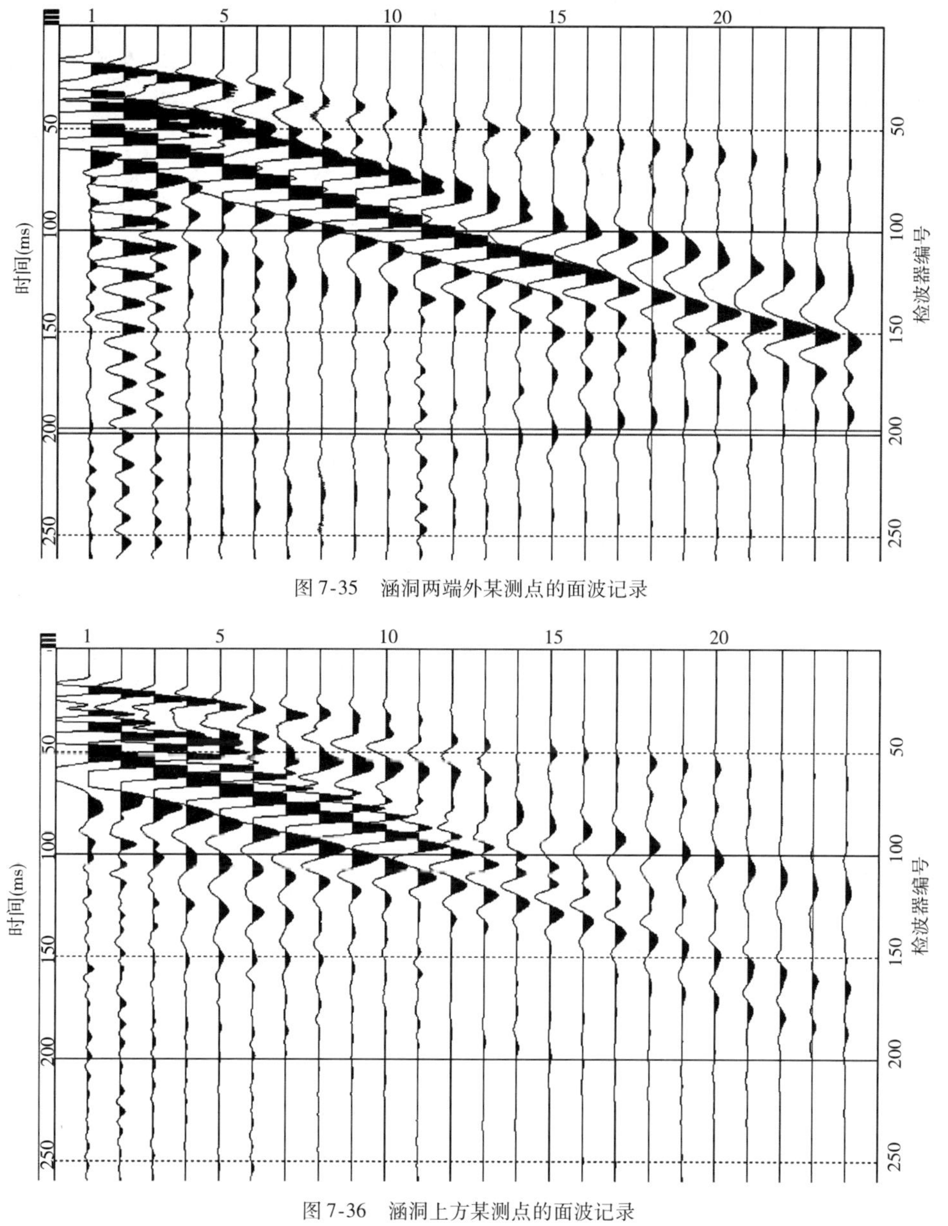

图7-35　涵洞两端外某测点的面波记录

图7-36　涵洞上方某测点的面波记录

根据频率—波数关系软件自动生成深度—波速关系曲线,在深度—波速关系曲线上进行速度分层、正演拟合计算出层速度曲线，图 7-37 为涵洞两端外某测点的深度—波速关系图，图 7-38 为涵洞上方某测点的深度—波速关系图。通过对涵洞上方和涵洞两端以外深度—波速关系图的比较，发现在涵洞上方某测点测得的深度—波速曲线随着土层深度的变化，波速的变化幅度比较大，深度为 3m 处波速增到最大，接着急剧减小。根据对现场路基和涵洞情况的观察，该测点路基表面以下约 3m 处为涵洞顶面，涵洞顶为混凝土板，所以该深度波速比较大，到涵洞内波速变得很小。把计算所得的所有测点处波速随深度变化情况绘制成三维关系图，如图 7-39 所示，可以清楚看出测点位置在 12 ~ 16 范围内 3m 深处有波速较大区域，紧接着下面就是波速很小的区域，方框内就是涵洞所处位置。由于检测时相邻两次采集测点距离有 3m，导致处理结果不够精确，在以后的检测中应当适当缩小测点前移的距离，提高试验结果的准确性。

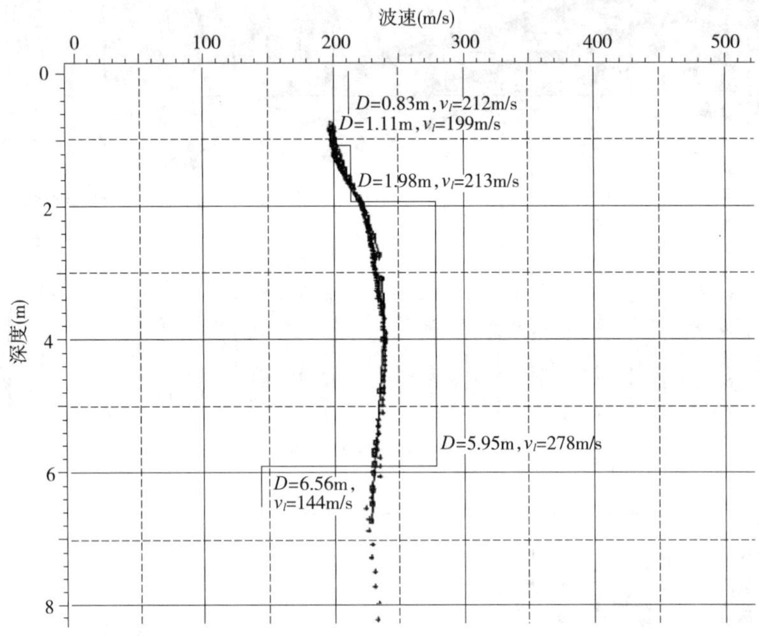

图 7-37　涵洞两端外某测点的深度—波速关系图

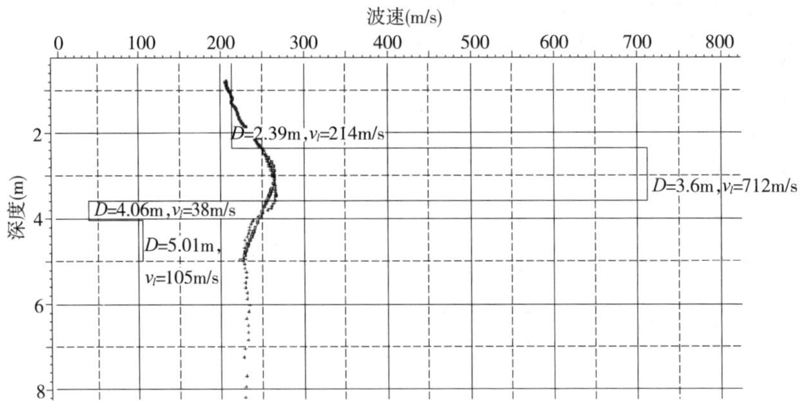

图 7-38　涵洞上方某测点的深度—波速关系图

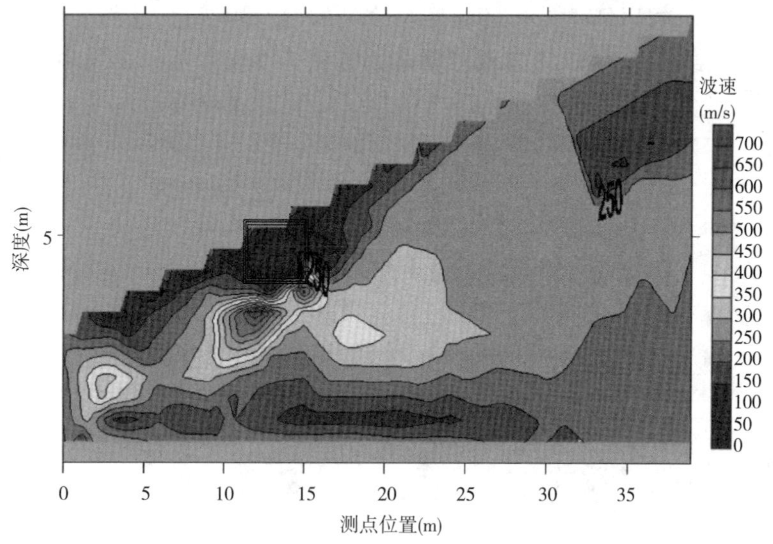

图 7-39 测点位置深度—波速关系图

为了达到快速检测的目的,本次检测采用了一种更加快捷的检测方法——地震映像法。利用一个检波器在涵洞上方沿路线方向向前移动,每次移动距离为 1m,保持 7m 的偏移距,面波检波器的布设采用一块 10cm×10cm 的铁板,将检波器固定到铁板上,然后将铁板放置于路面。用地震映像法采集了 12 道数据,生成的地震映像波形图如图 7-40 所示,地震映像

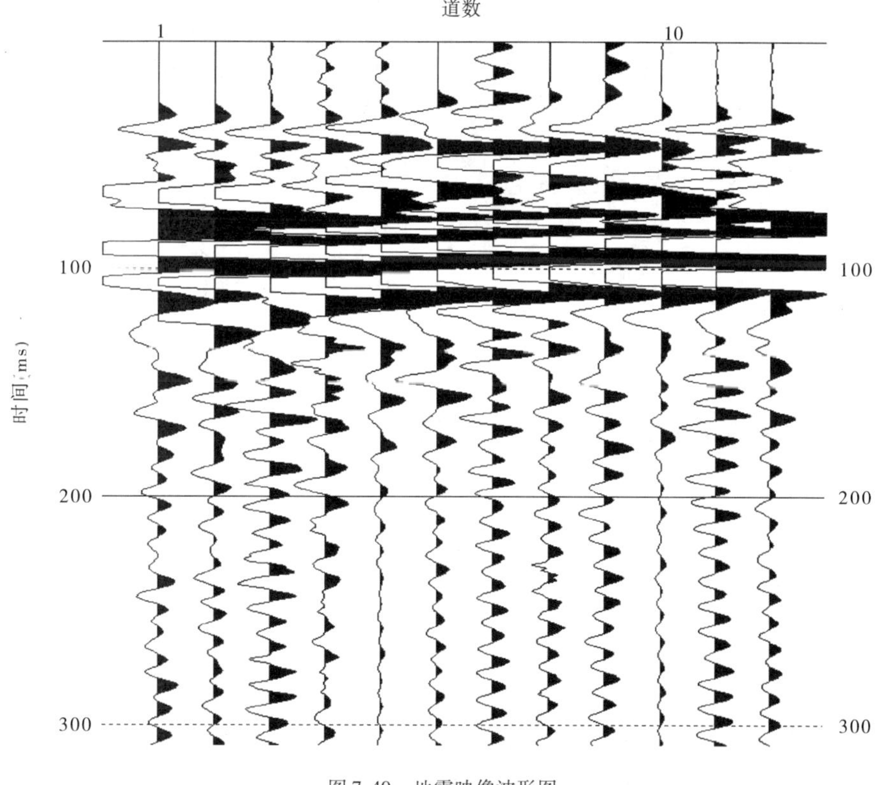

图 7-40 地震映像波形图

彩色图如图 7-41 所示，可以清楚看出随时间接收到的面波的变化，从而可以推测出测点下地层是有变化的。这种方法可以快捷地判断路基土质密度是否随深度发生显著变化，但是对变化的深度和地下具体状况不能反映出来，因此这种方法有一定的局限性，在快速普查的时候可以使用。

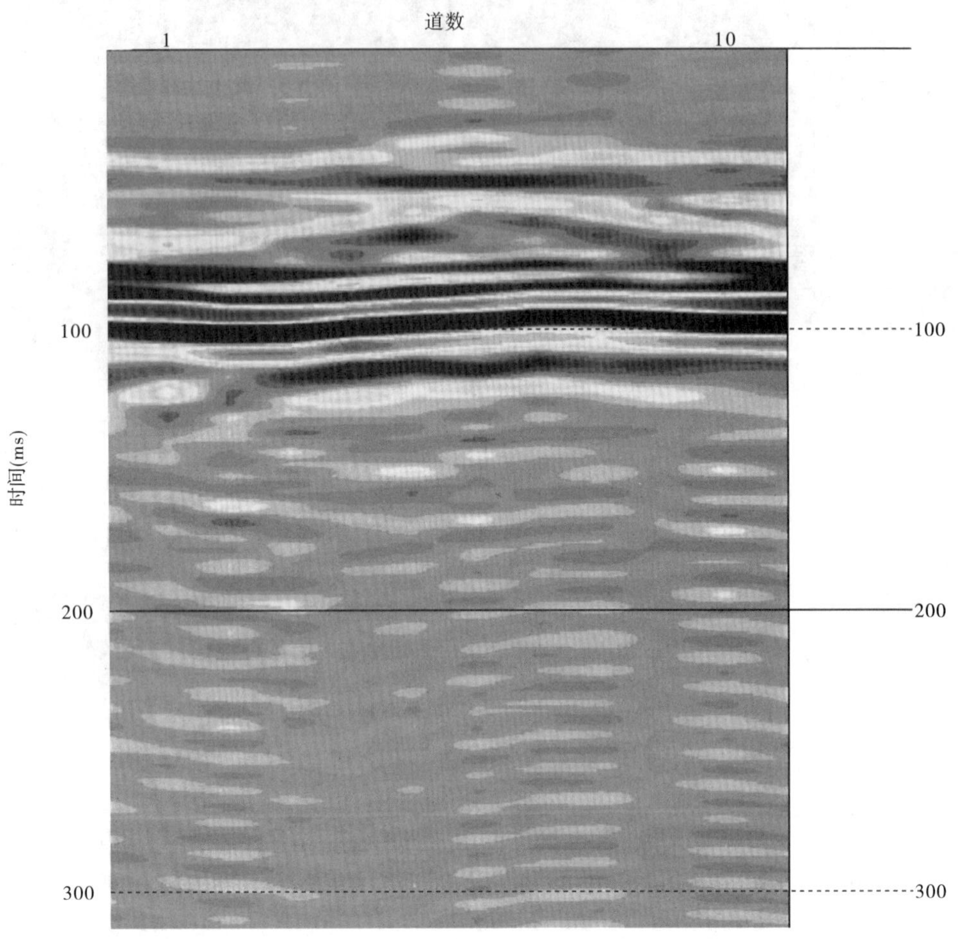

图 7-41　地震映像彩色图

7.4　路基病害无损检测发展新方向

7.4.1　路基病害检测现状

目前用于路基病害无损检测的方法有很多，总体上来讲，高速公路路基病害无损检测存在以下问题：

(1) 可视化程度较低，路基病害的判断解读对技术人员工作经验要求较高；

(2) 检测精度低，路基病害的判断受人为及外界因素影响较大；

(3) 检测效率低，自动化程度低，对交通影响较大；

(4) 对路基病害检测重视程度不够，检测行为不规范。

7.4.2 路基病害检测发展方向

随着科技的发展及人们对路基病害无损检测重视程度的提高，对路基病害无损检测提出了新的要求。本书以目前常用探地雷达(探地雷达)、高密度电法及瑞雷波法等路基病害无损检测方法为例，对路基病害无损检测新技术进行了探讨。

1)路基病害检测结果高可视化

探地雷达(探地雷达)、高密度电法及瑞雷波法是最常用的路基病害无损检测方法，但均存在可视化程度低的问题。探地雷达(探地雷达)检测结果为介电常数断面图，高密度电法检测结果为视电阻率断面图，瑞雷波检测结果为波速断面图，对路基病害进行判断时需要专业人员根据介电常数异常、视电阻率异常及波速异常进行判读，判断结果受工作人员经验、专业知识等影响较大，造成检测精度低、判读效率低，不能满足目前路基病害检测工作的需要。

路基病害检测结果高可视化，即通过专业软件对检测结果进行反演解译，将路基病害及路基状况指标直观显示出来。高可视化可采用显像卡的形式，显像卡界面上应包括路基病害类型、路基病害尺寸大小、路基病害空间位置及路基各状况指标的定量结果。通过路基病害检测结果的高可视化，可实现路基病害的准确定位、定性及定量，提高路基病害检测结果的精度。

路基病害检测结果高可视化可采用以下方法实现。

(1)数据校正方法

研究面向公路路基状况检测的数据校正方法。通过待检路段路堤取土实验和室内模拟实验进行数据校正。

待检路段路堤取土是指对待测的某段路基，选取与路基土质基本相同的路堤边坡，向下挖一定的深度(挖深 >0.8m, <2m)，取出部分土样，然后罐装密封送回实验室。对土质按照不同含水率和不同密实度制备试样，在实验室环境下，运用测试仪器(如介电常数测定仪、矢量网络分析仪、时域反射计等)测定土样的介电常数，不同路基土压实度和含水率与介电常数、视电阻率等的变化规律曲线。根据回归曲线，按照现场测定值线性插值可确定测试压实度和含水率。

(2)典型路基土状况指标介电常数和视电阻率经验回归关系建立

室内模拟实验是指在实验室环境下对典型的土质结构进行人工模拟，制作出不同含水率、压实度和疏松度的多个土样。对每个土样，分别运用介电常数测试仪和土工仪器测量其介电常数和含水率、压实度，从而建立土样的含水率、压实度与介电常数的变化曲线，保存为文件以备调用。仅对探地雷达数据进行校正时，计算公式为：

$$\theta_v = -5.3\times10^{-2} + 2.92\times10^{-2}\varepsilon_a - 5.5\times10^{-4}\varepsilon_a^2 + 4.3\times10^{-6}\varepsilon_a^3 \tag{7-62}$$

式中：θ_v——含水率；

ε_a——视介电常数值，在低损耗介质材料中，$\varepsilon_a \approx \varepsilon'$，$\varepsilon'$为介电常数实部，可以通过对探地雷达记录剖面进行波速估计进而通过公式 $\varepsilon' = (c/v)^2$ 计算获得，其中 c 和 v 分别表示电磁波在真空中和在路基材料中的传播速度。

对高密度电法数据进行标定校正时,可以通过以下公式生成校正参数。定义校正因子如下:

$$F = \frac{\rho}{\rho_{w}} = a \cdot \phi^{-m} \tag{7-63}$$

式中:ρ、ρ_{w}——分别表示路基材料和病害异常体的电阻率值;

ϕ——病害异常体的孔隙度值;

a、m——调节常数。

含水率 θ_{v} 和孔隙度 ϕ 的关系为 $\theta_{v} = \phi \cdot S_{W}$,其中 S_{W} 表示水饱和度。根据上述约束关系,采用最小均方误差准则对多个测试点的反演数据进行拟合,生成校正参数和校准曲线。

将边坡取土和室内模拟实验获得的校准曲线用于前述的典型依托路段,进行实测数据的校准和实地探测的试验,通过实测结果,判断路基状况指标。采用现场开挖、钻探等手段对路基状况指标进行实测,采用实测结果对无损检测结果进行修正,提高无损检测精度。

2)路基病害检测快速化及自动化

高速公路是国家交通的大动脉,在进行路基病害检测时必须降低对交通的影响,这就要求必须提高高速公路路基病害检测速度及自动化程度。目前车载雷达检测速度较高,可实现路基病害快速检测,对交通的影响较低。而高密度电法及瑞雷波法需要人工布设电极及检波器,效率较低,对交通影响较大,很难进行大规模路基病害检测。为了提高高密度电法及瑞雷波法参与路基病害无损检测的适应性,提高检测速度及自动化程度,必须对高密度电法及瑞雷波法进行改造。

对高密度电法仪,可采用电容耦合方式代替现有的地表接触方式进行路基病害探测。该方法可有效解决高密度电法仪的高探测性能与低工作效率之间的矛盾。运用传统的高密度电法仪对路基状况进行探测,每次探测都需要将电极接地,然后再采集数据进行视电阻率反演。传统探测方式大大限制了高密度电法对路基状况的快速检测。通过对电极端进行改造,运用电容耦合的方式获取电极所在位置的电压值,即可在电极不接地的情况下实现快速探测。

对瑞雷波法可采用检波器串的形式对检波器进行改造。检波器一串为 12 个检波器,通过电缆将检波器串联起来,检波器间距可根据具体检测需要进行设置。在采用瑞雷波法进行路基病害检测时,可大大提高检测效率。对震源可采用夯机代替人工震源,夯机配置编码震源系统,编码系统可对汽车等干扰自动检测并过滤,获得讯噪比高的面波,提高检测精度。

3)路基病害综合检测技术

不同高速公路路基病害检测方法原理不同,造成不同检测方法的适用范围、对检测指标的敏感性有所不同。而目前高速公路路基病害无损检测采用单一检测方法,很难做到对路基病害进行综合、全面的检测。因此应采用路基病害综合检测技术对高速公路路基病害进行全面检测。

高速公路路基病害综合检测技术是以各种无损探测设备检测指标的互补性为基础,通过多传感器数据的相互调用及传感器数据的联合解译实现高速公路路基病害的全面检测。多传感器数据的相互调用方法为:探地雷达可以对路面和路基的分层结构进行探测,获得高精度的层厚度信息。该信息可以作为先验约束信息提供给高密度电法和瑞雷波法的数据处理,提高这两种方法的数据解译精度。通过对探地雷达快速普查结果进行处理,提取 ROI 区域,便可以初步确定路基病害所在的沿线纵向区域和深度范围。该信息可以被高密度电法和瑞雷波法用来确定电极和检波器的布置宽度和间距。多传感器数据的联合解译方法为:对同一路段进行探测,路基分层结果在各传感器数据中体现出不同的形态。单一传感器的反演存在误差。采用基于图像级数据融合的多传感器路基结构反演解译方法,通过提取探地雷达数据的幅度、相位参数及瑞雷波频率波数域能量谱的图像域波列特征参数,对路基结构进行联合反演,提高反演精度[206]。对路基病害进行探测时,同一路基病害在不同的传感器数据中也体现出不同的数据特征。探地雷达数据通过反演可以获得介电常数、电导率异常剖面;高密度电法可以获得视电阻率剖面;瑞雷波法通过对频散曲线的反演获得区域的结构信息。利用数据融合理论,采用图像级和决策级的路基病害数据融合处理方法。首先针对各种探测方法反演出的各剖面,通过图像分割、特征提取、ROI 区域标定实现对路基病害的精确定位,推导基于数据融合的联合检测器的检测性能。然后根据各传感器探测所遵循的基本物理规律,分别从各自的反演剖面出发给出面向公路养护的决策方法,运用决策级融合处理方法给出综合的数据解译结果。

4)四维定时定点检测技术

面向公路病害检测的四维定时定点检测方法中,一维为时间,三维为路基病害的空间位置参数。通过对比分析同一路段在不同时段的检测成像结果,预估出各潜在病害的发展演化趋势,进而将待测路段分为常规普查段和精细检测段。对路基潜在病害发展速度缓慢的路段,可采用快速常规普查方法进行检测;而对于路基病害发展速度较快的路段,则采用路基病害综合检测方法进行精细化检测。

具体来说,时间维即为路基病害检测的记忆跟踪功能。采用多次普查数据中多参数变化率信息进行路基病害评估的方法,通过提取相同路段前后多次普查数据中的幅度、相位信息和能量一维变化信息对路基病害发展趋势进行评估,当前后两次路基普查参数变化率小于预设阈值时,则认为路基病害发展缓慢,可不进行检测;反之对于不断扩大的病害隐患和具有较大破坏性的潜在隐患,在空间维度上要进行精细探测,适当缩小两次检测的时间,便于对潜在隐患进行准实时的高精度探测,为路基加固和防护提供技术支持。

5)路基病害检测路元定位技术

为适应高速公路养护管理科学化、信息化、精细化和规范化的需要,长沙理工大学创造性地提出了“路元”概念,即在现有高速公路 GIS 测量的基础上,将路面“线”单元划分成更小的“块”单元,从而将高速公路养护由传统的路段管理精细到路面块单元管理。对于水泥路面路元划分按照实际的路面板作为一个路元,对于沥青路面按照 200 个路元/公里的方式进行划分。物理路元的信息包含路线编码、桩号、上下行、桥梁信息、路元长度以及号码信息等。每公里作为一个待编号路段,每段以整公里桩号为起点,按一定长度逐块编号。通过路元块编号,使每一个路面单元均对应一个特定编号,既能够反映路面位置,又能够记录该路面位置处的基本特征及维修,从而实现路元空间属性和性能属性的准确结合[207]。

路面路元的提出以及划分,为高速公路路基病害检测路元定位技术奠定了基础。在进行路基病害检测时,采用探地雷达数据与 GPS 数据、轮式编码器及路元信息随车摄像头数据的联合关联方法进行路基病害的准确定位。通过探地雷达数据与 GPS 数据、轮式编码器对应,可实现路基病害纵向定位,采用随车侧面摄像头同步记录路面病害和对应的路元编号,实现对路基病害位置路元定位。

6)路基病害检测网格化技术

路基病害的检测目的是为路基养护提供依据,因此路基病害的空间位置、严重程度及尺寸大小就必须精确定位。结合路元技术,以车道为单位,将路基进行网格化划分,将路基病害空间位置与路基网格进行对应,并结合路基病害检测高可视化技术,将路基病害在路基单元网格中显示出来。在进行路基处治时,提取路基病害的网格化信息,确定路基病害的处治范围与处治方法,做到路基加固网格化管理。路基病害及处治信息在路基单元网格中保存记忆,以便随时查阅路基的基本特征和维修记录。

7)路基病害检测规范化

目前,我国没有专门的路基病害检测及评定技术规范,《公路技术状况评定标准》(JTG H20—2007)只是简单地对路基表观病害进行了分类并制定了路基状况评定方法。但其路基病害的调研为人工调研,路基病害的定量很难有统一的标准,路基检测不规范,造成路基评价结果不科学,不能满足路基养护的需要。因此制定科学的公路路基检测指南,规定路基检测指标、检测设备、检测频率,建立科学的路基状况评定标准,规范路基检测,是满足路基养护科学化、信息化、精细化和规范化的需要。

第 8 章　高速公路养护管理系统的应用

8.1　概述

现代道路检测技术与养护管理系统息息相关。一方面，养护管理系统的系统化要求促进了检测技术向快速化、自动化和高科技方向发展；另一方面，有准确、有效的检测数据为基础，养护管理系统在路面性能的评价、预测乃至养护决策中起到越来越重要的作用。养护管理系统是融路面检测数据管理、路面性能评价、路面性能预测及养护决策分析于一体的信息平台，它有助于提高路面养护管理的科学化、信息化和规范化水平[208]。

8.2　养护管理系统的发展

8.2.1　国外发展状况

20 世纪，北美开始致力于研究路面养护管理系统。当时美国正进行着公路的大规模建设，急需大量的工作来对路面进行养护和维修。经过几年的工作，研究人员发现这项工作必须及时并且准确地了解路面各个阶段的状况，从而能够合理地分配维修养护的资金。于是，研究人员发明了一种设备，这种设备叫作路面破损检测工具。路面破损检测工具的功能就是将路面破损的数据建立一个数据库，这样就完善了信息化管理，然后再制定一系列有关的标准和养护对策予以改善路面状况，这就是路面养护管理系统的雏形[209]。

之后，在路面管理系统取得一定成效后，许多发达国家开始推广这项系统，其中包括美国和加拿大，从此，路面养护管理系统的研发蓬勃发展。到了 20 世纪 80 年代中期，世界各国在路面管理系统方面都有了一定研发成果。比如在美国，当时的一位大学教授汉德森运用系统工程学和运筹学建立了“路面养护管理系统”（简称 PMS）[210]，在此基础上，美国的陆军建筑研究所开发了一种系统，该系统简称 PAVER，它的功能就是提供路面的数据资料，用以评价和预测路况，最终确定对策方案以及养护的最佳使用资金分配等[211-212]。澳大利亚的道路研究所定义 PMS 为：对路面养护进行优化的可利用资源，如信息采集、分析以及方案的决策的管理模式[213]。在德国，某公司研发出的一种软件，在路网状况的预算分析、分析评价以及制订养护方案上起到相当大的作用。泰国路面管理系统（简称 TPMS）在 20 世纪 80 年代首次开始应用，该系统不到 5 年就已经开始在全国路网上使用了。它应用 MBASIC 语言进行编写，路况评价的长度为每 200m 一段，一旦路况未达到预先设定的标准，那么就由该模型选取处置措施，不同的措施根据一个指标进行排序，然后对费用进行估算。泰国的这个路面管理系统存在一个严重问题，即不能比较各养护策略的周期费用，同时对路面破损的预测也无能为力[214-216]。加拿大在道路数据的研究项目中率先提出了路面管理的科学化思想,并且研发出了整套管理系统,其中自动化道路分析仪(简称 ARAN)在当时就根据路面的数据资料对车辆进行收集,并有一定的成效。到了 20 世纪 80 年代后期,在美国和加拿大的大部分州当中基本建立了路面管理系统,其中受到关注的有[217]:

(1)加拿大阿尔伯达省的路面信息和需求系统(简称 PINS),以及往后的改建信息和优化系统(简称 RIPPS)及城市路面管理系统(简称 MPMS)。该系统包括数据库管理、路网改建计划、养护计划以及项目的设计和分析四个部分的子系统,这些子系统将路面效果作为优化选择的重要指标,将路面性能的改善等同于收益的情况进行考虑。

(2)密歇根州的路面管理系统。该系统提出了路面情况衰减曲线,同时将曲线方程与马尔科夫模型进行比较,用以预测路面的使用情况,从而可以让管理者对养护的费用进行规划。

(3)美国工兵团的 PAVER 系统,该系统分成 3 个部分,分别是路况预测、路况分析以及养护维修计划,它运用了扣分法对路面状况的 *PCI* 指数进行了计算。这种方法在路面总体损坏程度的计算和折算中更加精确、更加清晰。

(4)加利福尼亚州的路面管理系统,这个系统首先选取平均日交通量、平整度和路面破损程度三个数据作为最终的优化方法排序的重要指标,然后对该州的所有路面进行路况监测,以此提供路面的数据资料,从而确定养护方案和对策,最后将三个指标作为最优化方案选取的标准,得到最优化方案。该系统思路清晰、完整,但未能考虑项目之间折中,因此还需完善[218]。

(5)亚利桑那州的路面管理系统。该系统根据路面平整度、开裂量等使用性能的变量把路面划分成几个不同路面情况,得到不同路面情况的比例。它的优点是首次结合了马尔科夫决策过程以及考虑的全面性,因为它考虑的不仅仅是某个路段或者是项目,它包括整个路网。最终,在保障路面性能水平的情况下得到最低的费用估计[219-220]。

(6)在得克萨斯州的一所重点大学经过广泛的调查研究,研发出了城镇道路管理系统(简称 URMS)。该系统适用于各中小城市,并且能够同时在整个路网和某个路段中,为技术人员提供分析支持,这就体现出了该系统的综合性,发展了公路养护管理系统[221]。

以上是国外 20 世纪 80 年代已经建成的比较成熟的路面管理系统的代表,通过对国外路面管理系统的分析,我们不难发现它们有这样一些特点:第一,路面管理系统的软件太多,许多高新技术结合,以致出现了商业化的形式;第二,路况数据库逐步得到完善,实用性能日益提升;第三,路况检测技术发展迅速,路面数据资料的采集和软件的开发都日渐成熟,在公路路面管理中应用了数字图形信息采集技术和数字图形处理分析技术,并且研发出了一种智能路面分析系统,该系统能够对路面功能的破损和结构的破损给出精确的评估;第四,通过这些年刚完成的 ISOHDM 国际合作研究和以世界银行规划的公路养护和设计的标准模型为代表,路面管理系统的模型多种多样、功能齐全,广泛地应用了各种专家系统、预测技术和决策技术;第五,当代社会是信息社会,互联网技术和计算机信息技术得以迅猛发展,这让路面管理系统有着更广阔的平台。

近几十年来,国外各桥梁管理系统也开始迅速发展,其中有代表性的是美国发展了一个全局网级的管理系统。该系统包括数据库管理、需求预测、技术评估以及法案优化排序等功能[222]。2004年,日本一所著名大学根据日本道路协会,研发了基于GIS平台的隧道管理系统[223],同时意大利、瑞典等国利用3S技术研发出动态的管理系统,并且传播到欧洲各国[224]。

8.2.2 国内研究状况

我国开始研究路面管理系统比较晚,大约在20世纪80年代中后期,首先在辽宁营口地区引进了英国BSM路面评价系统[225],紧接着,国内开始引进世界银行HDM-III公路投资效益分析模型和芬兰的FPMS路面养护管理系统,这使得国家开始重视路面管理系统的引进和研发。在"七五"期间,国家重点研究"干线公路路面评价养护系统成套"技术,通过该技术项目开始建立干线公路的路面评价养护系统,也就是现在俗称的路面管理系统(简称CPMS)。随后,国家将CPMS列为"八五"国家科研技术重点进行研究,同时在各省市推广路面管理系统。在国家的政策下,北京、上海、天津等地率先研发和运行了地区级的路面管理系统,并取得了巨大成效[226-229]。我国诸多公路方面的专家也对国家路面管理系统的建设提出了许多建设性的意见,例如,曾沛霖教授对我国路面管理系统(简称CPMS)的数据采集设备的研发和软件研究的发展情况进行了介绍,该系统由系统编码管理、基本数据管理、网级养护管理和项目级养护管理四个部分组成[229];潘玉利教授在对国际主要投资效益分析的基础上,认为我国需建立公路投资评估模型的基本设想和基本方法[230-231];刘伯莹教授对国外的优化方法进行了分析和总结,得出了一个结论,那就是网级优化模型应该由财政规划和项目规划两个方面组成[232];同济大学与北京市公路局合作进行了路面管理系统的研发,建立了沥青路面的使用性能评定系统[233]。

我国目前正在广泛使用的是经交通部公路科学研究所研发的路面管理系统(简称CPMS),它是路况分析、路网评价、养护投资需求以及资金优化的决策工具[234-235]。因为我国当前在路面管理系统中计算机技术的应用还相当匮乏,所研究的深度也无法达到要求的标准,所以国内应用计算机网络来对公路养护进行管理的还没有先例。当前所应用的系统是一个网级的路面管理系统,该系统数据的直接输入和查询是以表格的形式实现的,所以清晰化不够,同时它的路面使用性能预测、养护、评价决策模型是基于回归技术。不难看出,我国路面管理系统的基本体系已经形成,也就是我们经常会概况为路面性能的评价、预测、经济效益的分析和路面养护决策。如今,我国已经存在或正在开发的路面管理系统至少有20多种,各省市地区都拥有与自己地域相适应的路面管理系统,然而,真正能够在公路养护中起到关键性作用的管理系统还很少。

国内桥梁养护管理系统起步也较晚,且由于省市桥梁发展情况的不同,往往由各个省市桥梁养护管理部门根据自己的需要来开发出满足各自具体需求的桥梁养护管理系统。四川省公路研究所、交通部公路研究所和广东公路研究所在吸收国外开发经验的基础上,研发了四川桥梁养护管理系统、北京公路桥梁管理系统和广东桥梁管理系统[236]。我国宝岛台湾从1994年起也开始了桥梁管理系统,并且引进了地理信息技术[237]。在隧道管理系统方面,20世纪90年代初建立的铁路隧道病害研究专家系统,以层次分析法为基础,结合模糊数学理论研究了铁路隧道健全度判定模型。但由于模型涉及诸如检测手段、定量判定标准等一系列问题,该模型对健全度的判定基本上还是处于定性判定阶段,只能做出大致的等级判定[238]。

在我国经济建设迅猛发展的今天,传统的经济体制下路面管理模式已经不能发挥其应

有的作用了,其中存在着这样一些问题:

(1)计划经济下的路面管理系统,在某个时期对公路事业的发展是起到了推动作用的,随着社会的进步以及市场经济的形成,当前管理系统弊端已经开始慢慢显露出来,并且制约着公路事业的发展。其中的关键就是养路与养人的根本性问题的解决,人多粥少。

(2)目前,我国公路的养护管理依然采用事业型的管理体制,养护的费用依然通过拨款的形式获得,这样就不能满足公路管理企业经营性的要求。养护费用不是根据某段路实际需要而拨款的,这样就不能调动职工积极性,以致养护工作的质量不能得到保证[239]。

(3)由于对养护管理缺乏足够的认识,所以在资金的投入上就会形成"重建避养"的问题。

(4)我国养护工程费用的随意性相当大,这样就对公路的全面养护质量有待考究。

(5)我国养护管理人员整体素质不高,大大影响了管理系统的发展,所以在人才引进方面还有待提高[240]。

8.3 湖南省养护管理系统简介

为推进湖南省高速公路养护管理工作的规范化、科学化、信息化水平,湖南省高速公路与长沙理工大学成立联合课题组,依托长益、潭邵、临长、耒宜、邵怀等高速公路,开发基于道路 CAD、GIS 的融路面检测数据管理、路面性能评价、路面性能预测及养护决策分析于一体的新一代集成化高速公路养护管理系统,并在全省范围内推广应用[208]。

8.3.1 系统网络结构及系统运行环境

1)系统网络结构

湖南省高速公路采用三级养护管理模式,即高管局、管理处(经营公司)、养护所。湖南省高速公路养护管理系统的设计按照湖南省高速公路的三级管理模式(图 8-1)也将系统分为高管局版、管理处版和养护所版三个不同的软件版本,以适应不同层次的需要。

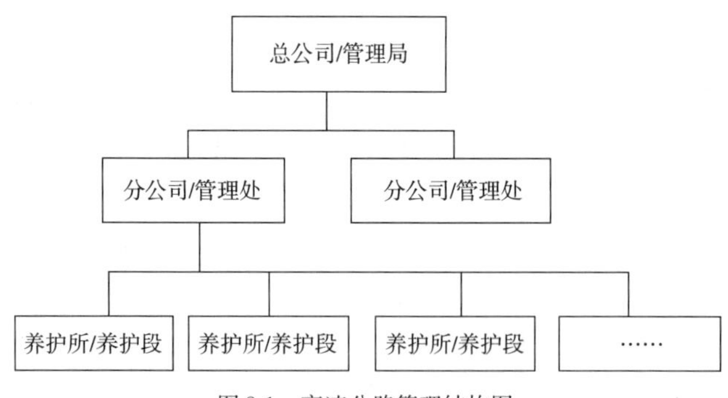

图 8-1 高速公路管理结构图

湖南省高速公路管理局是湖南省高速公路的行业主管部门,担负着全省高速公路养护管理的宏观指导工作,制定和批复还贷性高速公路的年度养护维修计划,并对各高速公路的年度养护维修计划的执行情况进行监督和检查。

高速公路管理局的直接下属机构为高速公路管理处或经营公司。高速公路管理处在行政上直属高管局管理,其年度计划由高管局批复,养护资金由高管局拨付。而经营公司行政上不隶属于高管局,高管局对经营公司进行行业管理,经营公司的养护计划由董事会批复,养护资金由经营公司自筹。高管局对经营公司实行目标管理。

养护所是高速公路养护管理的基层单位,也是维修保养的执行单位。

从图8-1可见,在高速公路养护管理中需要使用养护管理系统的机构有很多,高速公路管理局、各高速公路管理处和养护所均需要安装和运行养护管理系统,而且在不同层次采集的数据需要相互交流和互访。因此湖南省高速公路养护管理系统必须是一个网络版的软件,系统数据能够通过网络实时传递数据。

针对高速公路的这种管理体制,确定系统的网络结构。采用C/S架构,主要分为两部分:一部分为服务端程序,一部分是客户端程序。服务端程序驻留在管理处和高管局的服务器中,主要是数据库服务器。客户端程序按需分别部署在高管局、管理处和养护所的终端上[34],通过内部局域网或因特网实现最终互联,见图8-2。

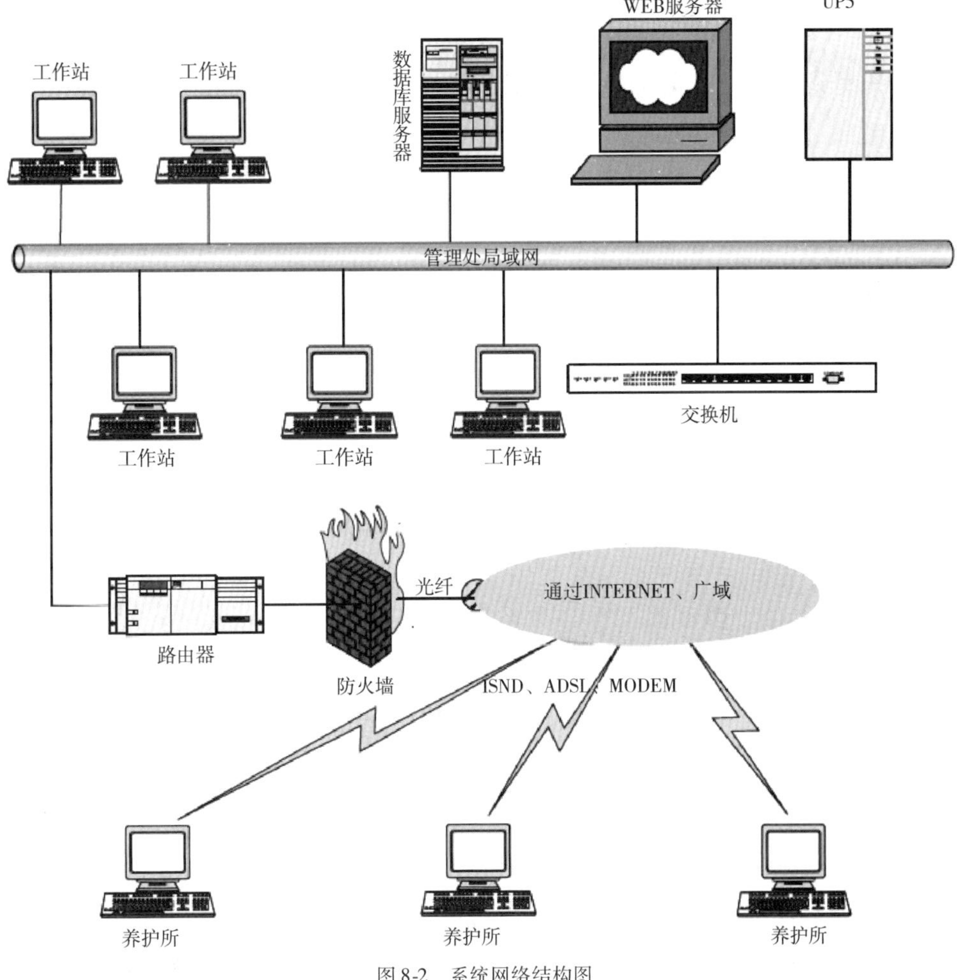

图8-2 系统网络结构图

这里注意要解决一个问题,即客户端与服务器的分工,也就是说什么工作应该在服务器上集中处理,什么工作可以在各个客户端处理。什么资料应该存储在服务器上,什么资料必须储存在客户端上。

2)系统运行环境

按照湖南省高速公路三级管理模式,本系统从逻辑上分为高管局、管理处以及养护所三个子系统,其中高管局、管理处子系统又包括服务器端和客户端,而养护所子系统则通过互联网直接访问管理处服务器,故不存在独立的服务器端。本系统虽然在逻辑上存在三个层次,但在网络的物理部署上存在着两种可能的方式,即数据分布式部署模式和数据集中式部署模式。

由于数据分布式的部署模式存在着部署和运行成本高,系统扩展性和维护性较差的缺点,所以采用数据集中式的物理部署模型,将所有的养护数据由专业公司的专业技术成员进行维护、管理,更有利于养护数据的安全、完整,更有利于提供网级辅助决策的数据支持。

数据集中式部署模式即在高管局或其委托的专业公司处设置服务器,管理所有养护数据,高管局、管理处、养护所使用本系统通过 Internet 网访问中央数据库。部署要求环境如下:

(1)委托专业公司(或高管局)部署环境要求

硬件:

①服务器 1 台(CPU:3G,内存:2G,硬盘:1TB);

②数据备份服务器 1 台(CPU:2G,内存:2G,硬盘:1TB)。

软件:

①公网静态 IP 地址 1 个;

②互联网光纤专线 1 根(1 000M);

③Windows Server 2008 Enterprise1 套(企业版,约 3 999 美元);

④SQL Server 2008 Enterprise 1 套(企业版,约 24 999 美元)。

人员:

①专业的系统管理员 1 人;

②软件维护人员 3 人;

③技术支持人员 1 人。

(2)高管局、管理处、养护所

硬件:

①客户终端多台(CPU:2G,内存:1G,硬盘:500G,约 6 000 元/台);

②小区宽带或 ADSL1 根(4M,约 1 500 元/年)。

8.3.2 C2 架构在系统中的应用

C2 架构是用于构建可伸缩、可扩展软件系统,基于组件和消息的架构风格(它由美国加州大学欧文分校软件研究所 UCI:Institute for Software Research,University of California,Irvine 于 20 世纪 90 年代初发明,至今已有 20 多年的发展历史)。C2 架构是按照相应架构规则,由通过连接器(包括消息路由设备,如互联网)串接在一起的并行组件组成的层次化网络。C2 架构要求组件间的通信只能通过消息传递,异步通知消息向下传送,异步请求消息向上传送。

C2架构模拟了中世纪的社会架构：骑士向城主负责，城主向国王负责。C2架构通过加强底层无关性，即架构中的每一个组件只关注位于它之上的顶层组件（上层组件传送的通知消息必须响应），而不必关注位于它之下的底层组件（下层组件传送的请求消息可以被忽略），来实现系统组件的灵活组合，达到可重用、可扩展和可伸缩性的目的。

C2架构结合了基于事件的集成风格（EBL：Event-based Integration）和分层—客户—服务器（LCS：Layered-Client-Server）风格，从而也继承了EBI和LCS风格的优点，特别是在可重用、可进化、可扩展性上。C2架构中的组件可以是各种粒度大小，可以运行在分布、异质的系统环境中。组件可以跨机器、跨操作系统、跨进程、跨线程运行，还可以运行时替换。

架构对于应用系统的非功能需求有着至关重要的作用，也是软件质量得以保证的基础。衡量架构质量的架构属性包括：

（1）网络性能（Network Performance）

网络性能用来描述通信的某些属性，包括吞吐量、负载、带宽、可用带宽等属性。架构风格对于网络性能的影响主要是指影响每个用户动作的交互数量和数据元素的粒度。

（2）用户可觉察的性能（User-perceived Performance）

用户可觉察的性能是指一个动作对用户的影响程度，包括延时和完成时间。延时是指从触发初次请求到得到第一个响应指示的持续时间。完成时间是完成一个应用动作所花费的时间。

（3）网络效率（Network Efficiency）

网络效率是指有效应用数据与网路负载之比。最佳的网络效率是通过不使用和少使用网络获得的。

（4）可伸缩性（Scalability）

可伸缩性表示在一个主动的配置中，架构支持大量的组件或者大量组件之间交互的能力。可伸缩性衡量了架构对于组件分布以及组件控制的能力。

（5）简单性（Simplicity）

简单性是指架构中的组件、连接器等元素功能的简单性，即单 职责原则，这使得架构中单个组件的功能容易被理解和实现。

（6）可进化性（Evolutionability）

可进化性代表了一个组件的实现能够被改变而不会对其他组件产生负面影响的程度。可进化性包括静态进化和动态进化，架构主要影响动态进化，即在分布式系统中局部组件的实时进化。

（7）可扩展性（Extensibility）

可扩展性是指将新的功能添加到一个系统中的能力。动态可扩展性意味着功能能够被添加到一个已部署的系统中，而不会影响系统的其他部分。

（8）可定制性（Customizability）

可定制性是指临时性地规定一个架构元素的行为的能力，然后该元素能够提供一种非常规的服务。一个组件是可定制的，是指一个客户能够扩展该组件的服务，而不会对该组件的其他客户产生影响。

(9)可配置性(Configurability)

可配置性是指在部署后对于组件或组件配置的修改,这样组件能够使用新的服务或新的数据元素类型。

(10)可重用性(Reusability)

可重用性是指一个应用架构中的组件、连接器或数据元素能够在不做修改的情况下在其他应用中重用的能力。

可靠性是指当架构中的组件、连接器或数据之中出现部分故障时,一个架构容易受到系统层面故障影响的程度。

客户—服务器架构(Client-Server,CS)在基于网络的应用的架构中最为常见。服务器提供了一组服务,并监听对这些服务的请求。客户端通过一个连接器将请求发送到服务器。分离关注点是客户—服务器架构背后的原则,通过将功能的请求和功能的实现予以分离,从而提高了系统的可伸缩性以及用户接口组件和服务器组件的简单性,分离后的用户接口和服务器组件可单独进化,即系统的可进化性也得到了提高。总之,CS 架构在可伸缩性、简单性、可进化性三个架构风格属性上有单个加成(计 3 分)。

分层—客户—服务器架构(Layered-Client-Server,LCS)在信息系统中常被称为两层、三层或者多层架构,它是分层系统和客户—服务器系统相结合的架构。分层系统按照层次组织结构,每一层为其上层提供服务,并使用其下层所提供的服务,从而减少了跨越多层的耦合,改善了可进化性和可重用性。分层系统在客户—服务器分隔的基础上添加了代理组件和网关组件,改善了可伸缩性和可移植性,但降低了用户可察觉性。总之,LCS 架构在 CS 架构的基础上,分别在可伸缩性、可进化性、可重用性、可移植性上有加成,但在用户可觉察性能上有减成(共计 6 分)。

浏览器—服务器架构(Browse-Server,BS)是一种特殊的客户—服务器系统,它的客户是指浏览器,服务器是指 Http 服务器。BS 架构在 CS 架构的基础上增加了无状态(Stateless)和缓冲(Cache)两种风格,所以 BS 实际上是客户—缓存—无状态—服务器(Client-Cache-Stateless-Server,C $ SS)架构。无状态(Stateless)是指服务器组件上不允许有会话状态(Session State),从客户端发到服务器的每个请求必须包含请求所必需的全部信息,不能利用保存在服务器上的上下文,会话状态全部保存在客户端。这种约束改善了可见性、可靠性和可伸缩性,但降低了网络性能。缓存(Cache)是指早先请求的响应可能可以被重用,从而有可能部分和全部消除一些网络交互,提高用户可觉察性能。总之,BS 架构在用户可觉察性能、效率、简单性、可进化性、可见性、可靠性上有加成,在可伸缩性上有两份加成,在网路性能上有减成(计 7 分)[112]。

C2 架构继承了 EBI 和 LCS 架构两者的风格。基于事件的集成(Event-based integration,EBI),要求组件间通过响应或发布事件来进行通信,降低了组件间的耦合,同时使得系统很容易添加新的组件,改善了系统的效率、可进化性、可扩展性、可配置性、可重用性。结合 LCS 架构的风格,C2 架构最终在效率、简单性、可扩展性、可配置性、可移植性上有加成,在可进化性、可重用性上有两个加成,在用户可觉察性能上有减成,在可见性和可靠性的改善上与具体问题领域相关(综合计分 8 分)。

湖南省高速公路养护管理系统是典型的分布式企业应用系统,用户群体、企业数据都是分布的、层次化的。同时,由于各子系统的开发是渐进的,其成熟度也不一样。为保证系统最大的可进化性、可扩充性、可重用性,系统最终采用了缓存—无状态—C2 架构(Cache-Stateless-C2,C $ C2),即在 C2 架构的基础上加入无状态风格和缓冲风格,进一步改善了可见性、可靠性、可伸缩性以及效率和用户可觉察的性能,其综合计分为 13 分。架构的实现构建在开源 C2 架构的实现上,并做了本系统的适用性开发,其中跨网路的消息路由连接器构建于 C++领域享誉盛名的 Boost 库中 Asio 库基础上。

8.3.3 系统组织机构及权限控制设计

1)岗位功能需求分析

湖南省高速公路不同养护管理机构的不同岗位对系统养护信息数据和功能的操作权限需求各不相同,典型的需求用例包括:

(1)交通运输厅、高管局、养护处领导需要网级养护信息的完整查询权限。他们既可以对全省的高速公路养护数据进行宏观的横向统计查询,也可对单个管理处养护科进行微观的养护信息查询,但他们并不需要修改权限。

(2)高管局养护处的计划工程师既需要对网级的养护计划数据拥有完整的控制权限(包括查询、添加、删除、修改),同时也需要对管理处的养护计划数据进行查询和锁定,但并不需要修改权限。对于计划工程师,他们可以查询系统的养护信息。而养护处的其他专业工程师则只能查询属于自己所在领域的养护信息,不能对其他领域的信息特别是计划信息进行查询。

(3)管理处、养护科领导需要项目级养护信息的完整查询权限,也可查询下属的养护所进行的日常巡查、维修等养护信息,同样也不需要修改权限。

(4)管理处养护科的计划工程师需要对项目级的计划信息以及专项工程合同信息拥有控制权限,同时也应该可以查询项目级的其他养护信息。养护科的其他专业工程师则只能查询属于自己所在领域的养护信息,不能对其他领域的信息特别是计划信息进行查询。

(5)养护所的技术员需要对系统日常巡查和维修信息拥有完整的控制权限,对系统的基本状况信息拥有查询权限。查询和检索不能超出本所所在的路段范围。

(6)某些特定的信息如管理处的年度批准计划信息以及月度计划执行信息,为保证基于这些信息的统计查询结果的稳定性,这些信息被赋予了类似于合同信息的特性,即一旦提交,就不允许修改,即便是拥有修改权限的养护科计划工程师。只有在养护处计划工程师批准的情况下,才允许进行修改。

(7)为保证原始养护信息的完整性和正确性,定期检测数据、日常巡查和维修数据等原始的养护信息同样具有一旦提交就成为了历史数据,其具有不可修改的特性。

2)组织机构

组织机构是权限授权的基础。组织机构中有 4 种主体对象,即公司(Company)、部门(Department)、岗位(Post,也称角色)、人员(Person),这些主体对象有着很多的相似之处,譬如他们都有自己的电话、名称、地址、职责等,所以可以认为他们都是一种抽象主体对象,如图 8-3 所示。

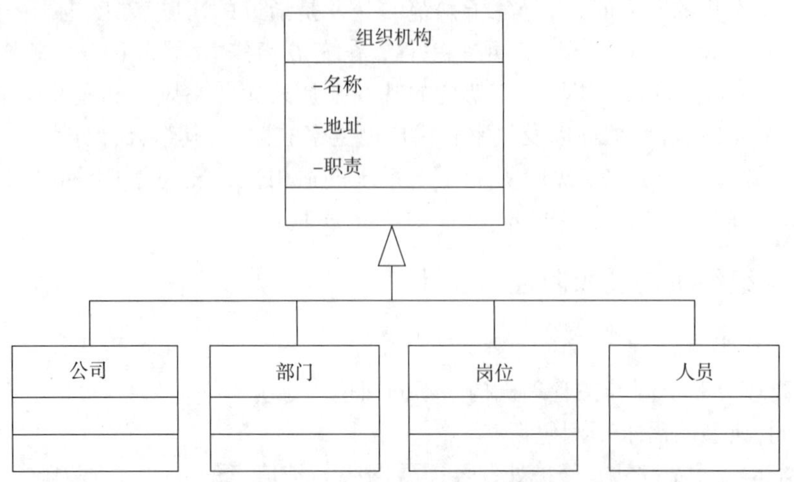

图 8-3 组织机构的主体对象构成

组织机构的各个主体对象之间存在着各种组织关系,如行政关系、党群关系,组织机构设计的任务是维护这些关系,并着重考虑行政关系。这些关系包括:

①公司与公司(包括子公司)之间的行政关系;

②公司与部门、部门与岗位之间的隶属关系;

③岗位与人员之间的聘用关系;

④公司与人员之间的劳务关系。

对于指定的关系类型,组织机构的各个主体对象往往组织成层次化的树状结构。如基于行政关系的湖南省高速公路养护管理系统的组织关系图见图 8-4。

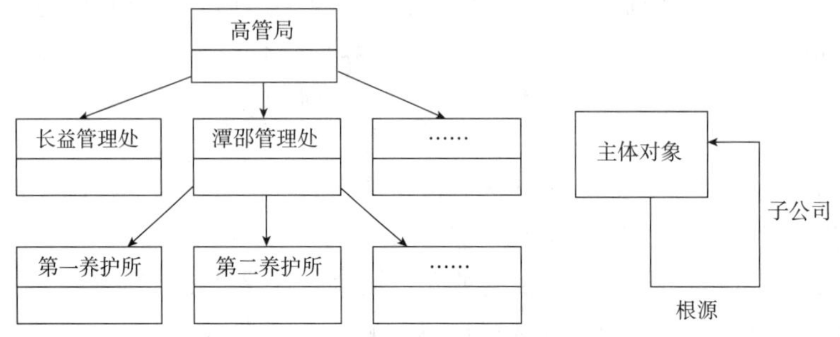

图 8-4 组织结构的主体对象构成

组织机构中一个很重要的主体对象是岗位。每一个岗位都赋予了相应的职责和权限(公司、部门也拥有自己的职责和权限)。用户最初都没有任何权限,直到他们被聘用到指定的岗位上,才可从该岗位上获取相应的权限。其关系如图 8-5 所示。

用户和岗位间的应聘关系为"多对多"关系,即一个用户可以应聘多个岗位,一个岗位可以聘用多个用户。

3)权限控制

许可检查模式在确保被检查者与检查者完全封闭隔离的情况下,在任何用户操作前,进行操作许可检查。其本质是一个布尔(bool)表达式,如果表达式为真,即允许操作进行,否则操作违例,不予执行。权限控制是许可检查模式中的一种特例。权限检查的本质是针对 who 对 which 进行 what 操作的布尔表达式,即“是否可行 = fn(who,which,what,time)”。

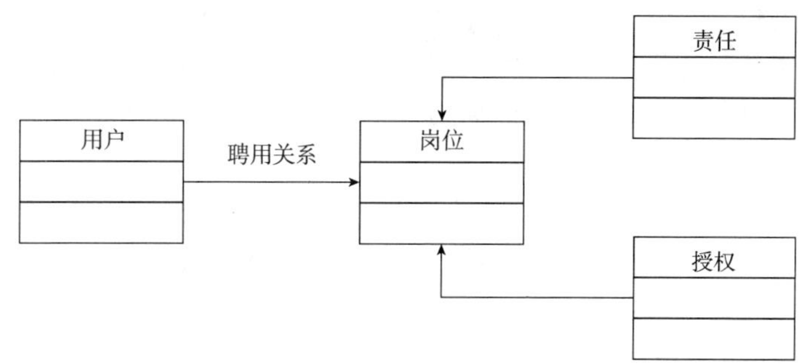

图 8-5 用户与岗位的关系

权限检查最通常的实现是维护一个 who/which/what 授权表,在进行 what 操作时,根据检查授权信息来确定是否允许该行为,系统提供用户界面允许系统管理员分别授权。然而,这种方式仅适用于人员和资源数量少、关系简单的情况,对于湖南省高速公路养护系统却不合适。以桥梁子系统为例,按照 100 人、50 个管理处、每个管理处 1 000 座桥、每座桥 10 个操作计算,就有 5 千万个可能的授权设置,这在界面操作和数据库维护中都是不可想象的。所以,设计应该考虑到权限控制的粒度问题,既不能粒度太粗,使之不能满足不同用户的授权要求,也不能粒度太细,从而影响权限设置和检查的可操作性。湖南省高速公路养护管理系统最终采用了基于功能类型和资源范围的三级授权检查机制。

(1)用户级

用户级权限控制是最粗粒度的权限控制,它仅判断用户的合法性,即用户名、密码正确,此时可确定用户是否为有效的企业用户,从而组织或允许系统的运行,这也是很多应用软件特别是单机版软件常用的权限控制机制。

湖南省高速公路养护管理系统的用户级权限控制采用了两阶段检查机制。第一阶段检查用户名、用户密码的有效性,第二阶段根据用户名、密码确定用户的岗位 ID。当用户没有应聘任何有效岗位时,系统退出;当用户有且仅有一个有效岗位时,系统在客户端设置用户的当前登录岗位为该有效岗位;当用户有多个有效岗位时,系统要求用户选择当前的登录岗位,从而获取不同的操作授权。

(2)资源类型级

由于针对不同的个体资源对象分别予以授权的机制将导致授权信息“爆炸”,从而使得权限控制不具备实际的可操作性。因此,湖南省高速公路养护管理系统在基于资源的类型级别上予以授权(授权的目标对象类型是岗位)。基于资源类型级别的授权意味着指定的岗位总是可以对同种类型的数据拥有相同的操作权限,而无需显示指定的具体资源对象。例如,管理处桥梁专业工程师拥有修改桥梁基本卡片信息的授权,意味着他不仅可以修改当前的所有桥梁的基本信息,也可以修改未来新增桥梁的基本信息。

资源类型级的权限控制包括对指定类型资源的发现、查询、添加、修改、删除等权限。资源类型级是当前应用软件特别是网络版软件最常用的权限检查机制。用户级和资源类型级都属于粗粒度的权限控制机制。

(3)资源范围级

资源范围级在资源类型级的基础上更进一步的细化,即指定用户仅能操作一定范围内的资源,如高管局的桥梁工程师仅能浏览各管理处的桥梁数据,而不能浏览计划数据和财务数据;养护所的技术员只能操作本所管辖范围的日常巡查数据,而不能操作其他养护所所辖范围的养护数据。资源范围级属于细粒度的权限控制机制,能够从本质上解决资源授权问题,也是本设计必须达到的设计目标之一。

湖南省高速公路养护管理系统通过指定养护所的起终点桩号来控制养护所技术员的资源访问范围。对于未包含桩号信息的养护信息,则通过关联养护所 ID 的方式来保证特定资源对象的权限控制。

4)组织机构权限控制的实现

(1)组织机构的建立与维护

组织机构由公司、部门、岗位、人员四种主体对象构成,那么在系统运行前的首要问题就是建立与维护组织机构。组织机构的建立和维护由系统管理员完成,系统管理员分为网级系统管理员和项目级系统管理员两类。网级管理员与项目级管理员的组织机构建立与维护的流程基本一致,其基本流程如图 8-6 所示。

图 8-6　系统组织机构的建立与维护

通过图 8-6 所示的流程建立和构建了系统组织结构的主体对象,并明确了各主体对象的关系。系统管理员赋予组织结构中的每个人员以用户名、密码,用户可以获得登录许可,但是如果人员没有应聘任何岗位,则其不具备任何操作权限,因为资源和功能权限是授予具体岗位的。

(2)岗位授权

在系统组织机构建立完以后,系统管理员可以进入如图 8-7 所示的岗位授权界面。系统管理员可以在系统功能和资源类型划分的基础上进行岗位授权。

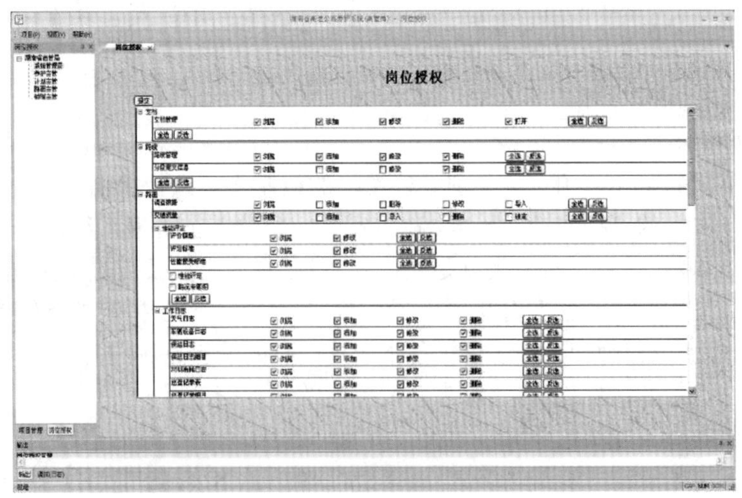

图 8-7　系统岗位授权界面

8.3.4 系统功能模块简介

1）网级系统功能模块

（1）路网年度考核抽检

对湖南省高速公路管理局计划每年度末安排的全省高速公路路网路面性能的抽检数据进行整理和分析，计算抽检路段的 *PCI*、*RDI*、*RQI*、*SRI*。

按照湖南省高速公路管理局制定的养护考核办法，对全省高速公路路网养护情况进行评分、评比。

（2）路网性能评价

以各管理处（经营公司）上报的路面性能评价结果报表为基础，计算包括全省所有路段的，或指定路线（如京港澳高速湖南段）的加权平均 *PCI*、*RDI*、*RQI*、*SRI*。根据评分结果，依据规范标准进行路网或路线的路面性能总体评价，并统计处于不同路况评价等级的路段总长度。

（3）路网性能预测

根据网级路段划分的标准，提取全省高速公路路网不同路段的性能检测历史数据，并对这些数据按照给定的预测模型进行回归，确定预测模型的参数，并对网级管理系统中已有预测模型的参数进行修正。

根据预测模型，对全省高速公路路网进行中长期性能预测，给出路网若干年度内的路面性能各项指标的预测结果。

（4）路网年度养护辅助决策

路网年度养护辅助决策功能模块首先提供网级用户综合分析养护投入与性能衰减的关系曲线，及计划年度只采用维修保养及小修状况下的性能预测结果。这些结果作为年度养护维修 PQI 路网总体目标确定的参考，并依据路网养护计划优化配置模型，得到各项目级年度养护目标，下达给各管理处（经营公司），然后收到养护维修资金反馈后，进一步修改和审核，并最终批复年度计划，下发给管理处。

（5）查询统计

网络管理系统中的一项重要功能就是查询统计功能，其区别于管理处级系统查询统计功能之处主要在于其能够跨路线、跨管理处查询。其查询统计给出了多种查询组合条件，如路线、路幅、车道、桩号、时间、数据种类等，还要使这些查询条件能够自由组合，最大限度地满足用户的查询要求。查询统计得到的结果不仅可以屏幕显示给用户，还可以导出报表。

（6）报表输出

为了满足高速公路管理局养护管理的基本需要，系统自动分析处理相关数据，生成规定格式的报表。高速公路管理局系统所涉及的报表主要包括：

①每季度路网路面养护综合质量 PQI 报表；

②年度考核抽检路网 PQI 报表；

③5 年期内路网路面性能预测报表；

④计划年度内路网养护维修需求报表。

2)项目级系统功能模块

(1)数据采集模块

在高速公路使用性能检测时,自动化检测设备得到了广泛应用,如横向力系数检测车、弯沉检测车、激光平整度仪等,检测结果都是具有固定标准格式的电子文档,这为数据直接导入系统数据库提供了方便[241-244],见图 8-8。

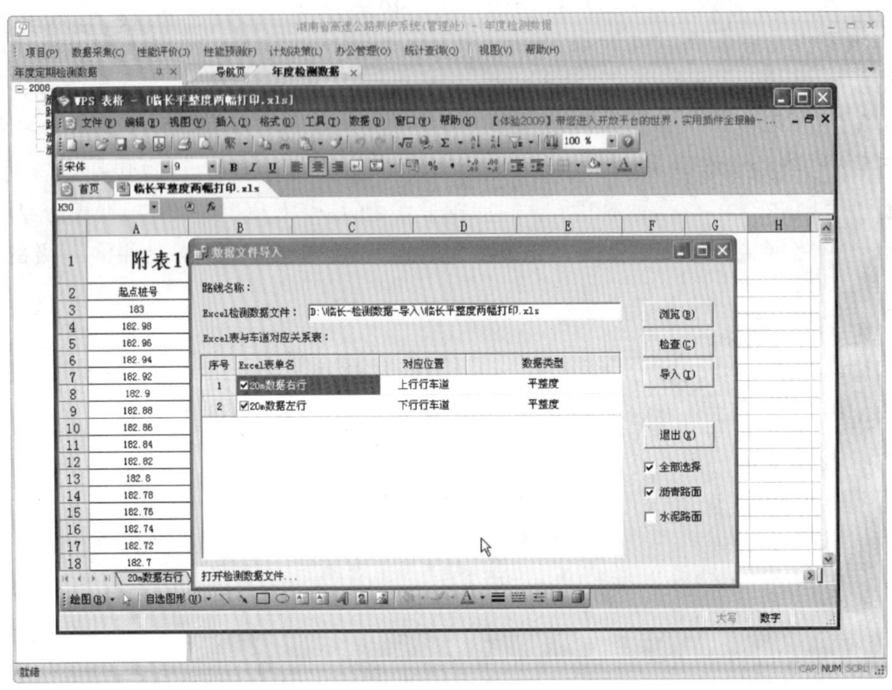

图 8-8 年度检测数据自动化导入界面

(2)性能评价

评价模块的功能就是依据采集到的数据,对高速公路的使用性能进行评价,利用这一评价结果,可以了解路网的服务水平和判别路网内需要采取养护和改建措施的路段,为之选择相应的养护和改建对策,并作为项目优先排序的一项依据。

由于使用性能具有多方面的属性,所以对使用性能的评价有许多不同的评价指标和评价体系。湖南省高速公路养护管理系统严格按照《公路技术状况评定标准》(JTG H20—2007)的规定,对使用性能进行科学评价,并通过查询模块将评价信息反映给用户,如图 8-9 所示。

(3)性能预测

性能预测就是根据历年的路况检测数据,考虑交通流量、路面结构及养护投入对路面使用性能的影响,对路面使用性能未来几年的衰减趋势进行合理预测,对不同路面结构和不同大中修养护方案的长期效果进行跟踪总结,为养护维修科学决策奠定基础。

预测模块可以预测任意一段高速公路路面今后 5 年使用性能的变化趋势,并通过查询模块将预测信息反映给用户,如图 8-10 所示。

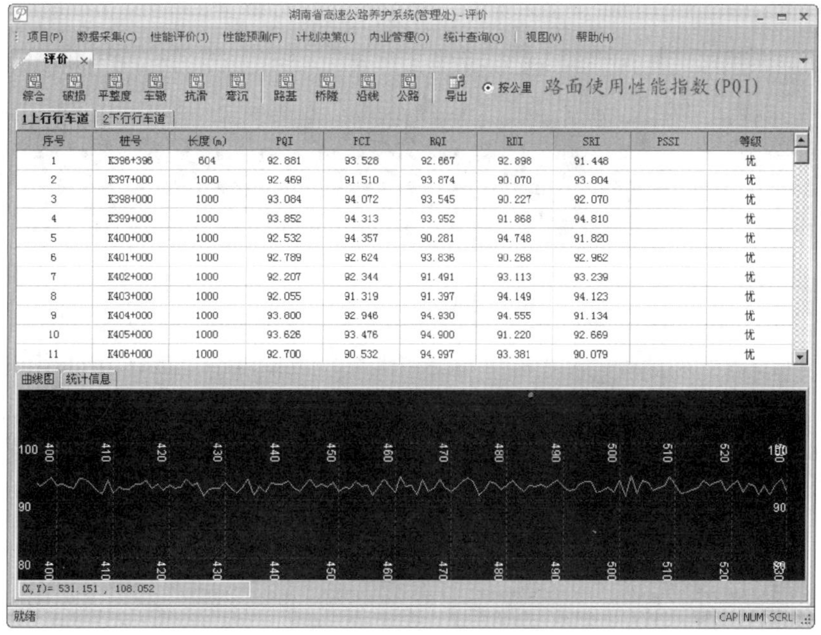

图 8-9 路况评价界面

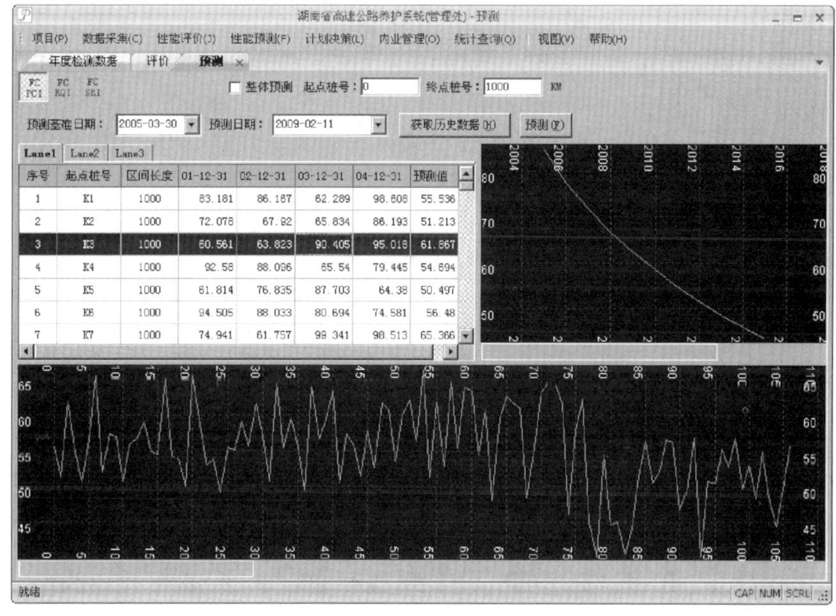

图 8-10 路面使用性能预测界面

（4）辅助决策模块

通过路面性能评价和路面性能预测，选择恰当的系统对策，在进行决策树分析和养护效益对比分析的基础上，形成计划和资金分配、大中修和改建的策略等。养护决策的提供需要专家思想库的支持，专家思想库存储和记录了大量有经验的专家的养护建议，它具有动态性和开发性，可以不断地增加专家思想和建议。本系统将养护决策功能定义为一种决策工具，决策优化调整主要由系统操作人员根据经验调整[241]，如图 8-11 所示。

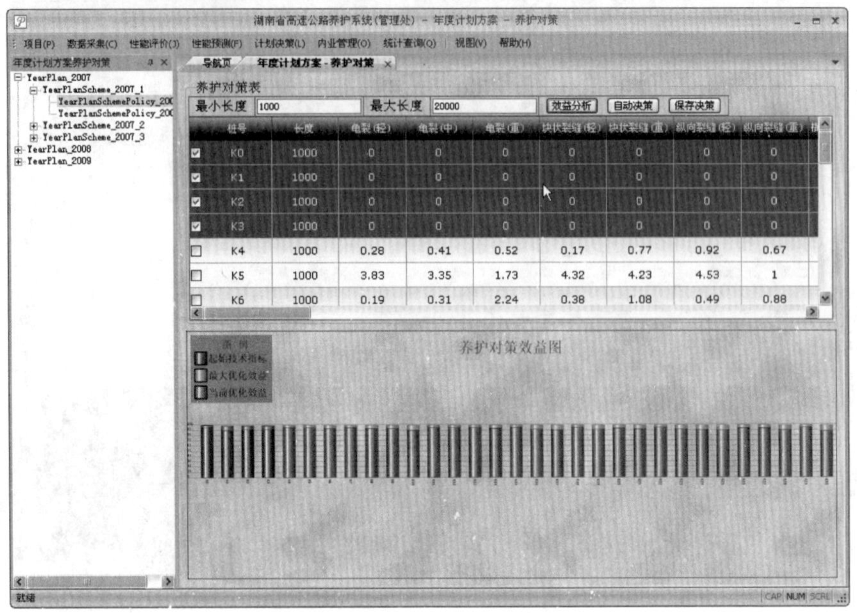

图 8-11　路面养护辅助决策界面

(5)查询统计

综合统计查询功能对于路面管理系统而言十分重要。数据库中的各种信息都需要通过查询模块提供给用户使用。

系统应给出尽可能多的查询条件,并可根据需要自由组合,以便最大限度地满足用户的查询要求,如图 8-12 ~ 图 8-14。

图 8-12　病害查询界面

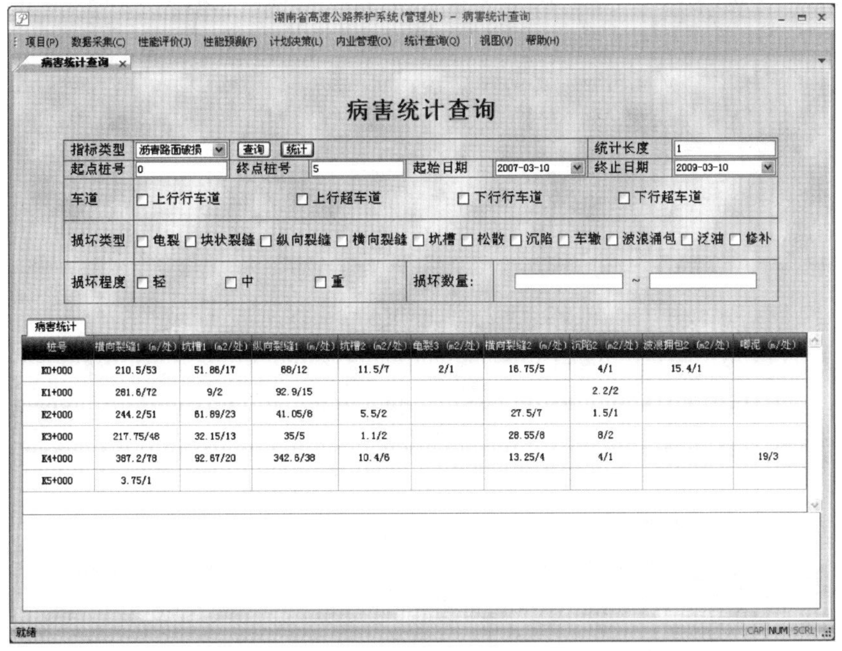

图 8-13　病害统计界面

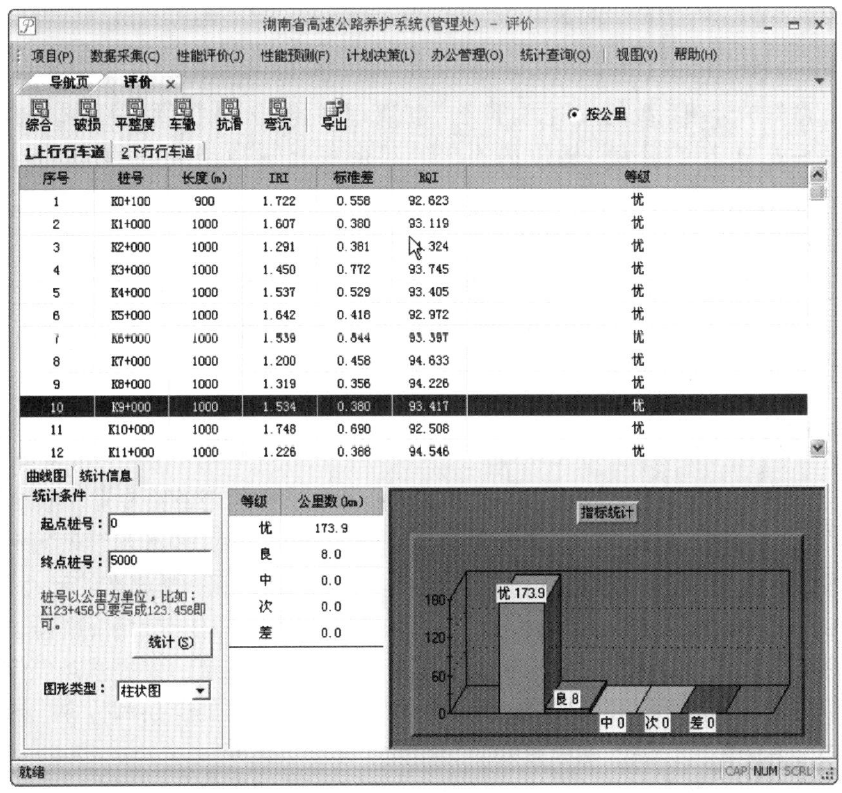

图 8-14　指标等级范围统计

通常,查询模块提供的图形形式比较刻板,缺乏直观性。现有的 GIS 技术为数字化、形象化的展示功能提供了技术支持,如图 8-15 所示。

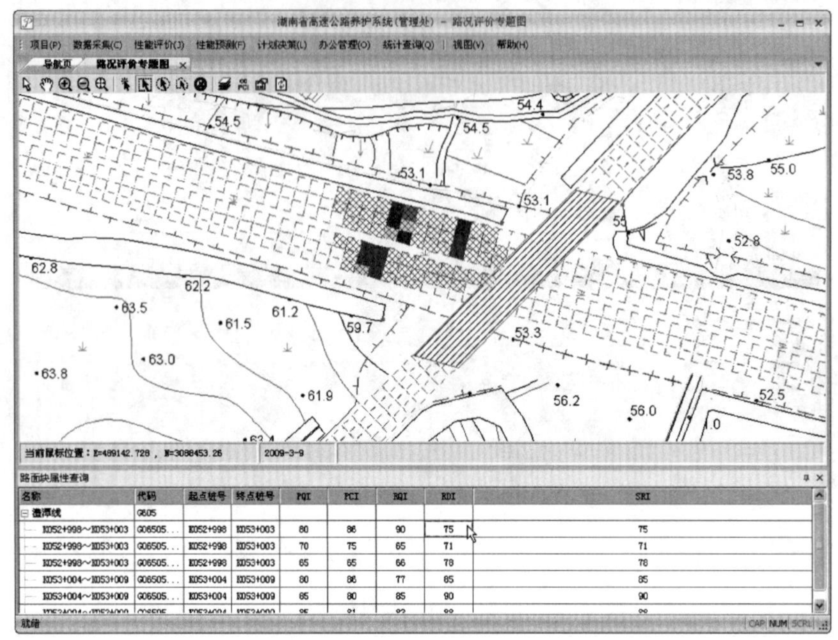

图 8-15　图形查询

(6)报表处理

高速公路养护管理系统的应用,为日常养护管理办公自动化提供了便捷。通过系统,可自动生成各种形式养护报表。输出的报表结果形式有三种:导出成 EXCEL 报表、导出 WORD 报表和直接打印系统报表。

3)养护所级路面系统功能模块

养护所主要实现系统数据采集终端的功能,因此按其所采集的数据类型的不同主要分为路况日常巡查、路况季度调查和工程验收检查三个不同的系统输入模块和界面,并基于这些数据系统提供养护所级系统数据的查询统计功能。

8.3.5　数据库模块

高速公路的养护管理是一项非常复杂的活动,需要综合运用道路专业知识、系统工程、管理科学的方法处理与路面活动有关的问题,从而使养护的技术、经济和管理等活动能够有机结合并实施有效控制。所以高速公路养护管理系统必须是一个开放性的动态管理系统,它建立在大量信息的基础上,以数据作为支撑,数据是该系统的基本元素,这样才使系统提出的养护对策具有客观性和针对性。实现高速公路养护管理系统的前提就是要保证各种信息数据能够在基层养护部门和上层公路管理机构之间进行实时的交换和传递。现代计算机技术的发展为这一要求提供了先进的数据处理技术——数据库。

数据库是存储在服务器中,有组织、规划的可共享的数据集合。存储的数据按照一定的组织规律存放,具有较小的冗余度,可供用户进行检索、查看、修改、添加、删除等操作。数据库是路面养护管理系统的核心部分之一,系统的开发与管理都是以大量的数据作为基础,没有了数据库的系统只是一具空壳,因此,数据库在系统中必不可少。图 8-16 以数据库为中心,描述了数据库输入与输出之间的关系。

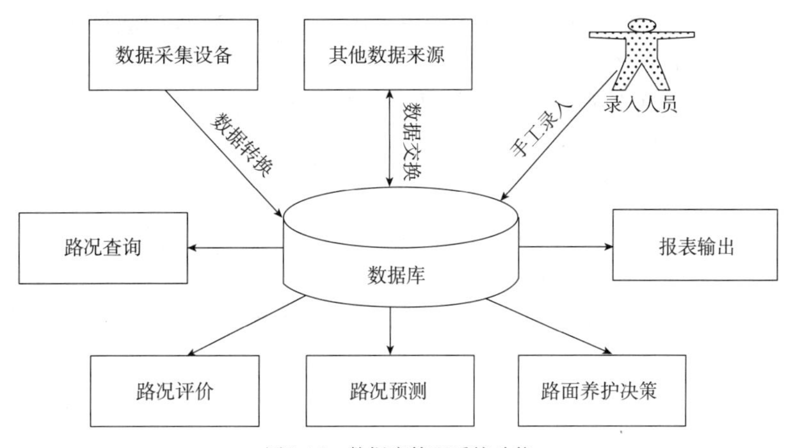

图 8-16　数据库管理系统功能

8.3.6　GIS 图形化查询模块

GIS 是指在计算机硬件系统、软件系统的支持下,以地理空间数据库为基础,采集、储存、管理、分析和描述整个或部分地球表面(包括大气层在内)与空间和地理分布有关的数据,为地理研究和地理决策服务的空间信息系统。湖南省高速公路养护管理系统的一个特点是以 GIS 平台为基础的系统集成。通过 GIS,用户可直观地了解设施位置及设施状况分布。在系统设计上,GIS 的窗口就是地图界面。地图界面的使用可以有两种形式,一种是独立的地图界面,另一种是插图,如图 8-15 所示。

GIS 图形化查询的设计标准为:①具备基本的图形操作功能,GIS 地图里面的空间几何信息可以任意放大、缩小和漫游;②公路路线的基本元素为点,组成路线的点代表路线上的各个桩号,而每个点都对应不同的地图坐标;③具备动态分段功能,路线上任意两点都可以组成一个查询段;④以 5m 为单位,水泥混凝土路面精确到具体板块,沥青混凝土路面精确到 10m 路段。

8.3.7　评价模块

高速公路养护管理系统中的评价模块的功能就是对高速公路的使用性能进行评价。依据采集到的路况数据,对使用性能满足要求的程度作出判断,利用这一判断,可以掌握路网的整体服务水平,同时判断需要进行养护维修或改建路段,并选择相应的养护和改建措施[241-246]。

在规范规定的性能评价指标体系和评价模型的基础上实现性能的评价,相对而言是比较简单的。但是由于性能评价的基础数据来源不同,系统评价的实现方式不一。使用性能具有多方面的属性,根据目的和方式的不同可以采用不同的评价指标和评价体系[241-242,244-246]。湖南省高速公路养护管理系统严格按照《公路技术状况评定标准》(JTG H20—2007)的规定,对使用性能进行科学评价,并通过查询模块将评价信息反映给用户。

根据用户需求,系统提供了以下几种性能评价的方式:

(1)项目级路段分车道分公里评价

根据定期检测数据,将各路段按指标分公里进行评价,这是项目级用户主要的评价方式。系统将自动汇总处于不同评价等级路段的数量及占总路段长度的比例。

(2)路网性能综合评价

高管局主要用到路网性能综合评价模块,路网性能综合评价值等于各项目级路段指标平均值×路段长度权重的累加。

(3)分路段组的路面性能综合评价

为满足高管局进行各路段之间路面性能的对比,本系统设计了分路段组查询统计模块。如高管局要对京港澳高速湖南段进行整体评定,可以先定义路段组。路段组名称为京港澳高速湖南段,包括临长段、长潭段、潭耒段、耒宜段。系统可以提取该路段组各路段路面性能评价数据进行分路段组的路面性能综合评价。

8.3.8 预测模块

(1)养护系统预测内容

路面使用性能直接影响养护对策的选择和养护资金的投入。在养护管理系统中预测是一项很重要的工作,它是养护决策的基础。为了合理优化分配既定的养护资金,确定最佳的养护维修方案,必须对路面使用性能未来几年的衰减趋势进行合理预测,对不同路面结构和不同大中修养护方案的效果进行跟踪总结,为养护维修科学决策奠定基础。

预测模块可以预测任意一段高速公路路面今后 5 年路面使用性能的变化趋势,并通过查询模块将预测信息反映给用户。

在使用性能的影响因素中,交通量对使用性能起重要的作用,本管理系统对交通量也能进行预测,预测的界面如图 8-17 所示。

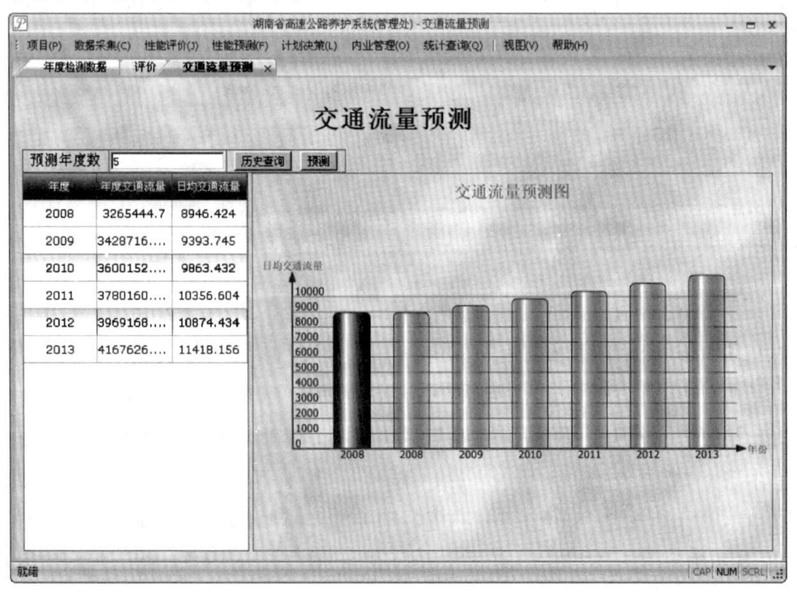

图 8-17 交通流量预测结果图

(2)系统使用性能预测流程

系统性能预测的流程是一个路段匹配、模型参数调用、分段预测和计算的过程。其中网级预测可以是项目级预测结果的叠加,也可以利用网级的模型参数库进行整体预测。但是因为项目级系统的路段划分更细,因此其预测的精度更高。本系统的网级预测结果是项目级预测结果的叠加。系统要求项目级用户在每年定期检测完成后,应上报本项目路段中长期(5~10年)的路况预测报表。路面使用性能的预测流程如图8-18所示。

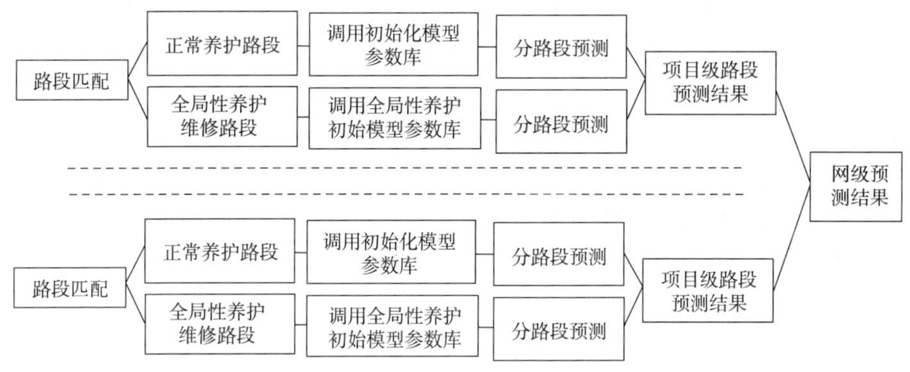

图8-18 系统路面使用性能预测流程图

(3)湖南省高速公路路网路面使用性能预测模型的建立

①网级系统预测典型路段的划分

对于网级管理系统而言,借鉴北京市路面养护管理系统路段划分方法,主要考虑路面结构、交通荷载水平和养护维修措施的不同将湖南省高速公路路网划分为不同的路段。其中路面类型分为新建路面、大修改造路面,各类路面再按其结构层厚度、其他属性、交通量的不同又可以分为若干路段。经过对湖南省高速公路路网进行详细的调研,可以将湖南省高速公路路网中的所有路面按照表8-1所示进行分类。

湖南省高速公路路网典型路段划分表 表8-1

路段	路面性质	路面类型	其他属性	交通量分级
1	新建路面	水泥混凝土路面	—	轻、中
2			—	重、特重
3		沥青混凝土路面	SMA路面	轻、中
4				重、特重
5			AC、AK路面	轻、中
6				重、特重
7		连续配筋路面	—	轻、中
8			—	重、特重
9		钢筋混凝土路面	—	轻、中
10			—	重、特重
11	大修改造路面	沥青混凝土路面加铺层	在原水泥路面上直接加铺	轻、中
12				重、特重
13			处治原路面后增设连续配筋层后加铺	轻、中
14				重、特重

由表 8-1 可以看到,根据路面性质、路面类型、其他基本属性和交通等级,可以将湖南省路网分划为 14 个典型性路段。以上路段的划分只考虑了影响路面性能衰变规律较大的因素,基于这些路段建立的预测模型具有宏观性,但是通过长时间路面性能数据的分析,可以得到这些典型性路面的中长期路面使用性能的变化规律,其对于改进路面设计和实施路网中长期养护维修规划具有十分重要的意义。

②项目级系统预测典型路段的划分

对于项目级系统用户而言,如果也采用如表 8-1 所示的粗放性路段划分方法,其将影响路面性能预测的精度。例如临长高速公路的 AK-16 沥青路面中,风化花岗岩路基段和非风化花岗岩路基段其路面性能衰减特征显著不同。耒宜高速公路受水灾严重影响的路段和未受水灾影响的路段路面性能也显著不同。

除了考虑影响路面使用性能的外部因素进行分段外,有时将具有相近路面性能的路段聚为一类,将具有相同路面性能属性的路段合并成为一个路面性能的预测路段也是提高整体路面性能预测精度的重要手段。国内外已有学者进行了这方面的研究工作,如提出了基于路面性能的灰色模糊聚类分段的方法,这些方法理论上是成熟的,但是不太直观,难以为工程技术人员所理解和采用,并且其只能考虑路面性能因素的差异进行分段,不能综合考虑路面类型等其他因素。按路面使用性能进行聚类分段有利于养护决策的分析,但是在路面使用性能预测中,会增加预测的复杂性,因此本系统不支持利用动态路面性能指标进行路面的划分,以保证项目级路段划分的相对稳定性。

鉴于此,充分地考虑影响路面性能预测的因素,运用基于分类树的多因素多属性的路段动态划分方法进行路段划分。该路段划分方法的基本原理如下:

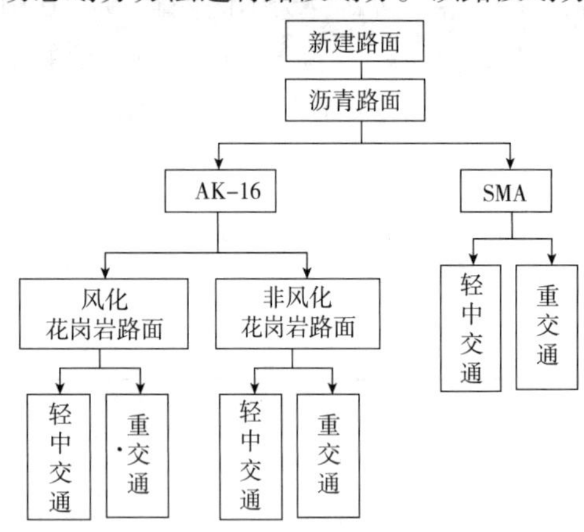

图 8-19 临长高速公路路段划分树形图

分类树实际上是通过一定的形式(树结构),根据路面类型、气候条件等各种影响路面性能衰减速率的因素,将路面不断进行分枝、细化,综合考虑各种组合条件,在各个分枝的枝末,就是符合各种组合条件的路段。通过树形图进行路段的划分能够确保路段分类属性的唯一性,而且便于系统识别和操作。以湖南省临长路为例,其多因素多属性的路段分类树可以表示为图 8-19 所示。图 8-19 所示的项目级典型路段划分树形图在系统里是通过多因素的路段划分表来实现的。

路面性能分类树的末端只能是交通量的分段。分类树的主要分类节点应包括网级系统路段划分的节点。路面性能和交通量是动态指标,一般置于分类树的底部。系统通过提取静态数据库(路面类型及其他静态信息)和动态数据库(路面性能和 AADT)对项目分段。通过项目分段建立项目级初始化路段库。系统建议维持初始化路段库的稳定性。

③路面使用性能预测模型的选取

合理的路面使用性能方程应该满足下述条件:a. 能够正确反映路面性能衰变的全

过程；b. 随着使用年数或累计轴载作用次数的增加，路面使用性能指数单调减少；c. 满足必要的边界条件；d. 方程形式简单，参数含义明确，能够为路面性能的深入研究奠定基础。

参照孙立军教授等人的研究，选取路面性能衰变预测模型如下[247]：

$$PPI = PPI_0\left\{1 - \exp\left[-\left(\frac{\alpha}{t}\right)^{\beta}\right]\right\} \tag{8-1}$$

式中：PPI——日常养护下各路况指标（包括 PCI、RDI、RQI 等）；

PPI_0——路面新建或最近一次大中修后某路况指标的数值，一般为100；

t——路龄；

α、β——模型参数。

该方程形式简单，便于回归，选定路面使用年数作为唯一变量，这样在充分考虑了荷载因素的作用下，也较好地计入了非荷载因素对路面使用性能的影响。一般情况下 PPI_0 为100，有时略小于100，表示路面最初性能最优。方程中存在两个未知参数 α 和 β，具有明确的数学、物理意义，当 α、β 取不同值时可模拟路面各类性能衰变模式。

α 和 β 值由观测数据回归而得，分析可知，当 $t=\alpha$ 时，无论 β 取什么值，总有：$PPI/PPI_0 = 1 - e^{-1} = 0.632$，即曲线总是要经过点（$\alpha$，$0.632PPI_0$）。因此，参数 α 的数学含义可认为是 PPI 衰减到初始值的63.2%时的路面使用年数。随着 α 值的增加［见图8-20a）］，曲线的形状变化并不明显，即路面性能以基本相同的走向发展变化，只是达到初始值的63.2%的时间有所不同。所以，参数 α 的大小反映了路面使用寿命的长短，将其命名为路面的寿命因子。结合实测数据的分析和工程经验，α 值一般取0.2～20，最常见的为3～15。

当 β 由小变大时，如图8-20b）所示，曲线由凹形经直线变为凸形或反S形，所以曲线的形状主要由 β 决定。不同的 β 值决定了路面的衰变模式，所以将 β 称为路面衰变的模式因子。大量经验表明，β 值一般在0.2～2.0之间变化。

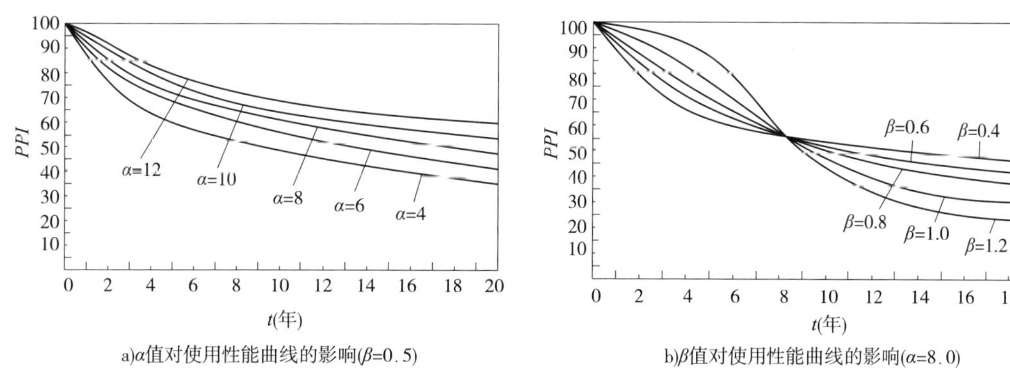

a)α值对使用性能曲线的影响(β=0.5)　　b)β值对使用性能曲线的影响(α=8.0)

图8-20　模型参数对使用性能曲线的影响

④湖南省高速公路路面使用性能预测模型表

根据对湖南省高速公路已有路面使用性能检测数据的路段分析，可以对湖南省高速公路典型路段建立初始化的路面性能预测模型参数表，如表8-2～表8-6所示。

表 8-2 ~ 表 8-6 是基于路网路段划分标准建立的路段路面性能预测参数模型，其将作为路面管理系统的知识层。各项目级的路面性能预测模型参数由于路段划分得更细，其模型参数将有所不同，该参数对项目级只具有参考价值。同时，对于新开通的道路在没有历史数据的情况下进行路面性能预测可以完全调用表中的参数进行预测。

湖南省典型高速公路路面状况指数（*PCI*）预测模型参数　　表 8-2

路段	路面性质	路面类型	其他属性	交通量分级	α	β	R
1	新建路面	水泥混凝土路面	—	轻、中	20.62	0.782	0.802
2			—	重、特重	12.21	0.732	0.855
3		沥青混凝土路面	SMA 路面	轻、中	23.56	0.830	0.931
4				重、特重	27.65	0.632	0.905
5			AC、AK 路面	轻、中	19.84	0.694	0.913
6				重、特重	12.98	0.771	0.947
7		连续配筋路面	—	轻、中	27.56	0.812	0.838
8			—	重、特重	23.84	0.786	0.825
9		钢筋混凝土路面	—	轻、中	19.37	0.795	0.872
10			—	重、特重	17.56	0.744	0.912
11	大修改造路面	沥青混凝土路面加铺层	在原水泥路面上直接加铺	轻、中	15.42	0.815	0.908
12				重、特重	13.32	0.781	0.897
13			处治原路面后增设连续配筋层后加铺	轻、中	25.37	0.867	0.872
14				重、特重	27.36	0.795	0.835

湖南省典型高速公路路面结构强度指数（*PSSI*）预测模型参数　　表 8-3

路段	路面性质	路面类型	其他属性	交通量分级	α	β	R
3	新建路面	沥青混凝土路面	SMA 路面	轻、中	25.88	0.876	0.922
4				重、特重	24.07	0.65	0.934
5			AC、AK 路面	轻、中	23.13	0.764	0.95
6				重、特重	20.12	0.703	0.89
7		连续配筋路面	—	轻、中	—	—	—
8			—	重、特重	—	—	—
9		钢筋混凝土路面	—	轻、中	—	—	—
10			—	重、特重	—	—	—

湖南省典型高速公路路面行驶质量指数(RQI)预测模型参数 表8-4

路段	路面性质	路面类型	其他属性	交通量分级	α	β	R
1	新建路面	水泥混凝土路面	—	轻、中	21.2	0.804	0.872
2			—	重、特重	12.06	0.722	0.82
3		沥青混凝土路面	SMA路面	轻、中	23.58	0.81	0.93
4				重、特重	20.65	0.632	0.917
5			AC、AK路面	轻、中	22.43	0.733	0.928
6				重、特重	13.68	0.843	0.95
7		连续配筋路面	—	轻、中	14.61	0.855	0.904
8			—	重、特重	13.33	0.835	0.902
9		钢筋混凝土路面	—	轻、中	14.36	0.842	0.858
10			—	重、特重	12.16	0.813	0.847
11	大修改造路面	沥青混凝土路面加铺层	在原水泥路面上直接加铺	轻、中	12.41	0.832	0.828
12				重、特重	14.28	0.794	0.921
13			处治原路面后增设连续配筋层后加铺	轻、中	21.466	0.878	0.90
14				重、特重	18.52	0.818	0.92

湖南省典型高速公路路面车辙指数(RDI)预测模型参数 表8-5

路段	路面性质	路面类型	其他属性	交通量分级	α	β	R
3	新建路面	沥青混凝土路面	SMA路面	轻、中	12.33	0.518	0.906
4				重、特重	11.24	0.366	0.94
5			AC、AK路面	轻、中	12.18	0.455	0.88
6				重、特重	10.17	0.422	0.936
11	大修改造路面	沥青混凝土路面加铺层	在原水泥路面上直接加铺	轻、中	16.25	0.465	0.86
12				重、特重	14.85	0.427	0.84
13			处治原路面后增设连续配筋层后加铺	轻、中	18.64	0.612	0.82
14				重、特重	16.254	0.587	0.895

湖南省典型高速公路路面抗滑指数(SRI)预测模型参数　　表 8-6

路段	路面性质	路面类型	其他属性	交通量分级	α	β
1	新建路面	水泥混凝土路面	—	轻、中	32	0.878
2			—	重、特重	28	0.835
3		沥青混凝土路面	SMA 路面	轻、中	28	0.865
4				重、特重	25	0.830
5			AC、AK 路面	轻、中	24	0.850
6				重、特重	22	0.815
7		连续配筋路面	—	轻、中	31	0.885
8			—	重、特重	27	0.845
9		钢筋混凝土路面	—	轻、中	31	0.885
10			—	重、特重	27	0.845
11	大修改造路面	沥青混凝土路面加铺层	在原水泥混凝土路面上直接加铺	轻、中	22	0.81
12				重、特重	20	0.76
13			处治原路面后增设连续配筋层后加铺	轻、中	22	0.81
14				重、特重	20	0.76

注:抗滑性能按照规范规定为 2 年检测 1 次,因此回归的样本数据不足,表中的参数是综合考虑专家经验和实测数据得到。

随着时间的延长,更多更新的路面性能数据将补充到路面管理系统中的数据库中来,预测模型的样本数据库将进行更新和扩充,利用更新后的数据库可以重新进行预测模型参数的回归,这时就建立了新的预测模型参数库。因此,需要对原有的预测模型参数进行修正。

设已有 t 年数据,利用回归模型算得的第 i 年的路面性能指标为 $y_{i预测值}$,第 i 年的路面性能指标实测值为 $y_{i实测值}$,则该预测模型的累积误差 ε 可用式(8-2)计算:

$$\varepsilon = \frac{\sum_{i=1}^{t} \left| y_{i预测值} - y_{i实测值} \right|}{\sum_{i=1}^{t} y_{i实测值}} \tag{8-2}$$

其预测模型参数的修正过程如图 8-21 所示。

历经多次修正,路面使用性能预测模型的参数必将会趋于稳定。

⑤全局性养护维修措施下路面性能衰变曲线的修正模型

每一种全局性养护措施对路面使用性能的提高都是分两方面考虑的:一个是即时效果,即养护后马上产生的 ΔPPI 值;另一个就是全寿命效果,即路面使用性能衰减速率的变化,使得路面使用性寿命得到了延长。全局性养护维修措施对路面使用性能衰变曲线的影响可用图 8-22 示意。

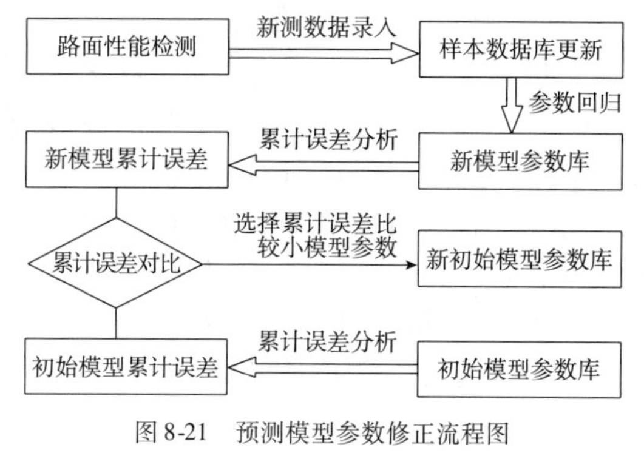

图8-21 预测模型参数修正流程图

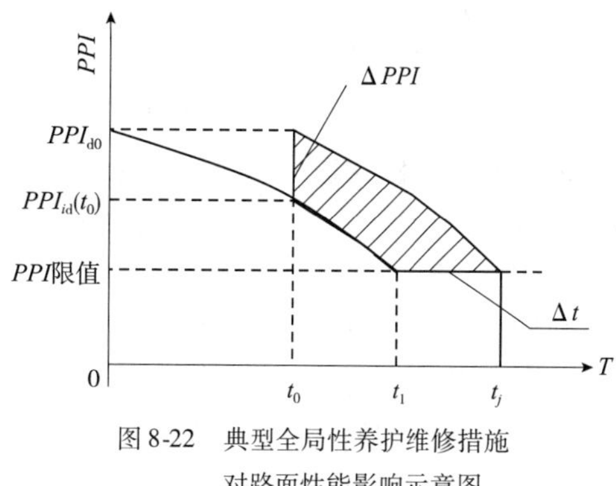

图8-22 典型全局性养护维修措施对路面性能影响示意图

式(8-1)所示的预测模型是基于一般性养护措施(即日常养护、小修)下得到的模型参数α、β值。一般性养护对路面结构改变不大,同时,影响路面使用性能变化的因素,如气候条件、交通量和轴载等也没有改变,因此在精度要求不高的情况下,可认为其他参数一定条件下,模型参数α、β的值是相同的。但全局性养护是对路面全面的修复,对路面各项路况指标都有较大改善,同时延缓了路面性能的衰变,因此需对前节的路面性能衰减模型进行改进,在原模型的基础上引入两个新的系数A、B。实施全局性养护措施j后,路面性能的衰变方程可表示为:

$$PPI_j = \frac{[PPI_{\mathrm{d}}(t_0) + \Delta PPI]}{1 - \exp\left\{ -\left[\frac{\alpha}{(1 - B_j)t_o} \right]^{\beta} \right\}} \cdot \left\{ 1 - \exp\left[-\left(\frac{\alpha}{t - B_j t_0} \right)^{\beta} \right] \right\} \tag{8-3}$$

$$\Delta PPI_j = A_j [PPI_{\mathrm{d0}} - PPI_{\mathrm{d}}(t_0)] \tag{8-4}$$

对于不同类的路段i,式(8-4)可以进一步写成:

$$\boldsymbol{\Delta PPI_{ij}} = \boldsymbol{A}_j [\boldsymbol{PPI}_{\mathrm{d0}} - \boldsymbol{PPI}_{\mathrm{id}}(t_0)] \tag{8-5}$$

其中$\boldsymbol{A}_j$为一个4×4的矩阵:$\boldsymbol{A}_j = \begin{bmatrix} A_{jPCI} & 0 & 0 & 0 \\ 0 & A_{jRQI} & 0 & 0 \\ 0 & 0 & A_{jRDI} & 0 \\ 0 & 0 & 0 & A_{jSRI} \end{bmatrix}$

$[\boldsymbol{PPI}_{\mathrm{d0}} - \boldsymbol{PPI}_{\mathrm{di}}(t_0)]$为一个4×1的矩阵,两者相乘后,$\boldsymbol{\Delta PPI_{ij}}$也是一个4×1的矩阵。再对这4个指标求综合值,即路面使用性能指数PQI,以权重$\boldsymbol{\omega}$(一个1×4的矩阵)乘以$\boldsymbol{\Delta PPI_{ij}}$便可求得$\Delta PQI_{ij}$。

式(8-3)也可写成:

$$PPI_{ij} = \frac{\boldsymbol{A}_j \cdot \boldsymbol{PPI}_{\mathrm{d0}} + (\boldsymbol{1} - \boldsymbol{A}_j)\boldsymbol{PPI}_{\mathrm{id}}(t_0)}{1 - \exp\left\{ -\left[\frac{\alpha}{(1 - B_j)t_0} \right]^{\beta} \right\}} \cdot \left\{ 1 - \exp\left[-\left(\frac{\alpha}{t - B_j t_0} \right)^{\beta} \right] \right\} \tag{8-6}$$

以上式中:PPI_{ij}——路段i实施j养护措施后的路面性能指数衰变曲线;

$\boldsymbol{PPI}_{\mathrm{id}}(t_0)$——路段$i$日常养护下各路况指标(包括$PCI$、$RDI$、$RQI$等)在$t_0$时刻的值;

$\boldsymbol{\Delta PPI_{ij}}$——路段$i$实施$j$养护措施后某路况指标的增值;

$\boldsymbol{PPI}_{\mathrm{d0}}$——新建或最近一次大中修后的某路况指标的数值,一般为100;

α、β—— 路面性能模型参数,可由日常养护检测数据回归得到。

系数 A 是指实施全局性养护措施后路面使用性能(PPI)的改善率,可称其为改善系数,其值域为[0,1],当 $A=0$ 时,表示实施养护措施对路面性能没有任何提升;当 $A=1$ 时,表示实施养护措施后路面性能达到了路面新建或最近一次大中修后的水平,即 t_0 时刻进行养护后 ΔPPI 的大小由 A 确定。系数 B 的大小则决定了实施养护措施后路面性能曲线的衰变速度,可称为寿命系数,其值域为[0,1]。当 $B=0$ 时,说明该养护措施对路面性能的衰变速度没有任何延缓,仅是 t_0 时刻后各时间点的路面性能指标值较日常养护下的值有同比例的提升。当 $B=1$ 时,说明实施养护措施后路面使用性能曲线的衰变速度得到了最大限度地延缓,此时路面使用性能曲线的衰变速度同新建或最近一次大中修后的路面使用性能衰变速度相同。当 B 在 0~1 之间时,说明各养护措施不同程度地延缓了路面使用性能曲线的衰变速度,增加了路面的使用寿命,实施全局养护后路面性能曲线的衰变速度在日常养护下 0 时刻后和 t_0 时刻前的衰变速度之间。

改善系数 A 和寿命系数 B 与采用的全局性养护措施有关。A 和 B 的取值根据各养护措施的自身特性由观测数据回归而得。

8.3.9 决策模块

决策是一种系统的方法或者过程,它通过系统当前所处的状态的评估和对未来发展的分析和判断、选择恰当的系统对策,最大限度地满足系统地要求。决策的核心内容为:在指定的预算资金和其他资源的约束下,寻求最优养护策略,使得效益目标最大化,或是在一定的路面使用性能要求和资源限制的约束下,寻求最优养护策略,使得费用目标最小化[248-250]。根据湖南省高速公路养护特点,系统确定常见的标准养护对策库如表 8-7、表 8-8 所示。养护维修标准对策库的建立是下一步养护决策优化的基础。

湖南省高速公路水泥混凝土路面常见养护维修对策库 表 8-7

序号	对策名称	建议适用条件	综合单价	养护分类	作用范围
101	混凝土路面缩缝灌缝	接缝料损坏	6.5 元/m	Z;Y	非全局性
102	混凝土路面胀缝处理	接缝料损坏	65 元/m	Z;Y	非全局性
103	混凝土路面裂纹处理	轻、中度裂缝;轻、中度板角断裂、轻度破碎板	10 元/m	Z;Y	非全局性
104	板底压水泥浆	板底脱空(唧水)	40 元/m^2	Z;Y	非全局性
105	板底压乳化沥青浆	板底脱空(唧泥)	51 元/m^2	Z;Y	非全局性
106	普通水泥混凝土路面换板	重度破碎板、重度裂缝、重度板角断裂	200 元/m^2	Z;J	非全局性
107	钢筋混凝土路面换板	重度裂缝、坑洞	240 元/m^2	Z;J	非全局性
108	混凝土路面坑洞修补	边角剥落、坑洞	340 元/m^2	Z;J	非全局性
109	水泥路面磨平	错台	28 元/m	Z;J	非全局性

注:(1)Z 指专项工程;Y 指预防性养护;J 指纠正性养护。

(2)对于预防性养护措施具有优先选择权和养护资金的优先分配权。

(3)表中提出了各养护对策的适用条件,系统用户可以资金情况对断裂类病害的适合条件进行调整。如在资金不足的情况下可以将重度板角断裂按裂缝进行处理等。

湖南省高速公路沥青混凝土路面常见养护维修对策库 表8-8

序号	对策名称	适合条件	单价	养护分类	作用范围
201	沥青路面裂缝修补	横向、纵向裂缝	24元/m	Z;Y·	非全局性
202	坑槽修补	坑槽、龟裂	237元/m^2	Z;Y	非全局性
203	路面浅层压浆	翻浆	40元/m^2	Z;J	非全局性
204	沥青路面铣刨摊铺(4cm)	平均车辙深度大于15mm;或修补率大于25%。	145元/m^2	Z;J	全局性
205	铣刨摊铺上、中面层	平均车辙深度大于15mm;或修补率大于25%,并能同时修补裂缝、坑槽等病害	280元/m^2	Z;J	全局性
206	微表处15mm	平均车辙深度在15~20mm	20元/m^2	Z;J	全局性
207	热再生50mm	平均车辙深度大于15mm;或修补率大于25%,并能同时修补裂缝、坑槽等病害	50元/m^2	Z;J	全局性

注:(1)Z指专项工程;Y指预防性养护;J指纠正性养护。

(2)对于预防性养护措施具有优先选择权和养护资金的优先分配权。

(3)对于铣刨摊铺的条件以500m为单位计算平均车辙深度和修补率。

1)养护辅助决策模型与方法

高速公路要决定采用何种养护维修方法,首先应对使用性能检测的结果进行综合判断[43]。根据相关规范建立高速公路养护决策树模型。以路面为例,高速公路要决定采用何种养护维修方法,首先应对路面性能检测的结果进行综合判断,再根据《公路沥青路面养护技术规范》(JTJ 073.2—2001)、《公路水泥混凝土路面养护技术规范》(JTJ 073.1—2001)和《公路技术状况评定标准》(JTG H20—2007)相关建议,并结合湖南省养护实际,确定高速公路沥青路面和水泥混凝土路面养护决策树模型[40,251-256],如图8-23、图8-24所示。

很显然根据沥青路面养护决策树可以将沥青路面分为以下七类路况:

一类路况:$PSSI \geq 70$,$RD \leq 15$mm,修补率<25%,$PCI > 99$;

二类路况:$PSSI \geq 70$,$RD \leq 15$mm,修补率<25%,$PCI \leq 99$;

三类路况:$PSSI \geq 70$,$RD \leq 15$mm,修补率>25%;

四类路况:$PSSI \geq 70$,$RD \leq 15$mm,$PCI \leq 70$;

五类路况:$PSSI \geq 70$,15mm<$RD \leq 20$;

六类路况:$PSSI \geq 70$,20mm<RD;

七类路况:$PSSI < 70$。

每一类路况具有共同的属性,也具有同样的养护维修建议对策,因此,系统在养护需求分析时,统计了各类路况的具体数量。

同样,根据水泥混凝土路面决策树可以将水泥混凝土路面分为以下五类路况:

一类路况:$DBL < 5\%$,$RQI > 80$,$PCI > 98$;

二类路况:$DBL < 5\%$,$RQI > 80$ 或 $RQI \leq 80$ 且平均错台量<5mm;

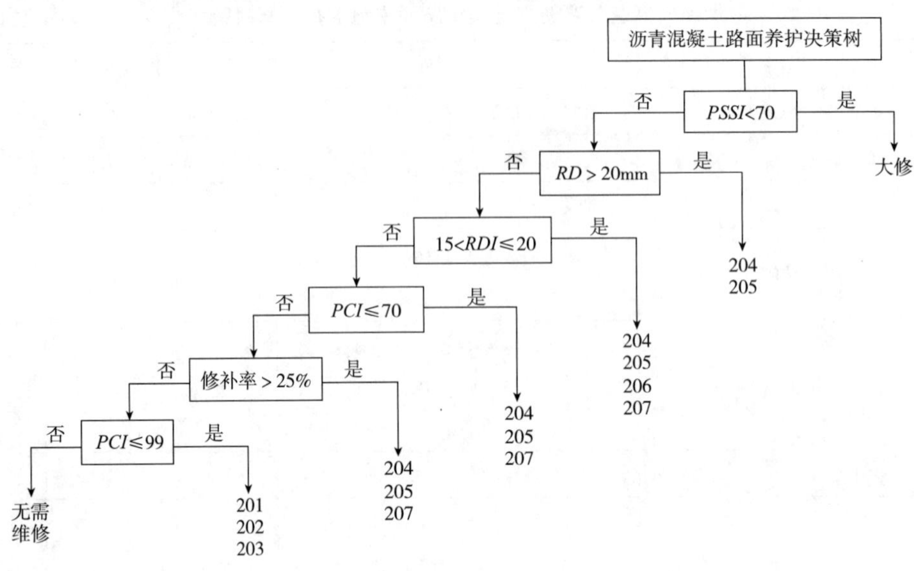

图 8-23　基于路面综合性能的沥青路面养护决策树模型

注:①决策树从上到下分层的顺序是按照指标的重要程度排序的,决策树包括了路面性能的任意状态;②决策树在系统中不是固定的,用户可以根据需要增加、删除和修改决策树的节点及内容;③决策树中对应的养护维修对策均必须来自标准化的养护维修对策库;④决策树模型中的各路面性能节点阈值为触发路面养护需求的必要条件,但是并非强制条件,用户如资金不足也可以选择不维修。

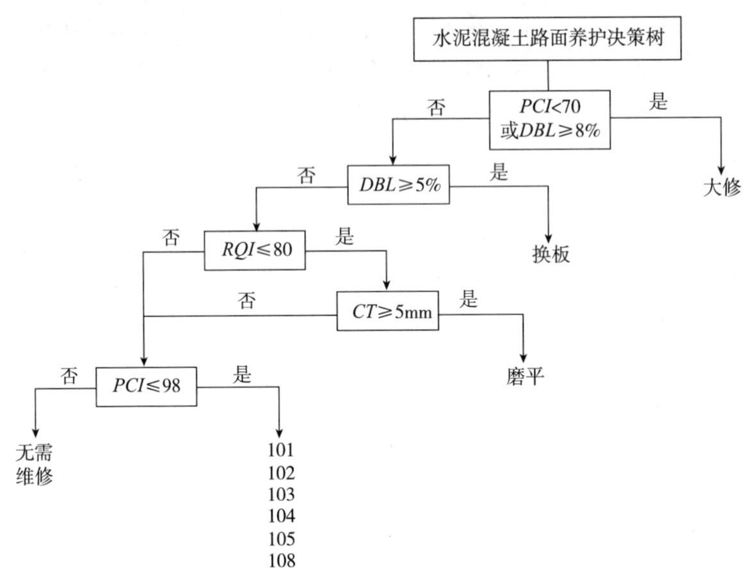

图 8-24　基于路面综合性能的水泥混凝土路面养护决策树模型

注:①决策树从上到下分层的顺序是按照指标的重要程度排序的;②水泥混凝土路面的平均错台量和断板率是很重要的指标,将整路段半幅路面平均错台量≥8mm 或 *DBL*≥8% 定为大修控制标准是参考国内外和湖南省相关工程实践的结果;③除大修标准是指路段半幅路面指标外,其他指标都是对单个车道而言;④决策树规定公里平均断板率不能超过 5%。大量研究成果表明,断板率良的下限为 5%,因此系统建议通过换板将断板率控制在 5% 以内。

三类路况：$DBL<5\%$，$PCI>70$，$RQI\leqslant80$，平均错台量$\geqslant$5mm；

四类路况：$DBL\geqslant5\%$且$DBL\leqslant8\%$，$PCI\geqslant70$；

五类路况：$PCI<70$或$DBL\geqslant8\%$。

每一类路况具有共同的属性，也具有同样的养护维修建议对策，因此，系统在养护需求分析时，统计了各类路况的具体数量。

路面养护管理常常受到资金、路面性能的约束，这时就将涉及各对策、各方案之间的经济效益比选问题。

路面养护维修对策实施后获得的经济效益包括部门效益和用户效益两大部分。部门效益指的是由于养护维修对策的实施道路养护维修部分维修费用的节省，而用户效益指的是由于养护维修对策实施后，路面服务水平提高，用户车辆损耗和油耗的节省。由于用户效益难以量化，一般效益计算只计算部门效益。而部门效益与路面性能水平有密切关系，鉴于此，本系统引入效果费用比的计算模型。

养护维修措施的全寿命周期效果的计算可用式(8-7)计算：

$$E=\int_{t_0}^{t_1}[PPI_{未修}(t)-PPI_{修后}(t-t_0)]\mathrm{d}t+\int_{t_1}^{t_i}[PPI_{修后}(t-t_0)-PPI_{限值}]\mathrm{d}t \tag{8-7}$$

式中：t_0——养护维修方案实施的时间；

$PPI_{限值}$——路面最低允许服务水平；

t_1——未实施养护维修时路面性能自然衰减达到最低允许服务水平的时间；

t_i——实施养护维修后路面性能自然衰减达到最低允许服务水平的时间。

因此，效果费用比按式(8-8)计算：

$$ECR=E/C \tag{8-8}$$

式中：E——养护维修措施的效果，按式(8-7)计算；

C——养护维修成本，其为养护维修措施单价乘以工程量。

在制订高速公路路面养护维修计划时，经常遇到的就是养护维修资金需求会大大超出预算限制，这时就要进行养护维修对策、养护维修路段之间的取舍问题。这时就要通过排序的方法来确定方案之间的先后顺序，效果费用比较好的路段具有资金优先分配权[251]。

各路段养护对策的全寿命效果费用比排序可按式(8-6)计算：

$$\Delta PPI_{ij全}=\int_{t_0}^{t_j}PPI_{ij}\mathrm{d}t-\int_{t_0}^{t_1}PPI_{i\mathrm{d}}\mathrm{d}t \tag{8-9}$$

$$\Delta PQI_{ij全}=w\times\Delta PPI_{ij} \tag{8-10}$$

$$ECR_{ij全}=\frac{PQI_{ij}}{C_j} \tag{8-11}$$

式中：$\Delta PQI_{ij全}$——第i类路段实施j对策全寿命效果，即实施j养护对策后路面使用性能指数达到限值年限的路面使用性能累积提高值；

t_0——实施综合养护的时间点；

t_1——日常养护下路面使用性能指数达到限值的年限；

t_j——实施养护对策后路面使用性能指数达到限值的年限；

$ECR_{ij全}$——第i类路段实施j养护对策的全寿命费用比；

C_j——j 养护对策单价。

2)年度计划列表

系统提供了年度计划列表管理、日常养护细目、日常养护细目执行、定期检测和调查数据、工程量预测方案、工程量预测方案细目、年度计划方案、计划方案对策、计划方案对策细目管理等功能,如图 8-25 所示。

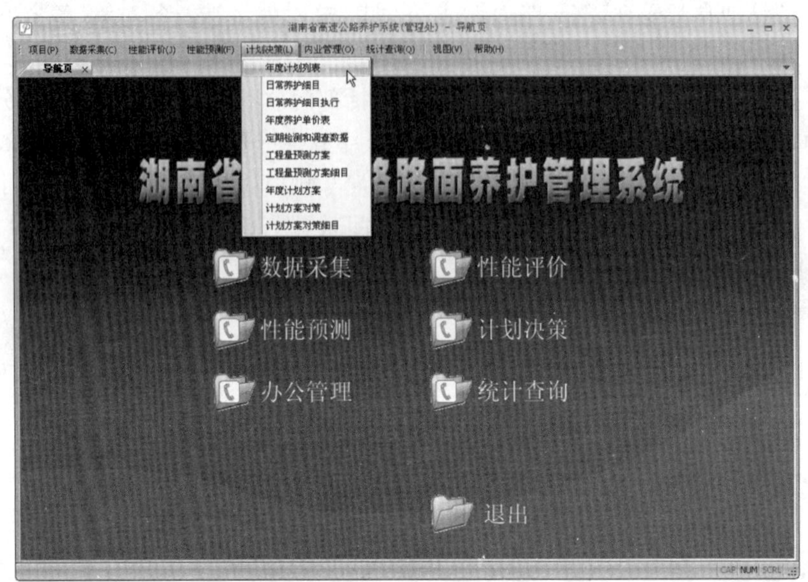

图 8-25　计划决策界面

“年度养护计划”在系统里面又名“批准年度计划”,记录了管理处养工科的年度计划编制表信息,可用于年度计划的编制管理。

点击“年度养护计划”菜单就会进入“批准年度计划”界面,先输入目标年度、备注信息,点击“添加”按钮,系统则在批准年度计划列表中显示当前添加的年度计划列表信息。

如果要修改年度计划列表,则可在年度计划列表中选择要修改的年度计划列表,然后在编辑框中修改要修改的项,点击“修改”按钮即可。

如果要删除年度计划列表,请在年度计划列表中选择要删除的年度计划列表,然后点击“删除”按钮,系统提示删除成功,并在列表中清除要删除的项。

批准年度计划分为两个部分:一部分是编辑区(右侧),另一部分是显示区(左侧)。添加完进入批准年度计划以后,会看见左侧上角有批准年度计划字样,点击 + 号,下面会出现批准年度计划包含的子项目,分为维修保养、专项工程与大修工程三大功能项,如图 8-26 所示。

3)年度养护单价表

点击“计划决策”菜单中的“年度养护单价表”,进入如图 8-27 所示界面。

选择年度计划周期,然后在养护维修单价编辑区选择项目类型、输入单位、单价、备注信息,然后单击“添加”按钮,系统将当前信息添加到养护维修单价列表中。

如果要修改某一条养护维修单价信息,可选择想修改的记录,然后修改参数,点击“修改”按钮即可。

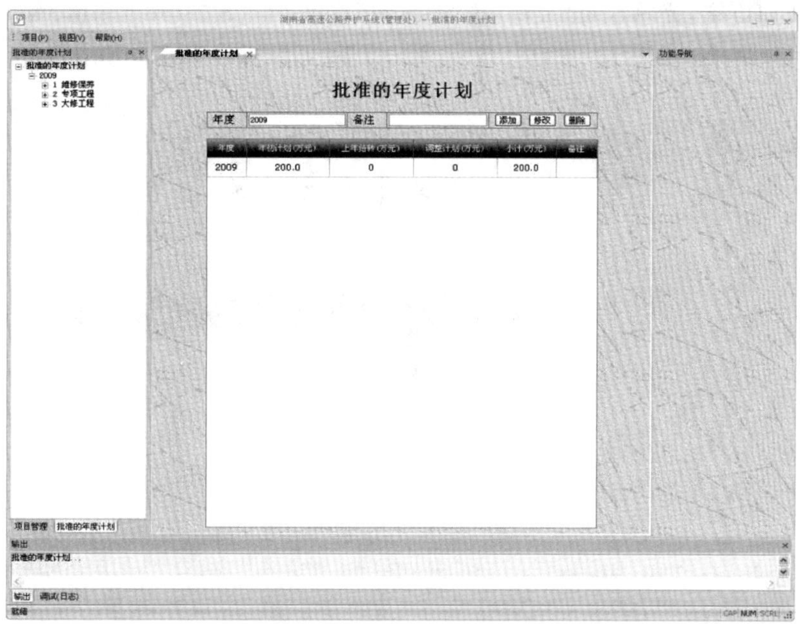

图 8-26　批准年度计划细目界面

图 8-27　养护维修单价表编辑界面

如果要删除养护维修单价信息，只要选中要删除的单价条，然后点击"删除"按钮即可删除想要删除的项。

4) 工程量预测方案

工程量预测方案管理用于用户针对指定年度预测工程量方案(一个年度计划可以有多个工程量预测方案)的管理(包括添加、删除、修改)，面向的用户为管理处养工科计划工程师。

点击“计划决策”菜单中的“工程量预测方案”进入如图8-28所示界面。用户选择年度计划,输入工程量预测方案相关信息,点击“添加”后,系统保存工程量预测方案。

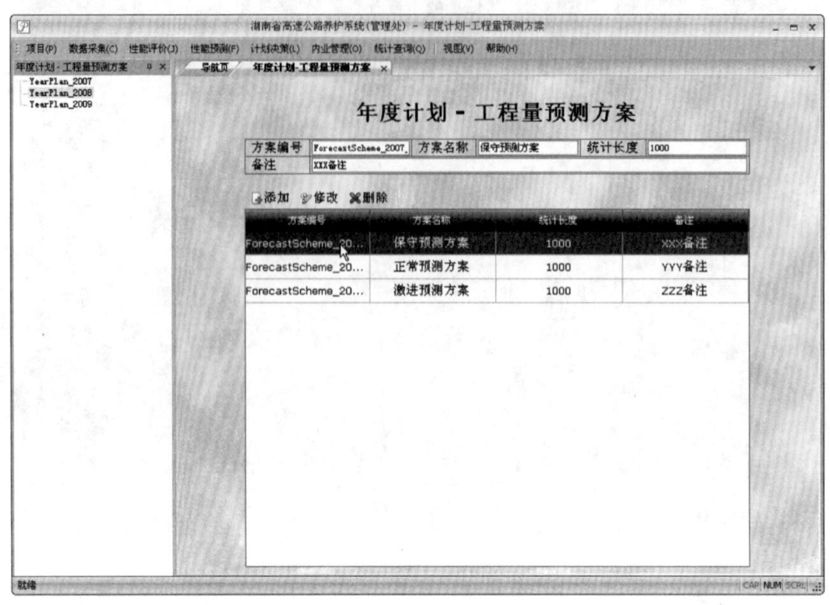

图8-28　工程量预测方案编辑

如果要修改工程量预测方案,则在方案列表中选择要修改的工程量预测方案,然后编辑要修改的项,点击“修改”按钮即可。

如果要删除某一工程量预测方案,则只要选中要被删除的方案,然后点击“删除”按钮即可。

5)工程量预测方案细目

工程量预测作为用户选择养护方案的基础,面向的用户为管理处专业工程师。用户选择工程量预测方案,指定统计长度,根据细目内容(21种沥青路面损坏、20种水泥路面损坏、路面平整度、路面车辙、路面抗滑性能、路面结构强度、路基损坏、桥隧构造物损坏、沿线设施损坏等)打印分段统计表,按统计区间选择预测模型,计算出各细目各统计区间预测工程量。

点击“计划决策”菜单中的“工程量预测方案细目”进入如图8-29所示界面。用户选择病害类型,选择预测模型和基本预测模型,点击“基本预测模型运用”后,点击“修改”后保存数据。

6)年度计划方案

在日常养护数据、检测数据、年度养护单价、工程量预测方案做完后,可进行年度计划方案的编制。根据资金约束和性能约束条件,进行年度计划方案的设置。

年度计划方案用于用户对指定年度的年度计划方案(一个年度可以有多个年度计划方案)的管理。

点击“计划决策”菜单中的“年度计划方案”进入图8-30所示界面。

选中年度计划,输入年度计划方案的相关信息,点击“添加”按钮增加一个年度计划方案,如果有多个方案,则重复以上步骤即可。

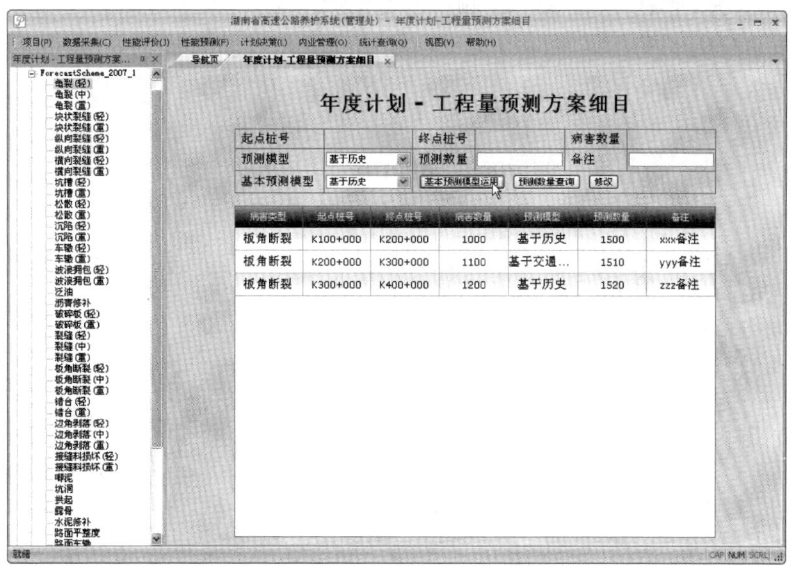

图 8-29 工程量预测方案细目界面

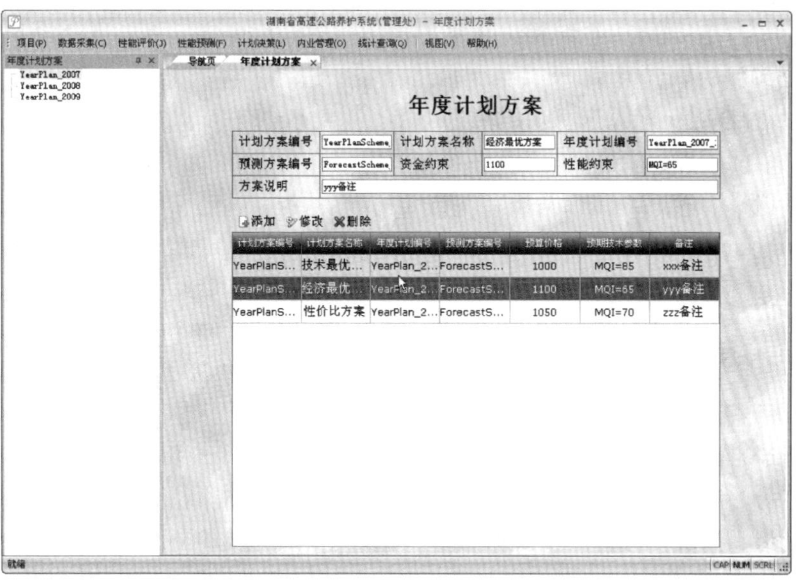

图 8-30 年度计划方案编辑界面

如果要编辑某个方案的相关数据，只要选择当前要修改的方案，然后在编辑区修改相应的信息，再点击“修改”按钮即可。

如果用户要删除某一个方案，只需选中要被删除的年度计划方案，然后在工具条上点击“删除”按钮即可。

7）年度养护计划辅助决策流程

路面性能的决策指标采用路面使用性能指数 *PQI* 作为控制性指标。本系统年度养护计划辅助决策功能实现的基本流程如下。

第一步:基于路网整体路面性能预测值制定网级决策目标。

网级决策目标的制定者是湖南省交通运输厅和湖南省高速公路管理局,只要网级路面性能养护目标大于计划年度末在自然衰减下网级路面性能的预测值,均为可选的合理的目标。因此,为辅助网级决策者合理制订养护目标,系统自动提示以下参考值:

(1)路网当前路面性能平均值 *PQI* 路网现值;

(2)自然衰减下路网计划年度路面性能预测值 *PQI* 路网现值;

(3)历年来路网整体 *PQI* 与总投资费用的关系曲线,通过该关系曲线,网级决策者能大致估算出计划年度在一定 *PQI* 养护目标值下所需要的总投资额。

第二步:一定网级养护目标下,项目级分项养护目标的确定。

网级养护目标是通过项目级养护分目标来具体实现的,项目级养护目标的确定,存在各项目级路段之间的相互竞争问题,这时需要考虑各项目级路段路面性能现状、计划年度内的自然衰减率等因素的影响,对项目级分项养护目标进行合理确定。本系统采用了基于多对象、多因素评价模型的线性分配法来合理确定项目级养护目标。

在进行各项目级养护目标线性分配时,必须首先剔除掉两类路段不参与分配,主要包括:

(1)路段路面性能良好或仍处于缺陷责任期,只需进行维修保养的路段,其路面使用性能自然衰减。这些路段可由系统根据决策树模型自动计算剔除。

(2)根据预测决策树模型,项目级所辖路段需要进行整体大修的路段应单独决策,分两种情况。第一种情况决定大修,则该路段的计划年度末的 $PQI = 100$,该路段不参与线性分配优化;第二种情况推迟大修,该路段可参与线性分配优化。

第三步:项目级养护目标的调整。

项目级分项养护目标的优化确定后,网级决策者可以在优化分配结果的基础上进行调整。调整后的养护目标值就确定下来了,其他部分项目路段进行再次优化分配,直至辅助决策者确定好满意的项目级养护目标后,可进入下一步流程。

第四步:一定路面性能约束条件下的项目级路段养护维修方案优化。

当项目级养护目标被最终确定下来以后,各项目级用户则根据决策树模型、预测模型和排序模型进行项目级方案的优化,效果费用比排序较前的养护对策和路段被优先考虑。此时随着路面养护维修措施的实施,路面性能得到部分恢复和提高,当整体路面性能达到养护目标后,系统将不再安排进行养护维修,这些待维修项目将积转至下一年度。此时得到的养护资金需求是要达到养护目标的最低资金需求。

第五步:项目级用户上报年度计划。

第六步:网级用户汇总年度计划,由网级决策者判断资金总需求是否突破总预算。如没有突破预算,则年度养护计划获得批准,否则重新回到第一步,重新制订新的养护目标。

8.3.10 内业管理

内业管理分为施工任务单管理、专项工程管理、合同管理,这些只是辅助养护人员进行的养护办公管理。

系统主界面如图 8-31 所示。

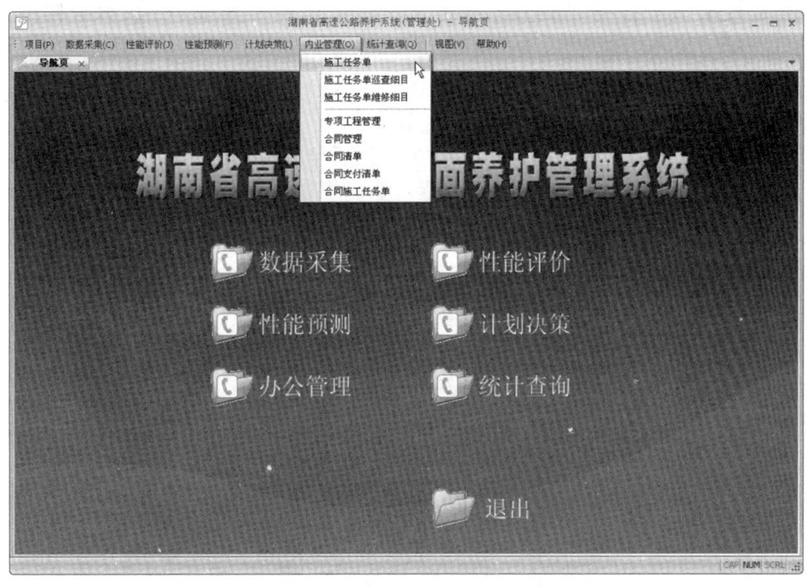

图 8-31　内业管理主界面

1)施工任务单

施工任务单用于用户针对不同合同、不同的发包方式,填写不同类别的、规范化的施工任务单表格,并下发给施工承包方。

点击“内业管理”菜单中的“施工任务单”进入如图 8-32 所示的界面。

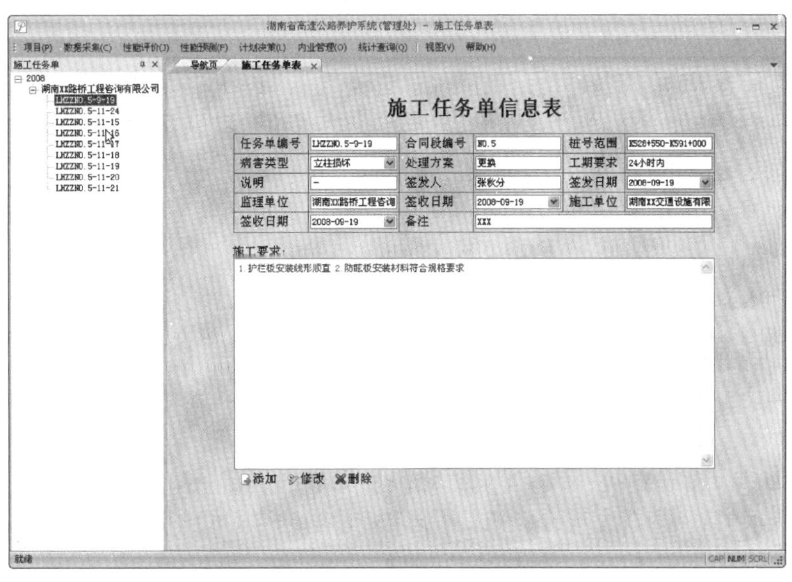

图 8-32　施工任务单信息表管理界面

在系统界面中输入任务单编号、合同段编号、桩号范围、病害类型、处理方案、工期要求、说明、签发人、签发日期、监理单位、签收日期、施工单位、施工单位签收日期、备注信息、施工要求后,点击“添加”按钮,系统则添加一张施工任务单信息表。

如果要修改某张施工任务单信息表，可选取某张施工任务单，在编辑区修改需要修改的项目，然后单击“修改”按钮即可。

如果要删除某一张施工任务单，用户选中某一张施工任务单，然后在工具条栏中点击“删除”按钮即可。

2）施工任务单巡查细目

点击“内业管理”菜单中的“施工任务单巡查细目”进入如图8-33所示的系统界面。

图8-33　施工任务单巡查明细界面

选中施工任务单，输入各种检索条件，按“巡查检索”按钮检索出满足条件的数据，然后可以利用“全选”“清空”“反选”按钮来设置需要选择的数据。在选择数据后，按“添加关联”按钮，备选列表中的数据将被添加到已选巡查细目列表中。

如果要取消关联，则在已选巡查细目列表中用“全选”“清空”“反选”按钮选择或取消要被取消的巡查细目数据，然后单击取消关联即可。

3）施工任务单维修细目

点击“内业管理”菜单中的“施工任务单维修细目”进入如图8-34所示的系统界面。

选中施工任务单，输入各种检索条件，按“维修检索”按钮检索出满足条件的数据，然后可以利用“全选”“清空”“反选”按钮来设置需要选择的数据。在选择数据后，按“添加关联”按钮，备选列表中的数据将被添加到已选维修细目列表中。

如果要取消关联，则在已选维修细目列表中用“全选”“清空”“反选”按钮选择或取消要被取消的维修细目数据，然后单击取消关联即可。

4）专项工程管理

专项工程管理用于用户在收到上级主管部门批准的年度计划后管理本年度的所有专项工程，面向的用户为管理处养工科年度计划负责人。

点击“内业管理”菜单中的“专项工程管理”进入如图8-35所示的界面。

图 8-34　施工任务单维修明细界面

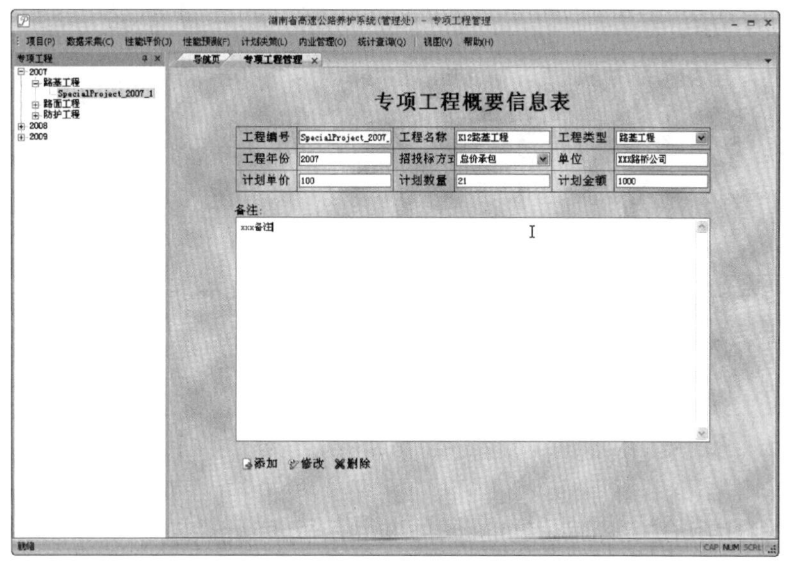

图 8-35　专项工程管理界面

在系统界面中输入工程编号、工程名称、选择工程类型、选择工程年份、选择招投标方式、输入单位、计划单价、计划数量、计划金额后，点击“添加”按钮，系统则添加一个专项工程。

如果要修改某专项工程，可选取某专项工程，在编辑区修改需要修改的项目，然后单击“修改”按钮即可。

如果要删除某专项功能，用户选中某专项工程，然后在工具条栏中点击“删除”按钮即可。

5)合同管理

合同段管理用于用户针对每个工程进行标段划分后,填写合同概要信息,面向的用户为管理处养工科各专业工程师,没有具体合同的可以虚拟合同进行添加管理。

点击“合同管理”进入如图8-36所示的界面。

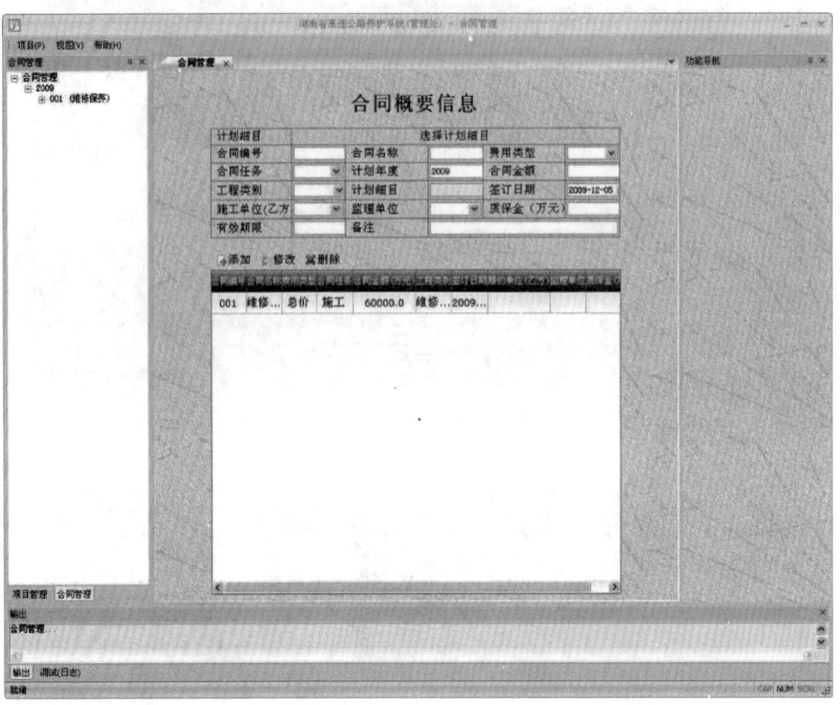

图8-36　合同管理界面

录入合同段编号、合同段名称、费用类型、合同任务、计划年度、合同金额、工程类别、计划细目、签订日期、施工单位、监理单位、质保金、有效期限、备注信息,然后单击工具条上的“添加”按钮就能添加一个合同的概要信息。

如果要修改合同概要信息,只要选中要修改的合同,然后在编辑区修改合同的概要信息,再点击“修改”按钮即可。

如果要删除某一合同,则只要选中合同,然后单击“删除”按钮即可。

注意事项:①计划细目一定要选择,不然计量的金额就不能从批准年度计划里的项目中支出;②计划细目选择一定要选择最下面的小细目,不能选含有小细目的子项,可以多项选择小项(例如要选择路基工程,就要选择下面的小项目,把2.1.1、2.1.2、2.1.3选择打钩),不同子项间的小细目也可以多项选择,如图8-37所示界面。

6)合同工程量清单

点击选择具体某一合同,点合同工程量清单进入如图8-38所示的界面。合同工程量清单是合同的重要组成部分,也是计量支付的重要依据。

选择编号(自己编写)、细目、单位、单价、数量、备注信息,然后单击工具条上的“添加”按钮就能添加一个合同工程量清单信息。

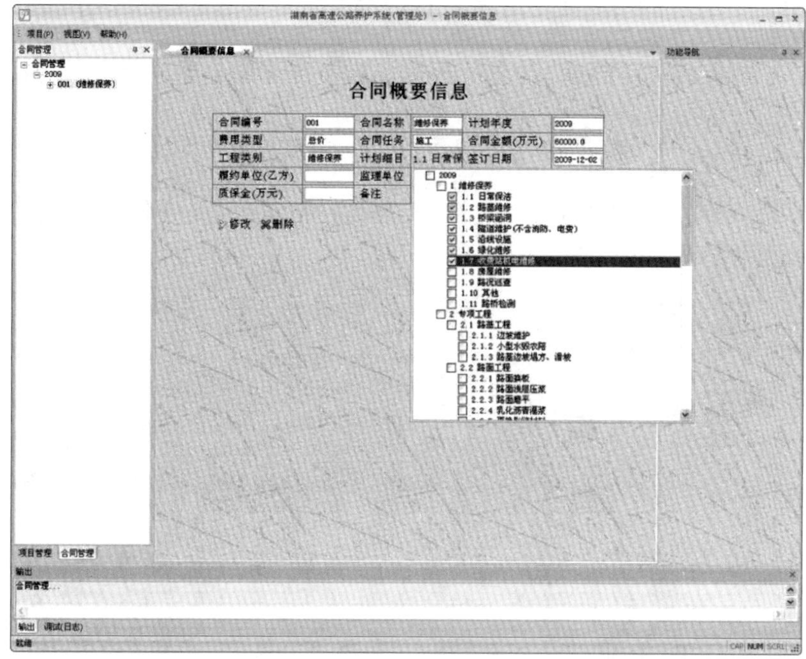

图8-37 合同概要信息选择计划细目界面

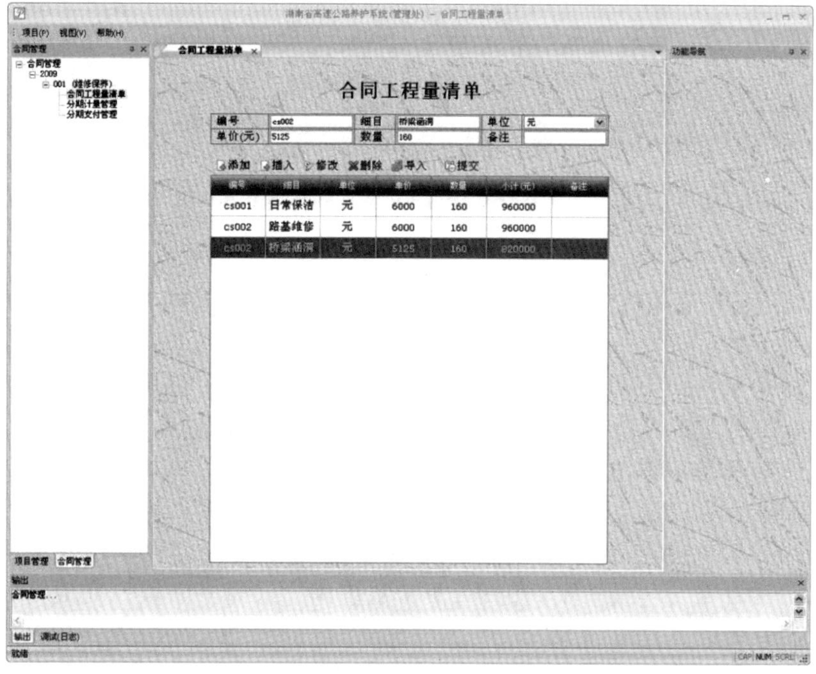

图8-38 合同工程量清单界面

如果要修改合同工程量清单信息，只要选中要修改的细目项，然后在编辑区修改细目信息，再点击“修改”按钮即可。

如果要删除某一合同工程量清单细目，则只要选中某一细目，然后单击“删除”按钮即可。

添加、修改、删除后一定要点“提交”，数据才能上传至服务器，不然下次打开数据就会丢失。

7）分期计量管理

点击具体合同下的“分期计量管理”，输入分期计量编号、计量名称、计量日期、备注信息，然后点“添加”按钮，如图 8-39 所示。

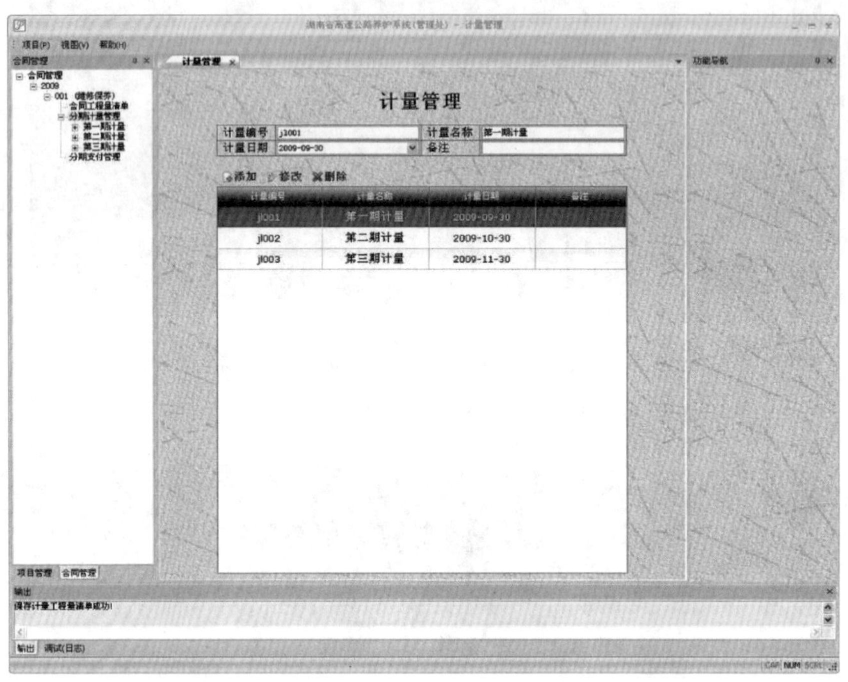

图 8-39 分期计量管理界面

如果要修改计量清单信息，只要选中要修改的细目项，然后在编辑区修改细目信息，再点击“修改”按钮即可。

如果要删除某一计量细目，则只要选中某一细目，然后单击“删除”按钮即可。

添加完分期计量清单以后进入图 8-40 所示界面，具体计量属性下拉菜单：计量清单与计量报表。选择某一具体分期计量下属菜单的计量工程量清单，输入工程信息，然后点“添加”，最后要点“提交”，将数据提交到服务器，出现图 8-41 所示界面。具体计量工程量清单也可以导入，有统一的表格形式直接导入，记录每一期计量支付所完成工程量信息。通过对分期计量工程量清单的记录，便于系统用户对每一阶段所完成的具体工程量进行统计和分析。

填完具体分期工程量清单以后，进入计量报表填写，如图 8-42 所示。计量报表信息既是管理过程中的必要环节，也是计量信息的重要组成部分，记录内容包括每期计量的总费用及这些总费用分别在哪些计划项目中列支、列支多少等信息。有了这些信息才能实现对合同任务实施过程中的控制。

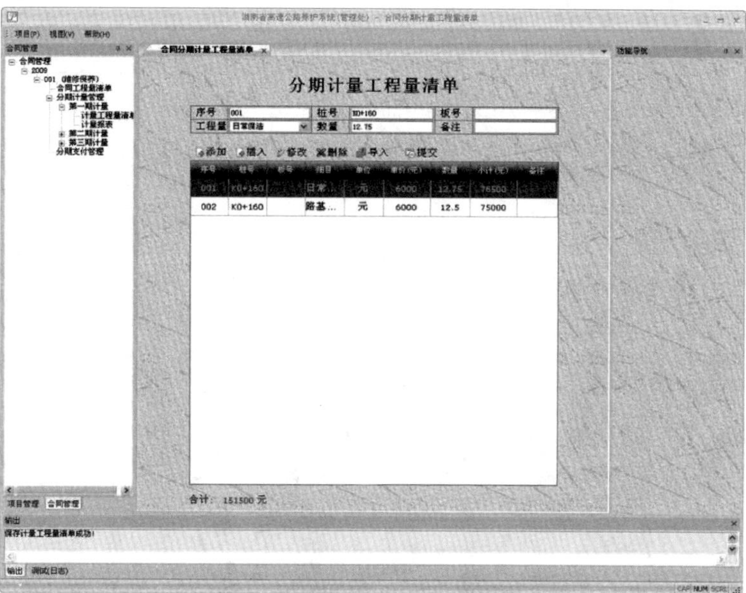

图 8-40 具体分期计量清单

图 8-41 提交成功界面

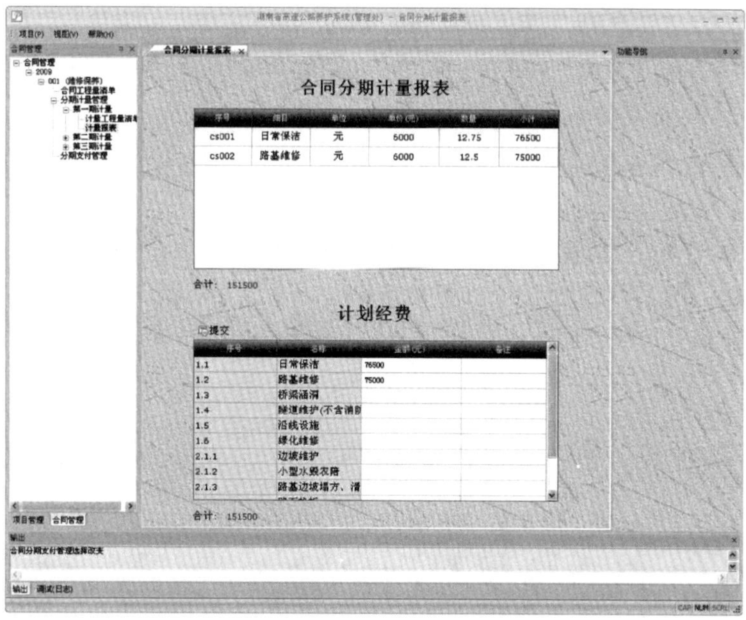

图 8-42 计量报表界面

计量报表分为上下两个区,上面区合同分期计量报表是由刚才填写的具体分期工程量清单得来;下面区计划经费明确该期计量清单费用是从哪些细目支出,必须填写,如不填写当月报表将无法产生该笔费用支出。而计划经费表显示的细目就是建立本合同时选择的计划细目,金额之间双击金额栏直接填写,最后一定要点“提交”,将数据上传至服务器。

8)合同支付清单

点击“内业管理”菜单中的“合同支付清单”进入如图8-43所示的界面。

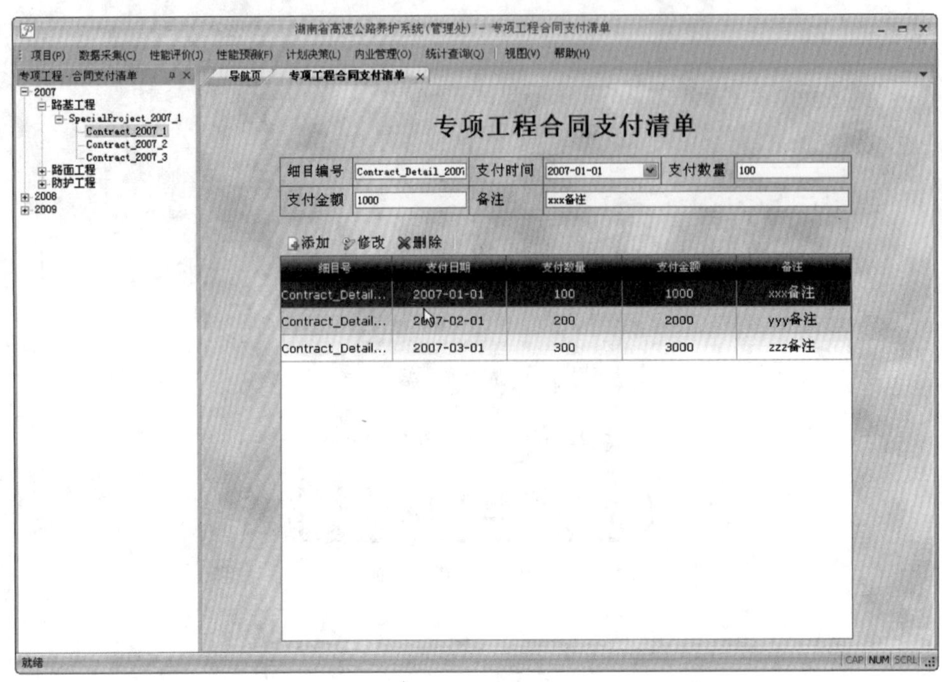

图8-43　专项工程合同支付清单管理界面

选择某一合同,然后选择细目编号、输入支付时间、支付数量、支付金额,再单击工具条上的“添加”按钮就能添加一个合同支付清单信息。

如果要修改合同支付清单信息,只要选中要修改的细目项,然后在编辑区修改细目信息,再点击“修改”按钮即可。

如果要删除某一合同支付清单细目,则只要选中某一支付细目,然后单击“删除”按钮即可。

9)合同施工任务单

在建立了专项工程合同后,应将各合同及与其相对应的施工任务单建立关联关系,以便于查找。

点击“内业管理”菜单中的“合同施工任务单”进入如图8-44所示的界面。

选中合同,输入各种检索条件,按“施工任务单检索”按钮检索出满足条件的数据,然后可以利用“全选”“清空”“反选”按钮来设置需要选择的数据。在选择数据后,按“添加关联”按钮,备选列表中的数据将被添加到已选施工任务单列表中。

如果要取消关联，则在已选施工任务单列表中用“全选”“清空”“反选”按钮选择或取消要被取消的施工任务单数据，然后单击取消关联即可。

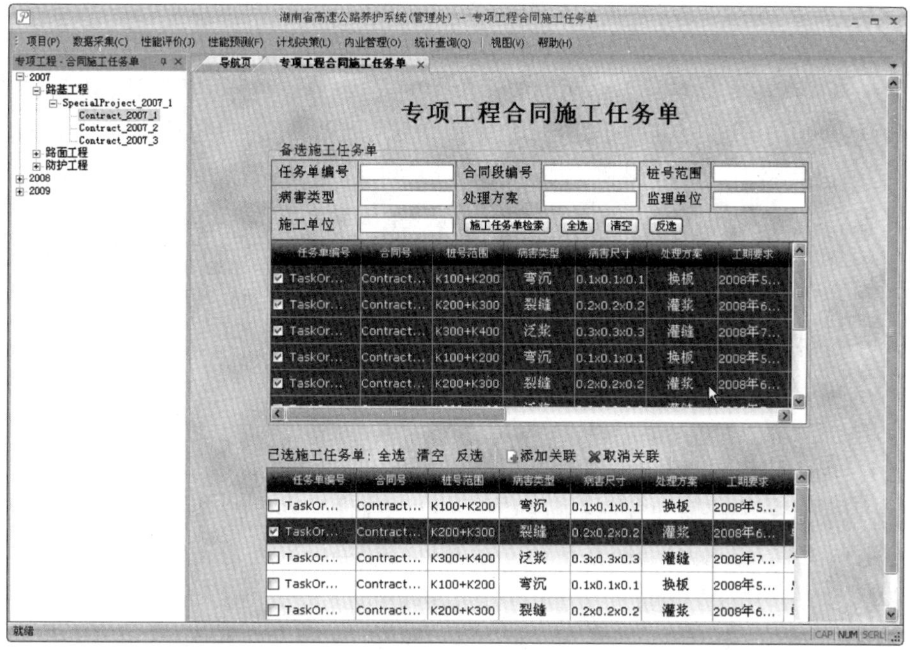

图 8-44　合同与施工任务单关联界面

参 考 文 献

[1] 曾胜. 路面性能评价与分析方法研究[D]. 长沙:中南大学, 2003.

[2] 王才保. FWD 在水泥混凝土路面性能评价中的应用[D]. 长沙:长沙理工大学,2007.

[3] 王君强. LSM 在旧水泥混凝土路面改造中的应用研究[D]. 长沙:长沙理工大学,2008.

[4] 徐立新. 道路路面性能检测和评估方法的研究与实践[D]. 南京:南京理工大学,2008.

[5] 王兴忠. 水泥混凝土路面破损评价[D]. 重庆:重庆交通学院,2006.

[6] 钱高兵. 灰色理论在旧水泥混凝土路面改造中的应用[D]. 合肥:合肥工业大学,2009.

[7] 曹剑波,周海波,杨春放. 旧水泥砼路面性能综合评价指标体系研究[J]. 公路与汽运,2007(5):84-85.

[8] 李强,潘玉利. 路面快速检测技术与设备研究进展及分析[J]. 公路交通科技,2005,22(9):35-39.

[9] 杨振丹. 半刚性基层沥青路面加铺层设计方法研究[D]. 哈尔滨:哈尔滨工业大学,2008.

[10] 喻翔,彭其渊. 公路路面检测技术的发展[J]. 交通标准化,2004(6):78-80.

[11] 侯相深,王哲人,刘振鹏. 路面损坏图像的自动采集与处理设备的技术探究[J]. 公路,2003(2):67-69.

[12]李清泉,毛庆洲,胡庆武,等. 智能道路路面自动检测车[R]. 武汉:武汉武大卓越科技有限责任公司,2004.

[13] 张仕龙. 路面无损检测技术的现状与发展[J]. 淮北职业技术学院学报,2008(1):92-93.

[14] 张国梁,叶中辰. 路面无损检测技术的现状与发展[J]. 吉林交通科技,2007(3):60-62.

[15] 梁新政,潘卫育,徐宏. 路面无损检测技术新发展[J]. 公路,2002(9):95-98.

[16] 孙壮心. 沥青路面厚度及弯沉检测技术研究[D]. 大连:大连海事大学,2009.

[17] 封晓黎. 高新技术在高速公路路面检测中的应用[J]. 公路与汽运,2006(4):62-64.

[18] 罗驰. 谈高速公路路面检测的高新技术[J]. 广东科技,2008:149-150.

[19] 侯英,潘剑萍. 浅谈高速公路沥青路面平整度的检测[J]. 科技创新导报,2010(18):32.

[20] 陈杰. 公路路面动态特性分析方法[J]. 东北公路,2001,24(4):23-26.

[21] 曾胜,吴翚,徐琦. 路面动态模量的特性分析[J]. 长沙交通学院学报,2004,20(2):34-37.

[22] 魏志刚. 水泥混凝土路面性能评价及养护维修技术研究[D]. 长沙:长沙理工大学,2007.

[23] 王振兴. 柔性路面结构层模量动力反分析研究[D]. 邯郸:河北工程大学,2009.

[24] 曾胜. 模量反算的分析原理及实现方法[J]. 湖南交通科技,2001,27(1):22-23.

[25] 刘伟,黄健超. 基于动态弯沉盆的路面模量反算方法[J]. 公路与汽运,2004(5):34-35.

[26] 吴志昂. 旧水泥混凝土路面评价与加铺改建技术研究[D]. 合肥:合肥工业大学,2005.

[27] 张艳. 广西某高速公路旧水泥混凝土路面评价与加铺设计研究[D]. 长沙:长沙理工大学,2007.

[28] 向晋源,朱湘. 基于 FWD 动态弯沉盆进行模量反算方法概述[J]. 山西建筑,2008,34(27):288-289.

[29] 王芳. 水泥混凝土路面板底脱空判别方法和处治技术研究[D]. 西安:长安大学,2009.

[30] 李宇淮. 基于 FWD 动态弯沉盆的模量反算方法简述[J]. 山西建筑,2009,35(14):262-263.

[31] 杨俊池,谢振乾,关志深. FWD 在旧水泥混凝土路面弯拉弹性模量检测中的应用研究[J]. 广东交通职业技术学院学报,2011,10(1):36-39.

[32] 李鹏. 实测弯沉盆反演路面结构层模量的研究[D]. 青岛:山东科技大学,2007.

[33] 查旭东. 基于同伦方法的路面模量反算的研究[D]. 西安:长安大学,2001.

[34] 毛杰. 基于落锤式弯沉仪数据反演的碎石化路面沥青加铺层结构特征分析[D]. 成都:西南交通大学,2010.

[35] 查旭东. 路面结构层模量反算方法综述[J]. 交通运输工程学报,2002,2(4):1-5.

[36] 张忠义. 基于 FWD 的旧水泥混凝土路面实测数据分析[J]. 华东公路,2007(1):28-31.

[37] 曹永,朱朝辉. 基于 FWD 弯沉数据的模量反算方法及影响因素[J]. 山西建筑,2007,33(35):317-318.

[38] 李志政,邢向达,孙宝峰. 野外路面动态模量反算方法综述[J]. 内蒙古公路与运输,2008(5):13-16.

[39] 郑元勋. 沥青路面动态弯沉及反算模量的温度修正研究[D]. 大连:大连理工大学,2009.

[40] 王晓文. 高速公路沥青路面结构设计的实施与反演[D]. 重庆:重庆交通大学,2011.

[41] 窦光武. FWD 测试技术在填石路基质量检测中的应用研究[D]. 西安:长安大学,2004.

[42] 曾小军. 水泥混凝土路面板底脱空识别方法研究[D]. 长沙:长沙理工大学,2008.

[43] 曾胜,王光明,张起森,等. 基于 FWD 荷载分布系数直解路面结构层模量[J]. 公路交通科技,2003,20(4):6-9.

[44] 吴晖. 水泥混凝土路面板接缝传荷能力的评定方法研究[J]. 公路与汽运,2003(4):42-43.

[45] 林杜. 基于模糊物元的水泥混凝土路面性能评价研究[D]. 长沙:长沙理工大学,2006.

[46] 许锋. 基于 FWD 检测的水泥混凝土路面结构性能指标建立综述[J]. 湖南交通科技,2004,30(2),25 39.

[47] 陈飞,张宁,林亚萍,钱振东,等. 刚性路面传力杆接缝传荷能力评价新方法[J]. 交通运输工程学报,2006,6(4):47-51.

[48] 查旭东. 基于反算模量的接缝传荷能力的评价[J]. 中外公路,2002,22(2):5-7.

[49] 万捷. 水泥混凝土路面板底脱空检测及防治技术研究[D]. 西安:长安大学,2007.

[50] 赵茂才,刘德海,郑传锋,等. 水泥混凝土路面板下基层不均匀支撑成因分析[J]. 公路交通科技,2005,22(6):94-97.

[51] 韩西,陈上均,钟厉,等. 混凝土路面板脱空检测方法综述[J]. 重庆交通学院学报,2006,25(4):73-101.

[52] 潘名伟. 水泥混凝土路面脱空识别技术研究[D]. 郑州:郑州大学,2007.

[53] 邱丽章,王端宜.水泥混凝土路面脱空及其检测方法[J].中南公路工程,2007,32(3):106-108.

[54] 陈华.水泥混凝土路面病害的防治与维修技术研究[D].重庆:重庆交通大学,2008.

[55] 李野.基于有限元分析的水泥路面板下脱空评价技术研究[D].哈尔滨:东北林业大学,2008.

[56] 马艳兵.水泥混凝土路面面板脱空判定及压浆治理方法研究[D].重庆:重庆交通大学,2010.

[57] 彭富强,何佳.乳化沥青灌浆技术在公路路面板底脱空中的应用[J].交通标准化,2010(226),131-135.

[58] 孟学文.水泥混凝土路面板底脱空检测技术研究[J].科学之友,2012(12).

[59] 曾胜,曾小军,许佳.水泥混凝土路面板角脱空判定指标[J].中南大学学报,2009,40(1):248-255.

[60] 邹凌,黄斌,吴浪.浅谈 FWD 与贝克曼梁弯沉检测方法[J].广东建材,2010(2):95-96.

[61] 何振星.路桥损伤及破坏中若干力学问题的研究[D].太原:太原理工大学,2008.

[62] 董元帅,唐伯明,朱洪洲.FWD 脱空检测评定方法研究[C]//自主创新与持续增长第十一届中国科协年会论文集(3),2009:1-6.

[63] 马娟.沥青路面运营初期关键指标与评价标准研究[D].西安:西安建筑科技大学,2012.

[64] 王光军.沥青路面运营初期关键指标竣工评定标准研究[D].西安:长安大学,2013.

[65] 刘兵.新疆地区半刚性基层沥青路面病害成因分析[D].西安:长安大学,2013.

[66] 曾凡奇,张四伟,程霞.FWD 和贝克曼梁在路面检测中的相关关系分析[J].公路,2001(9),131-133.

[67] 鲍远骥.公路土基回弹模量分析与研究[D].西安:长安大学,2003.

[68] 曾胜,王光明,张起森.落锤式弯沉仪在高速公路路基施工控制中的应用研究[J].公路,2003(8):125-127.

[69] 张向阳,王光明.FWD 和贝克曼梁在路基弯沉检测中的相关性分析[J].中南公路工程,2004,29(2):76-78.

[70] 姚毓君.高速公路沥青路面早期破坏现象分析[J].山西建筑,2002,28(11):118-119.

[71] 江厚权.公路沥青路面车辙成因及修补方案[D].天津:天津大学,2008.

[72] 王栋.沥青路面辙槽产生原因及防治措施浅析[J].科技信息,2012(22):320-324.

[73] 惠冰.沥青路面车辙破坏模式识别、多维度指标评价与预测研究[D].西安:长安大学,2013.

[74] 李少斌.MLS-13PTR 多功能激光路面检测仪检测指标的相关性研究[D].长沙:长沙理工大学,2013.

[75] 张方方.沥青混合料抗车辙性能研究[D].西安:长安大学,2004.

[76] 路明周.沥青混合料高温抗车辙性能的试验研究[D].兰州:兰州理工大学,2008.

[77] 中华人民共和国交通运输部门计量检定规程.JJG 076—2010 车载式路面激光车辙仪[S].北京:人民交通出版社,2010.

[78] 王俊杰. 基于预防性养护的高速公路沥青路面使用性能评价和预测模型研究[D]. 北京:北京交通大学,2009.
[79] 李娜. 公路沥青混凝土路面预防性养护使用性能预测与决策模型的研究[D]. 北京:北京交通大学,2010.
[80] 贾栋,徐树标. 公路路面养护质量检测技术[J]. 华东公路,2010(5):14-18.
[81] 李明月. 基于全寿命周期的高速公路路面维护方案的优化[D]. 保定:河北农业大学,2012.
[82] 李东升. 高比例 RAP 厂拌热再生沥青混合料应用技术研究[D]. 广州:华南理工大学,2012.
[83] 汪恩军. 高等级公路车辙自动检测系统研制[D]. 武汉:武汉理工大学,2007.
[84] 吴海艳. 路面车辙特征提取与计算方法研究[D]. 哈尔滨:哈尔滨工业大学,2007.
[85] 邢彦青. 沥青陶粒混凝土性能研究[D]. 青岛:中国海洋大学,2009.
[86] 武艳萍. 公路路面破损及其相关检测[J]. 交通世界(建养·机械),2012(21):106-107.
[87] 中华人民共和国行业标准. JTG H20—2007 公路技术状况评定标准[S]. 北京:人民交通出版社,2008.
[88] 方翠. 对称式线激光路面车辙检测技术研究[D]. 西安:长安大学,2010.
[89] 马荣贵,马建,宋宏勋. 路面车辙激光检测技术研究[J]. 养护机械与施工技术,2007(4):30-32.
[90] 朱栋. 浅谈线激光车辙仪检测路面车辙技术[J]. 中小企业管理与科技,2008(10):212-213.
[91] 王鑫,唐振民. 一种新的自动路面车辙检测方法[J]. 计算机工程与应用,2008,44(10):246-248.
[92] 朱罡,薛敏. 浅谈 JG-1 型激光三维路面状况检测系统的应用[J]. 山西建筑,2007,33(22):280-281.
[93] 郭峰伟,钟兆珅,岳学军. 浅议高速公路车辙的检测与评价[C]//节能环保 和谐发展——2007 中国科协年会论文集,2007:1-4.
[94] 王超,初秀民,王荣本. 路面破损图像识别研究进展[J]. 吉林工业大学学报:工学版,2002,32(4):91-97.
[95] 陆健. 图像系统在路面破损检测中的应用研究[D]. 南京:东南大学,2006.
[96] 高建贞. 基于图像分析的道路病害自动检测研究[D]. 南京:南京理工大学,2003.
[97] 巩小波. 路面图像病害自动检测算法的研究[D]. 南京:南京理工大学,2003.
[98] 王文强. 连续配筋混凝土路面裂缝宽度图像分析[D]. 长沙:长沙理工大学,2004.
[99] 王晨. 路面病害自动检测系统的改进和相关算法的研究[D]. 南京:南京理工大学,2006.
[100] 韩杰. 路面病害图像自动分类方法研究与分析[D]. 南京:南京理工大学,2007.
[101] 何靓俊. 基于图像处理的沥青路面裂缝检测系统研究[D]. 西安:长安大学,2008.
[102] 孙奥. 路面病害图像自动分类方法研究[D]. 南京:南京理工大学,2008.
[103] 郭春华. 基于图像分析的跨座式单轨交通 PC 轨道梁面裂纹检测研究[D]. 重庆:重庆

大学,2011.
[104] 王建锋.激光路面三维检测专用车技术与理论研究[D].西安:长安大学,2010.
[105] 盛灿花.路面平整度特性研究[D].长沙:湖南大学,2005.
[106] 李拔.车板相互作用及其对水泥混凝土路面开裂的影响研究[D].重庆:重庆交通学院,2002.
[107] 中华人民共和国交通运输部门计量检定规程. JJG 075—2010 车载式路面激光平整度仪[S].北京:人民交通出版社,2010.
[108] 苏世毅.考虑路面平整度因素的车辆一道路耦合系统动力特性分析[D].重庆:重庆交通大学,2008.
[109] 谭英.路面平整度定量控制的研究[D].西安:长安大学,2005.
[110] 郭筱穆.季冻地区水泥混凝土路面抗滑构造研究与应用[D].西安:长安大学,2006.
[111] 王野平.论轮胎与路面间的摩擦[J].汽车技术,1999(2):10-14.
[112] 刘建华.路面抗滑性能检测与评价技术研究[D].郑州:郑州大学, 2002.
[113] 唐宏.汽车轮胎在泥泞路面行驶过程三维有限元计算[D].武汉:华中科技大学,2006.
[114] 刘柳.露石水泥混凝土路面表面性能研究[D].重庆:重庆交通大学,2008.
[115] 朱洪涛.水泥混凝土路面抗滑机理及测试技术研究[D].西安:长安大学,2009.
[116] 何光兵.高速公路沥青路面预防性养护研究[D].西安:长安大学,2012.
[117] 胡亚男.沥青路面纵向抗滑性能检测与评价技术研究[D].郑州:郑州大学,2009.
[118] 桂志敬.公路路面动态摩擦系数相关性研究[D].西安:长安大学,2012.
[119] 刘建华,周峰.国际摩阻指数 IFI 应用技术探讨[J].中外公路,2003,23(3):66-67.
[120] 刘柳.露石水泥混凝土路面表面性能研究[D].重庆:重庆交通大学,2008.
[121] 曹平.表面形貌与污染物对沥青路面抗滑性能影响的研究[D].武汉:武汉理 工大学,2009.
[122] 刘洪辉.水泥混凝土路面抗滑性能评价指标与方法研究[D].西安:长安大学,2009.
[123] 武丽丽,李继生,雷淑英.路面横向力系数测试系统[J].天津科技大学学报, 2004,19(4):54-56.
[124] 王劲松,王玮,王选仓. Safegate 摩擦系数测试车应用研究[J].河南交通科技,2000,20(2):23-27.
[125] 郑木莲,陈拴发,王选仓,等.纵向摩擦系数在路面抗滑性能评价中的应用[J].长安大学学报:自然科学版,2005,25(4):9-12.
[126] 朱霞,张爱勤,王春生,等.公路工程试验检测人员业务考试模拟练习与题解[M].北京:人民交通出版社,2012.
[127] 赵金云,汪洁.公路工程检测技术[M].北京:北京理工大学出版社,2011.
[128] 邵春梅.路面摩擦系数检测方法及纵、横向摩擦系数关联性研究[D].西安:长安大学,2011.
[129] 王震,冯小雨,王培伦.高等级公路改扩建工程路基病害类型及成因[J].公路与汽运,2013(6):146-149.

[130] 李文. 路基沉陷劈裂注浆处治试验研究及力学参数计算[D]. 长沙:长沙理工大学,2013.

[131] 蔡宏伟. 高等级公路桥头跳车的原因分析与防治措施[J]. 山西科技报,2009(A07):1-2.

[132] 魏道新. 半刚性基层沥青路面损坏模式与结构优化研究[D]. 西安:长安大学,2010.

[133] 李坦. 严寒地区客运专线路基冻胀控制与施工技术[J]. 铁道建筑技术,2011(11):39-42.

[134] 任民. 高纬度严寒地区高速铁路路基冻胀原因分析及处理措施[J]. 科技信息,2012(14):340.

[135] 杨喜峰. 公路路基的主要病害及处治方法[J]. 黑龙江交通科技,2012(11):147.

[136] 王晓冰. 深圳市公路路基养护质量评价及预测研究[D]. 西安:长安大学, 2012.

[137] 胡玉理. 探地雷达地下目标特征提取与识别[D]. 长沙:国防科学技术大学,2009.

[138] 张立国. 浅地层探地雷达信号处理机的 DSP 实现[D]. 成都:电子科技大学,2003.

[139] Harry M Jol. 探地雷达理论与应用[M]. 北京:电子工业出版社,2011.

[140] 李鹏. 探地雷达数据采集和显示的实现[D]. 成都:电子科技大学,2004.

[141] 杨兆良. 探地雷达信号处理及软件研制[D]. 成都:电子科技大学,2005.

[142] 李文超. 超宽带探地雷达探测性能及数据处理方法研究[D]. 成都:成都理工大学,2007.

[143] 李冬梅. 隧道掌子面前地质状况探测方法研究[D]. 沈阳:沈阳工业大学,2008.

[144] 赵百杰. 探地雷达检测高速公路路基工程量[J]. 石家庄铁道学院学报:自然科学版,2008(4):84-88.

[145] 杨剑. 电磁波生命探测方法研究[D]. 成都:成都理工大学,2009.

[146] 王磊. 探地雷达抑制射频干扰技术研究[D]. 长沙:国防科学技术大学,2009.

[147] 王昭. 穿墙雷达动目标检测与定位方法研究[D]. 成都:电子科技大学,2008.

[148] 李漩. 基于 MCMC 盲反卷积的探地雷达系统校准方法研究[D]. 长沙:国防科学技术大学,2007.

[149] 梁可尊. 超宽带探地雷达浅层目标探测技术研究[D]. 广州:华南理工大学,2013.

[150] 李冬梅. 岩溶隧道施工超前地质预报方法研究[D]. 北京:北京交通大学,2006.

[151] 李蔷. 超宽带频率步进信号在穿墙雷达中的应用[D]. 南京:南京理工大学,2008.

[152] 何永波. 超宽带雷达回波信号微动特征识别研究[D]. 成都:成都理工大学,2009.

[153] 雷文太,曾胜,赵健,等. 探地雷达对两层介质中目标的快速后向投影成像方法[J]. 电子与信息学报, 2012,34(5):1045-1050.

[154] 李建阳. 高分辨 SAR 成像技术研究[D]. 长沙:国防科学技术大学,2006.

[155] 何瑞珍. 探地雷达检测土壤物化质量的关键技术研究[D]. 徐州:中国矿业大学(北京),2011.

[156] 廉飞宇. 大型平房仓储粮水分分布的电磁波检测理论与方法研究[D]. 上海:上海大学,2012.

[157] 周飞. 仓外探测小麦密度及数量的反演研究[D]. 郑州:河南工业大学,2010.

[158] 廉飞宇,李青,白浩. 一种大规模粮堆介电常数测量方法[J]. 兰州理工大学学报,2010,36(6):89-93.

[159] 陈德莉. 探地雷达地下目标 ROI 提取算法研究[D]. 长沙:国防科学技术大学,2003.

[160] 曾媛媛. 探地雷达浅层小目标回波信号处理方法研究[D]. 成都:电子科技大学,2008.

[161] 蒲智明,张红珠. 高等级公路路基施工压实度检测控制方法的探讨[J]. 山西交通科技,2005(2):13-17.

[162] 范晓. 土的结构特征对其路用技术性能的影响研究[D]. 呼和浩特:内蒙古农业大学,2010.

[163] 史建峰. 路基压实度检测方法比较[J]. 山西建筑,2010,36(29):290-300.

[164] 王彦章. 浇注式水泥粉煤灰在桥涵台背回填中的应用研究[D]. 西安:长安大学,2008.

[165] 张建晖. 再生骨料在水泥稳定基层中研究与应用[D]. 长沙:中南大学,2009.

[166] 李进. 沥青再生剂扩散行为及其影响因素研究[D]. 东营:中国石油大学,2010.

[167] 武强. 公路路基填料长期路用性能试验研究[D]. 成都:西南交通大学,2011.

[168] 李啟荣. 石场废弃物在道路工程上的利用与路而结构优化[D]. 广州:华南理工大学,2011.

[169] 曾清林. 水对泥质红砂岩的影响研究[D]. 广州:华南理工大学,2012.

[170] 梁庆华. 矿井全空间小线圈瞬变电磁探测技术及应用研究[D]. 长沙:中南大学,2012.

[171] 王文喜,杨子荣,姚文清. 高密度电阻率法在煤矿勘探中的应用[J]. 地质装备,2006(6):31-32.

[172] 王丽华. 综合电性勘探方法在灰坝探测中的应用研究[D]. 长春:吉林大学,2007.

[173] 刘挺. 电法在大伙房水库引水隧道探测中的应用研究[D]. 沈阳:东北大学,2007.

[174] 郭桂柱. 试论高密度电法勘探技术的应用[J]. 中国新技术新产品,2012(21):26.

[175] 刘斌,张光保. 高密度电法在隧道涌水通道勘查中的应用[J]. 工程地球物理学报,2012,9(6):750-754.

[176] 孙红亮. 高密度电阻率法延时性勘探的研究与实践[D]. 成都:成都理工大学,2008.

[177] 张志伟. 大深度三维高密度电阻率法接收装置的研制与实验[D]. 长春:吉林大学,2010.

[178] 徐红. 高密度电法在 WLQC 工地废弃水井探测中的应用[D]. 西安:西安科技大学学报,2011.

[179] 孙祺华. 路基病害无损检测技术应用研究[D]. 重庆:重庆交通大学,2010.

[180] 李成森. 电阻率成像技术在煤矿防治水方面的应用研究[D]. 青岛:山东科技大学,2010.

[181] 武斌,曹蜀湘,张淳,等. 高密度电阻率法在四川青川张家沟滑坡勘查中的应用[J]. 四川地质学报,2010,30(2):229-231.

[182] 王宇玺. 高密度电阻率法的主要装置特点与应用[D]. 成都:成都理工大学,2010.

[183] 曾玉. 路基排水工程及排水效果无损检测研究[D]. 重庆:重庆交通大学,2009.

[184] 李美梅. 高密度电阻率法正反演研究及应用[D]. 北京:中国地质大学(北京),2010.

[185] 王绍彪,汤浩. 综合物探方法在探测基坑围堰渗漏中的应用[J]. 人民珠江,2011(Z1):52-53.

[186] 陈常青. 闻喜至济源高速公路中条山隧道工程地质评价[D]. 北京:中国地质大学(北京),2013.

[187] 吕晓勇. 露天煤矿采空区及火区探测的技术研究[J]. 山西焦煤科技,2013(9):14-16.

[188] 李洋洋,潘纪顺. 震电综合物探方法在滁州市隐伏断裂中的应用[J]. 河南科技,2013(22):183-185.

[189] 李天成. 电阻率成像技术的二维三维正反演研究[D]. 北京:中国地质大学(北京),2008.

[190] 曲修术,张秀军,张同华,等. 不同装置二维电阻率 CT 数值模拟研究[J]. 山东工业技术,2013(11):101-102.

[191] 余东. 土石坝渗漏的电阻率成像诊断试验研究[D]. 重庆:重庆交通大学,2010.

[192] 杨德龙,葛宝,黄凡. 高密度电法在高速公路病害边坡中的应用[J]. 物探化探计算技术,2011,33(6):592-595.

[193] 邹万鹏. 高密度电阻率法在辽宁分水地区地热开发中的应用[J]. 吉林地质,2011,30(4):63-66.

[194] 邓弟平,王俊杰,邓文杰,等. 高密度电法在玄武岩熔空洞探测中的应用[J]. 重庆交通大学学报:自然科学版,2012,31(1):98-102.

[195] 张著芳,徐良,柴寿喜,等. 高密度电阻率法在贵州玄武岩边坡勘察中的应用[J]. 水利与建筑工程学报. 2012,10(2):6-9.

[196] 杨玉蕊,张义平,缪玉松,等. 高密度电法中勘探线长度与测深关系浅析[J]. 中国煤炭地质,2012,24(6):63-67.

[197] 张磊,徐放明,吴社庆. 场地剪切波速测试及其应用[J]. 电力勘测设计,2006(6):9-11.

[198] 梅新忠,王振德,王晨光. 工程勘察中悬挂式波速测井方法的应用[J]. 工程勘察,2006(S1):22-25.

[199] 赵淑芳,杨宏亮. 场地剪切波速的特征分析[J]. 云南大学学报:自然科学版,2012,34(S2):267-271.

[200] 牛建光,王赢. 现场波速试验在港口工程勘察中的应用[J]. 中国水运(下半月),2014(1):284-285.

[201] 陈进杰,王祥琴,张晓东. 路基压实质量快速监测仪器研制[J]. 岩土力学,2003(24):340-344.

[202] 范云,汪英珍. 瞬态瑞利波速计算方法及在填土质量检测中的应用[J]. 铁道标准设计,2006(1):7-10.

[203] 刘建新. 瞬态瑞利波技术检测铁路既有线路基基床质量[J]. 铁道勘察,2010(1):46-48.

[204] 白大鹏. 横波测井技术在海洋工程中的应用[J]. 物探与化探,2011,35(3):409-413.

[205] 刘强. 基于瑞雷波理论的公路无损检测方法研究[D]. 西安:长安大学,2009.

[206] 曾胜,李振存,赵健,等. 运营公路路基病害快速无损综合检测新技术[J]. 长沙理工大学学报:自然科学版,2013,10(2):1-7.

[207] 曾江洪,王嘉. 路元理念在高速公路路面养护管理信息系统中的应用研究[J]. 中外公路. 2009,29(5):309-311.

[208] 朱罡. 高速公路沥青路面养护管理系统分析与开发[D]. 长沙:长沙理工大学,2008.

[209] AASHTO. AASHTO guidelines for pavement management systems[R]. Washington D. C. : America Association of State Highway and Transportation Officials,1990.

[210] Haas R,Hudson W R. Modern pavement management[M]. Kroeger Publishing Company,1994.

[211] 美军建筑工程研究所. 美国空军机场道面维护管理系统研究报告[R]. 华盛顿:美军建筑工程研究所,1984.

[212] Shahin M Y,Kohn S D. Overview of PAVER pavement management systems[Z]. Washington D. C. :Transportation Research Record 846,1982.

[213] Mulholland P J. Pavement management system for local government guidelines report[R]. Australia:Australian Road Research Board(ARRB),1991.

[214] Evans Lynn D,SHRP joint study:A seven-year look[A]. Seventy-Eighty Annual Meeting of the Transport Research Board,Washington D. C. ,1999.

[215] 刘青水. 泰国路面管理[J]. 公路交通科技,1996(13):163-168.

[216] 李伟. 建立公路沥青管理数据库的研究[D]. 哈尔滨:东北林业大学, 2005.

[217] 李明,陈谦应,彭克刚,等. 路面管理系统发展综述[J]. 重庆交通学院学报,2005,24(3):69-73.

[218] 刘晓明. 美国路面管理数据库的问题与启示[J]. 中南公路工程,2000(3):81-85.

[219] Fred Finn. Pavement management systems'past,present,and future[J]. Public Roads,1998(1):16.

[220] Bartell C,Kampe K. Development of the California pavement management systems[Z]. Sacramentomn:FHWA-CA-HM =7139-78-03,1978.

[221] Wang K C P,Zaniewski J,Way G. Probabilistic behavior of pavements[J]. Journal of Transportation Engineering American Society of Civil Engineers,1994,120(3).

[222] 陆建,吴赞阳. 路表破损数字图像采集系统在道路无损检测中的应用[C]//中日路面铺装会议,2005.

[223] Fanous,F Greimann,Lowell Soni. Automated methods for collecting bridge inspection data in the Pontis format[C]//1996 Semisesquicentennial Transportation Conference Proceedings. Iowa State University and Iowa Department of Transportation,1996:173-177.

[224] Mituhiro FUJII,Yujijng JIANG,Y Tanabashi. Database development for road tunnel maintenance and management by using geographical information system[C]//Tongji University 1st Joint Seminal Between Tongji University and Nagasaki University. Shanghai,Tongji Uni-

versity,2004:104-108.
[225] SHRP. Distress identification manual for the long term pavement performance predict[R]. Washington D. C. :National Research Council,1993.
[226] 陈珍,靳迎. 路面管理系统 CPMS 在广东沥青路面上的应用[J]. 公路交通科技,1995,12(1):64-68.
[227] 许礼金. 干线沥青路面管理系统(CPMS)的应用[J]. 云南公路科技,1996 (3):6-11.
[228] 耿敏. 路面管理系统(PMS)推广应用浅谈[J]. 江苏交通科技,1997,(6):18-21.
[229] 曾沛霖,潘玉利,赵延东. 路面管理系统的研发与推广应用[J]. 公路交通科技,1993,10(2):1-7.
[230] 潘玉利,边庄力,赵延东,等. 建立我国公路投资评估模型的设想[J]. 中国公路学报,1994,7(4):49-54.
[231] 潘玉利,曾沛霖,浦成修,等. 路面管理系统在天津市公路管理中的应用. 公路交通科技,1992,9(4):3-7.
[232] 刘伯莹,姚祖康. 网级路面管理系统中优化方法的研究[J]. 中国公路学报. 1993,7(3):1-9.
[233] 孙立军. 沥青路面性能评价方法[J]. 土木工程学报,1989,22(3):13-22.
[234] 康彦民,张虎,潘玉利,等. 河北省高速公路路面管理系统数据库[J]. 公路交通科技,2000(6):78-81.
[235] 姚祖康. 路面管理数据库[M]. 北京:人民交通出版社,1993.
[236] Rezqallah H Ramadhan. The use of an analytical hierarchy process in pavement maintenance priority ranking[J]. Journal of Quality in Maintenance Engineering,1999 (SI): 25.
[237] 李昌铸,王晓晶,夏晓霞,等. 我国公路桥梁管理系统(CBMS)的开发与推广应用[J]. 公路交通科技,1999(S1):23-26.
[238] 姜松湖. 铁路隧道病害(变异)诊断专家系统[D]. 成都:西南交通大学,1990.
[239] 刘庆爱. 浅谈当前干线公路养护现状及其对策[J]. 科技之友,2009(7):61-63.
[240] 吴永平. 我国公路养护技术发展的现状与对策[J]. 交通世界,2003(4):42-44.
[241] 廖晓锋. 高速公路路面管理系统研究和设计[D]. 西安:长安大学,2006.
[242] 陈兰兰. 基于 GIS 的路面管理系统的研究[D]. 赣州:江西理工大学,2008.
[243] 潘玉利. 路面管理系统原理[M]. 北京:人民交通出版社,1998.
[244] 施青青. 高速公路养护管理信息系统研究[D]. 南京:南京航空航天大学, 2010.
[245] 王树平. 沥青路面养护管理对策的理论及其应用[D]. 大连:大连理工大学,2002.
[246] 程刚,黄卫,谭明鹤. 高速公路路面养护管理系统开发和研究[J]. 公路,2003(12):125-128.
[247] 沈金安,李福普,陈景. 高速公路沥青路面早期损坏分析与防治对策[M]. 北京:人民交通出版社,2004.
[248] 黄雄立. 冰灾对湖南高速公路路面性能的影响及灾后养护对策研究[D]. 长沙:长沙理工大学,2010.
[249] 李炜超. 黑龙江省高速公路沥青路面养护决策分析[D]. 哈尔滨:东北林业大学,2009.

[250] 杨亮. 遗传算法在路面管理系统中的应用研究[D]. 成都:西南交通大学, 2008.

[251] 邵春华. 耒(阳)宜(章)高速公路路面中长期性能及养护维修策略研究[D]. 长沙:长沙理工大学,2010.

[252] 曾胜,王嘉,许佳. 基于预防性养护的水泥混凝土路面养护辅助决策研究[J]. 湖南交通科技,2010(1):24-28.

[253] 孙立军. 沥青路面结构行为理论[M]. 北京:人民交通出版社,2005.

[254] 郑健龙,曾胜,赵健,等. 高等级公路路基病害快速综合诊断及加固新技术[R]. 长沙:长沙理工大学,2014.

[255] 曾胜,赵健,韦慧,等. 高速公路路面典型病害养护维修决策技术研究[R]. 长沙:长沙理工大学,2012.

[256] 郑健龙,曾胜,赵健,等. 高速公路养护管理智能化技术研究[R]. 长沙:长沙理工大学,2009.